T0271448

Printed in the United States
By Bookmasters

Printed in the United States
By Bookmasters

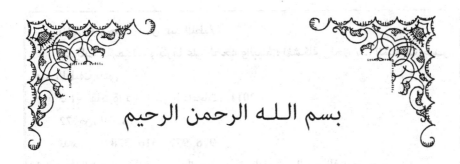

بسم الـلـه الرحمن الرحيم

إهداء

إلى ابنتي أسماء التي كانت دافعا وراء إنجاز هذا

العمل وسببا في خروجه للنور راجيًا من الـلـه لها

ولجميع أولادي

الهداية والسداد والرشاد .

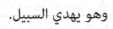

و الـلـه من وراء القصد

وهو يهدي السبيل.

بطاقة فهرسة

فهرسة أثناء النشر إعداد الهيئة العامة لدار الكتب والوثائق القومية

إدارة الشئون الفنية

ناشي، الشحات حسن عبد اللطيف

الملوثات الكيميائية وآثارها على الصحة والبيئة : المشكلة والحل / د. الشحات حسن عبد اللطيف ناشي

ط1- القاهرة: دار النشر للجامعات، 2011.

272ص، 24سم.

تدمك 978 977 316 378 8

1-التلوث الكيميائي. 2- تلوث البيئة. 3- التلوث - التأثير الفسيولوجي

أ- العنوان 363,738

تاريخ الإصدار: 1432هـ - 2011م

حقوق الطبع: محفوظة للناشر

رقم الإيداع: 20491 /2010م

الترقيم الدولي: ISBN: 978 - 977 - 316 - 378 - 8

الكود: 2/334

دار النشر للجامعات

ص.ب (130 محمد فريد) القاهرة 11518

ت: 26347976 - 26321753 ف: 26440094

E-mail: darannshr@yahoo.com

الملـوثـات الكيميائيـة

وآثارها على الصحـة والبيئـة

المشكلة والحل

الدكتــور

الشحات حسـن عبد اللطيف ناشـي

أستــاذ الكيميــاء المساعد

المركز القومـي للبـحوث

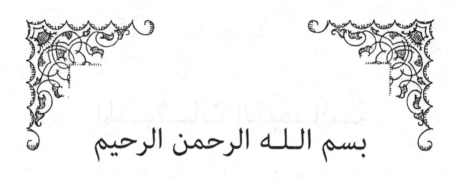

بسم اللـه الرحمن الرحيم

ظهر الفساد في البر والبحر بما كسبت
أيدي الناس ليذيقهم بعض الذي
عملو لعلهم يرجعون)

[سورة الروم]

المقدمة

أحمد الله الذي تفرد قبل وجود اللغات بالأسماء الحسنى، وتوحد في محامد الصفات بالمجد الأسنى، فهو المعبود حقا، الأول الأزلي بلا بداية، الآخر الأبدي الباقي الدائم بلا نهاية، المتفضل أولا بالكفاية والعناية وآخرا بالغفران والإحسان والرعاية، أحمده على جميع فضله الطويل المديد الكامل العديد، وأشهد أن لا إله إلا الله وحده لا شريك له؛ شهادة أعدها من أكبر نعمه وعطائه، وأعدها وسيلة إلى يوم لقائه، وأشهد أن سيدنا محمداً عبده ورسوله، اصطفاه من أشراف القبائل، وزينه بأكمل الفضائل، وجعل اتباعه من أشرف الوسائل: فصلى الله عليه وسلم، وعلى آله وأصحابه مصابيح الهداية ؛ صلاة دائمة متوالية أبدا من غير نهاية. **أما بعد..**

لا يمكن أن يشك أحدٌ اليوم بأهمية القضايا البيئية للأرض؛ وذلك نتيجة لخطورة الوضع، ووصوله إلى درجة خطيرة أصبحنا نشعر بها جميعا، مثل: الثقب الذي حدث في طبقة الأوزون، والتلوث بأنواعه المتعددة وأسبابه المتنوعة ومصادره المختلفة، من مائي وهوائي وغذائي وضوضائي من جهة، واندثار الغابات والزحف الصحراوي من جهة أخرى، كما أنه توجد مشكلات عديدة تهدد المدن الصناعية وخاصة الكبرى منها، مثل مشكلة "الأمطار الحمضية" التي يصفها علماء البيئة بأنها كارثة تسير ببطء وتدمر النباتات وتفسد الأنهار والبحيرات وما تحتويه من خيرات، كما تسبب تآكل المنشآت الحجرية والمعدنية، بالإضافة إلى الأنواع الأخرى للملوثات الكيميائية التي أدت إلى تلوث البيئة (الماء والهواء والغذاء والتربة) وأثرت سلبا على صحة الإنسان.

ولذلك، فإنني حين أقدم هذا الكتاب فإني أرى أنه إضافة جديدة للمكتبة العربية لثراء وتعدد المادة العلمية به، فضلاً عن تعريف القارئ بأهم وأخطر الملوثات البيئية، وهي الملوثات الكيميائية ، وقد راعيت أن يكون هذا الكتاب حاويا على أهم أنواع الملوثات الكيميائية وأشدها خطرا، مع عرض المادة العلمية بأسلوب علمي مُيسر، في صورة عناصر مسلسلة ؛ حتى يسهل للقارئ فهم الكتاب وإدراك فحواه؛ لأنه - كما هو معهود في كتب الكيمياء - أسلوبها جاف في عرض المادة العلمية.

كما أنني قد رتبت الكتاب في ستة فصول مبتدئا في الفصل الأول بمفهوم التلوث البيئي

وأسبابه وأنواعه ومخاطره وطرق التعبير عنه، ثم ذكر كل نوع من أنواع الملوثات الكيميائية، كلٌ في فصلٍ خاصٍ به: **التلوث بالمعادن الثقيلة- تلوث الهواء بالغازات- التلوث البترولي- التلوث بالأسمدة الكيميائية- التلوث بالمبيدات الكيميائية..** مع توضيح الآثار السلبية لهذه الملوثات على البيئة، ومدى تأثير ذلك على صحة الإنسان.

وقد قصدت رسم التركيب الكيميائي للمركبات، وكتابة المعادلات الكيميائية، حتى يستطيع دارس الكيمياء أو المتخصص أن يدرك ميكانيكية خطورة التلوث الكيميائي، آملا أن يستفيد القارئ وأبناؤنا الطلبة وإخواننا الباحثون والمهتمون بهذا العلم، وكذلك العاملون في هذا المجال، وأن يجدوا في هذا الكتاب زادا علميا يعينهم على التوسع والتعمق في الدراسة والبحث؛ **لأن قضية البيئة هي قضية الأمس واليوم والغد وبعد غد.**

نسأل الله عز وجل التوفيق والسداد والرشاد، وأن ينفعنا بما علمنا وينفع به غيرنا، ويحفظ علينا بيئتنا وأوطاننا من هذا العدو ذي الشر المستطير الذي هو أشد عداوة وضراوة من العدو المحارب؛ لأنه لا يترك صغيرا ولا كبيرا ولا ذكرا ولا أنثى، ولا أخضر ولا يابسا، ولا ماء ولا هواء، حتى الغذاء.. إنه سميع قريب مجيب، وصدق الله العظيم جل جلاله حين قال في كتابه الكريم الذي لا يأتيه الباطل من بين يديه ولا من خلفه تنزيلٌ من حكيم حميد:

ظهر الفساد في البر والبحر بما كسبت أيدي الناس ليذيقهم بعض الذي عملو لعلهم يرجعون) [الروم].

د. الشحات حسن ناشي

* * *

تمهيد

بداية لا يستطيع أحد أنْ ينكر أنَّ للتقدم العلمي في العصر الحاضر أثرا كبيرا وواضحا في حياة الناس وانعكاساته على رفاهية البشر، ولكن له أثره السلبي أيضا؛ الذي يدق أجراس الخطر على حياة الناس ويهدد البيئة والأرض كلها، بل الحياة عليها، وقد زاد التلوث البيئي بعد الثورة الصناعية حيث أضاف النشاط الإنساني مواد كثيرة إلى النظام البيئي، حتى وصل إلى درجة تجاوز فيها الحد الحرج، مما أدى إلى تدهور القدرة الاستيعابية للنظام البيئي، فمثلا النفايات الصناعية، وخاصة الكيميائية منها، والغازات والأبخرة الناتجة عنها أدت إلى خلخلة النظام البيئي وأضرت بالسلسلة الغذائية والمياه والتربة والهواء، وانعكس ذلك سلبا على صحة الإنسان، حتى أصبح الإنسان ضحية لنمو التكنولوجيا المعاصرة ، بل يمكن القول بأن التكنولوجيا الجديدة جلبت معها العديد من المخاطر جنبا إلي جنبٍ مع الفوائد.

وعلم الكيمياء هو أحد العلوم التي يرجع لها الفضل الأول على سرعة تطور الإنسان في شتى المجالات؛ لأنه علم تطبيقي ذو أهمية صناعية كبرى، ومع ذلك فله مخاطره الجمّة، ولن يتسع المجال هنا إلى ذكر ذلك كله، ولكن يمكن أن نشير فقط إلى أهمية الكيمياء وفضلها، وماذا يحدث لو أساء الإنسان استخدامها، فعلى سبيل المثال الآتي:

1- العقاقير:

والتي يستخدمها الإنسان في الاستشفاء ومحاصرة الأوبئة خلال الخمسين سنة الأخيرة، استخدم الأطباء والصيادلة الكيماويات لعلاج الأمراض المعدية والخبيثه، مثل: الملاريا – الدوسنتاريا – التهاب المفاصل، وغيرهم.. حتى في معالجة الأمراض النفسية، مثل: انفصام وانفصال الشخصية .

مع العلم بأن بعض هذه العقاقير إذا أسيء استخدامها فإنها تسبب أمراضا اجتماعية خطيرة، مثل استخدامها كمواد مخدرة أو منومة .

2- الطعام :

الطعام الذي يتناوله الإنسان ما هو إلّا عبارة عن مركبات كيميائية، مثل: النشويات

(الكربوهيدرات) والدهون والبروتينات والفيتامينات، حتى المعادن التي توجد في بعض أنواع الخضروات . ولكن يحدث تغير كيميائي في طبيعة هذه المركبات نتيجة لأسباب عديدة، مثل: التخزين السيئ أو مكسبات الطعم واللون أو طريقة التعليب ومواد التغليف أو إضافة **مواد حافظة** لها، فمثلا عند إضافة مادة نيتريت الصوديوم كمادة حافظة للبروتينات الحيوانية - مثل اللحوم والأسماك- فإنها تتحول إلى مركبات سامة أو مسرطنة نتيجة لتكوين مركبات N- نيتروزو (N- nitroso).

3- استخدام الأسمدة والمبيدات الكيميائية:

يستخدم الإنسان الأسمدة الكيميائية بهدف زيادة وتحسين الإنتاج الزراعي، ويستخدم المبيدات بهدف القضاء على الآفات الزراعية والحشائش الضارة، وكل منهما يؤدي إلى وفرة الإنتاج الزراعي، ولكن إذا أساء الإنسان استخدام الأسمدة والمبيدات الكيميائية أو استعملهما استعمالا مفرطا فإن ذلك يؤدي إلى تلوث الغذاء، فضلا عن تراكم هذه الكيماويات في البيئة، مما يؤدي إلى تلوث الهواء والمياه الجوفية بهذه السموم، وبالتالي تنعكس آثارها السلبية على صحة الإنسان.

4- النفط:

بالرغم من التقدم العلمي الكبير إلَّا أن النفط ما زال يعد من أهم مصادر الطاقة غير المتجددة على المستوى العالمي في الوقت الحاضر، فضلا عن الصناعات البتروكيميائية المعتمدة على مشتقاته، سواءٌ تم استخدامها كمواد وسيطة أو اعتبارها كمواد أولية في التصنيع، فمن مشتقات النفط يتم الحصول على آلاف المركبات الكيميائية المستخدمة في مجالات عديدة ومتنوعة، مثل: إنتاج أنواع عديدة من البلاستيك والمطاط الصناعي والأسمدة ومواد التنظيف والأحماض العضوية والمذيبات المختلفة وغير ذلك، ولكن مشكلاته البيئية عظيمة؛ لأنه نتج عنه تلوث بيئي مختلف على طبقات البيئة من غلاف جوي ومسطحات مائية وحتى التربة.

5- الألياف الصناعية واللدائن:

الألياف الصناعية واللدائن التي أدت إلى طفرة في عالم الكيمياء الصناعية ما هي إلَّا عبارة عن سلاسل بوليميرية طويلة مخلقة من جزيئات كيميائية صغيرة، وهي تدخل في كثير

من الصناعات المختلفة، مثل: الملابس وإطارات السيارات وهياكل الطائرات والسجاد والحقائب وغير ذلك، ولكن ظهرت مشكلة التلوث البيئي نتيجة لعدم استخدام الطرق الأمثل في كيفية التخلص من مخلفات هذه المواد.

وغير ذلك من الأمثلة الكثير، والتي تبين وتوضح أن علم الكيمياء سلاح ذو حدين كما سنرى في هذا الكتاب - إن شاء الله تعالى -.

في الحقيقة لقد قطع الإنسان المعاصر شوطا كبيرا في التطور الاقتصادي والصناعي، وكان اهتمام الإنسان في تلك النشاطات هو التركيز علي الكم من حيث استغلال موارد البيئة على أوسع نطاق، وبالتحكم في مظاهرها إلى أبعد مدى، وحديثا تنبه الإنسان إلى الآثار السيئة التي أحدثها تطوره الكمي على حساب التطور النوعي، مما أثر ذلك سلبا على نوعية البيئة التي يعيش فيها، بل وعلى حياته، ووصل الأمر إلى أنَّ الإنسان أصبح يطوق إلى استنشاق هواء نقي، وفي الوقت نفسه أصبح التصنيع من أولويات التنمية في كثير من بلدان العالم على الرغم من شكوى هذه البلدان من النتائج السلبية، وخصوصا الصناعات الكيميائية منها.

وأبسط الأمثلة على ذلك وأخطرها في الوقت ذاته هو الدخان المتصاعد من مداخن المصانع المختلفة، مثل: المراكز الصناعية الضخمة ومحطات إنتاج الكهرباء التي تنتشر في كثير من الدول، والتي تحرق كميات هائلة من الوقود وتدفع بها إلى الهواء يوميّا بكميات متزايدة من الغازات، مثل: ثاني أكسيد الكبريت وأكاسيد النيتروجين وأكاسيد الكربون، وغيرهم الكثير.

وعلى كل حال فإن البشرية لم تدرك إلَّا حديثا، وبشعور مؤلم، أنها أسرى المشاكل الناتجة عن النمو التكنولوجي.

والسؤال الذي يطرح نفسه الآن بصورة ملحة: هل يوقف الإنسان التصنيع، مثل صناعة الأدوية والأسمدة والمبيدات والصناعات الكيميائية وتصنيع السيارات وغير ذلك من الصناعات؟

أو بمعنى آخر: هل يوقف الإنسان التنمية للمحافظة على نوعية البيئة؟

والجواب على مثل هذه الأسئلة بالطبع:

لا؛ لأن ما هو مطلوب من الإنسان هو تنظيم هذه النشاطات بحيث يكون هناك توازن

بين زيادة الكم والنـوع، فالتنمية لابد أن تستمر آخذين بعين الاعتبار نوع التنمية وآثارها على البيئة، مستفيدين من التجارب الماضية بحيث تتفادى سلبيات التنميـة عـلى البيئـة، أي أن المحافظـة عـلى البيئـة ونوعيتها لا تعوق التنمية، بل على العكس فهي تهدف إلى وضع مؤشرات حول ما هو متوقع مـن تـأثيرات التنمية على البيئة على المدى الطويل؛ لتفادي الآثار السلبية لها.

ولذلك فإنني أرى أن معالجة المشاكل الناجمة عن التلوث البيئـي بأنواعـه المختلفـة هـي مسئـولية مشتركة، بمعنى أن المجتمع بجميع مؤسساته وهيئاته المختلفة له دور كبير وفعال في المحافظة على البيئـة، ولذلك فإنه يجدر بنا الإشارة إلى **دور بعض مؤسسات وهيئات المجتمع في المحافظة على البيئة كالتالي:**

1- دور المؤسسات العلمية والمراكز البحثيـة:

لابد أن يكون لهذه المؤسسات دور إيجابي في أبحاث تخدم البيئة، سواءٌ من معالجة التلـوث الموجـود بالفعل؛ للحد والتقليل من آثاره السيئة، أو استحداث طرق أو استخدام مواد بديلة عن تلـك التـي تسـبب التلوث البيئي، ولا يجب أن ينحصر دور هذه المؤسسات في تقدير هذه الملوثات فقط كما هو الحال الآن!!

2- دور الهيئـات الإعلاميــة:

إنَّ مهمة الهيئات الإعلامية هي بالدرجة الأولى نشر الوعي الثقافي والمعـرفي بـين النـاس، ولـذلك فإنـه لابد أن يكون ضمن برامجها الإعلامية برامج لنشر المعرفة والوعي بعناصر البيئة وأهميـة المحافظـة عليهـا وطرق التعامل معها وأفضل الطرق للتخلص من الفضلات، حتى لا يسبب ذلك تلوث الهواء والمـاء والتربـة على حدٍ سواء، فضلا عن توعية الناس وتحذيرهم من أخطار التلوث وآثاره السيئة على الصحة العامة.

3- دور المؤسسات التعليمية:

يجب أن يكون للمؤسسات التعليمية- من مدارس ومعاهد وجامعات- دور فعال في ذلك ؛ لأن لهذه المؤسسات مسئولية كبيرة جدا من حيث تأثيرها المباشر على طلبة العلم، ولـذلك فإنـه ينبغـي أن تُتـرجم هذه المسئولية إلى مـواد دراسـية جيـدة ومستفيضـة حـول وضـع التلـوث، ووضـع بـرامج ضـمن الخطـط الدراسية لتوسيع مدارك الطلبة وزيادة معرفتهم بالبيئة، وما هو التلوث وأنواعه ومصادره وكيفية التعامـل معه والتخلص منه وغير ذلك، وتدريبهم

على كيفية اتخاذ القرارت السليمة عند القيام بالنشاطات المختلفة ؛ لأنه بعد تخرجهم واندماجهم في العمل والمجتمع سيكونون هم قادة هذا المجتمع.

4- دور الجهات الإدارية والأجهزة المسئولة :

مسئولية هذه الجهات كبيرة ومهمة جدا تجاه هذا الأمر الخطير؛ لأن أحد الأسباب المباشرة والرئيسية في الوقاية من التلوث هو حسن إدارة وضع الملوثات في البيئة من حيث سن القوانين والتشريعات اللازمة، وكذلك من حيث نظام مراقبة إدخال واستعمال المواد الكيميائية المختلفة، كما هو الحال في البلدان المتطورة التي تمنع استخدام الكيماويات الضارة والمواد السامة الأخرى والتي ثبت ضررها على الكائنات الحية والبيئة ، وكذلك وضع مواصفات قياسية صارمة وتجديدها بصفة مستمرة نظرا لظهور أنواع جديدة من الملوثات.

ونهجنا في هذا الكتاب يختلف عمن تناول هذا الموضوع من قبل؛ لأن منهم من تناوله من حيث تلوث الماء أو الهواء أو التربة أو حتى الغذاء، ولكننا في هذا الكتاب نتحدث عن التلوث من حيث نوع الملوثات وأثرها وخاصة الملوثات الكيميائية؛ لكثرة أنواعها وتعدد خطورتها وتنوع آثارها الضارة، وإيمانا منا بأن كل مادة كيميائية قد يكون لها في نفس الوقت تأثير سلبي على الهواء والماء والتربة والغذاء، بل مباشرة على صحة الإنسان.. بالإضافة إلى لأن هذا الكتاب يوضح كيفية التخلص أو الحد من الآثار السيئة للملوثات الكيميائية، أو على الأقل كيفية التقليل منها .

ولا ندَّعي الكمال، فالكمال لله وحده والعصمة لأنبيائه ورسله - صلوات الله وسلامه عليهم أجمعين - هذا وما كان من توفيق فمن الله وحده، ونسأل الله أن ينال هذا الجهد رضاه وأن يجعله علما نافعا ينفع به طلبة العلم والمهتمين بالبحث العلمي في هذا المجال، و الله ولي التوفيق.

وما أصدق الشاعر إذ يقول :

وقل لمن يدّعي في العلم فلسفة حفظت شيئا وغابت عنك أشياء

* * *

الفصـــل الأول

التلـوث البيئـي

Environmental Pollution

تمهيـد:

يواجه الإنسان المعاصر مشاكل عديدة ومتنوعة، ولكن تعد مشكلة التلوث البيئي من القضايا المهمة، بل من أخطر مشكلات العصر وأكثرها تعقيدا وأصعبها حلا؛ لأنها مشكلة ذات أبعاد صحية واجتماعيـة واقتصادية، لما يترتب عليها من آثار، ولذلك فإنه من الطبيعي أن يحتل الاهتمام بها أولوية متميـزة علـى سلم أولويات العلوم التطبيقية والإنسانية على حدٍ سواء.

ولقد شهدت قضايا البيئة تطورات جذرية منذ انعقاد المؤتمر الأول للأمم المتحدة في استوكهولم عـام 1972م، حيث تغيرت النظرة إلى البيئة وازداد الوعي بأهميتها وأثرها على صحة الإنسـان، وخصوصا مـع اعتمادنا في العقود الأخيرة من عصرنا الحديث على المنتجات الكيميائية والتكنولوجيات واسعة النطاق.

ويرجع ذلك الاهتمام الشديد بالقضايا البيئية؛ لأنه نشأ عن التلوث البيئي مشكلات تتعلق بصحة الإنسان وسلامته؛ بسبب ازدياد نسبة الأمراض التي يطلق عليها أمراض التلوث البيئي، ومنها حـدوث تشوهات الأجنة وزيادة نسبة الأمراض الوراثية والأمراض الخبيثة والمستعصية وغير ذلك، ولذلك فإنه يجب أن تكون نظرتنا إلى البيئة ليست كنظرتنا إلى مواضيع أخرى عديدة، سواء أكانت سياسية أو اقتصادية أو ثقافية.

لذا يجب أن نتعامل مع مشاكل التلوث البيئي ليس فقط على أنها مجرد قضية تلوث بيئي، ولكـن يجب أن تعالج مشاكل التلوث البيئي بوصفها قضية تنمية وإدارة واستغلال المـوارد الطبيعيـة بالأسـلوب الأمثل، ولا يجب تبسيطها واعتبارها مسألة عادات وسلوكيات خاطئة وسيئة في المجتمع، بـل يجـب اعتبارها قضية قومية ذات أولوية مهمة يتطلب لحلها مشاركة حكومية وشعبية، وفعالية أكثر للمؤسسـات الإعلامية بالمجتمع، فضلا عن دور أكاديميات البحث العلمي والمراكز البحثية المتخصصة.

تعريـف البيئـة:

يجب في البداية وقبل الحديث عن التلوث البيئي أن نتعرف في إيجاز على البيئة ومكوناتها: فالبيئة لغة اسم بمعنى المنزل الذي يأوي إليه الإنسان أو الحيوان ويقيم فيه، والبيئة علميا مفهوم يتسع مدلوله ليشمل كل الظروف والعوامل الخارجية التي تحيط بالكائنات الحية وتؤثر في العمليات الحيوية التي تقوم بها، والإنسان أهم مكونات البيئة وهو دائم التأثير فيها والتأثر بها.

وبناء على التعريف السابق، فالبيئة هي ذلك الوسط الـذي يعيش فيه الإنسـان والكائنات الحيـة الأخرى، ويشمل ذلك الوسط الأرض والماء والهواء وما يحويه كلٌّ منها من أساسيات الحياة. فالأرض هـي المكان الذي يعيش فيه الإنسان، والتربة هي وسط الحياة للنبات حيث تتوفر بها الماء والأمـلاح الضرورية لحياته، وفي الغلاف الجوي للأرض يوجد الهواء المكون من غازات مهمة للحياة، منها الأكسجين وثاني أكسيد الكربون والنيتروجين وغيرهم. أما الماء فهو السائل الذى جعل اللـه مـنـه كـل شيء حـي، حيث تـتم فيه التفاعلات البيولوجية والذي لا يمكن للحياة أن تستمر بدونه. كـل ذلك يتحرك جميعا في تـوازن طبيعـي ومستمر، ولكن هذا التوازن بدأ يختل وتفسد مكونات البيئة نتيجة لاستنزاف الموارد الطبيعية أو التـدخل البشري لاستغلال هذه الموارد ولكن بصورة سيئة، ومن هنا يمكن وضع **مفهوم عام للتلوث:** " أنّـه أيَّ تغير كمي أو نوعي لعناصر ومكونات البيئة تفوق قدرتها الاستيعابية، شرط أن يؤدي إلى إضرار بحياة الكائنـات الحية بما فيها الإنسان أو قدرة النظم البيئية على الإنتاج"، وقد يرجع ذلك إلى زيادة عدد السكان وتطور نمط وأسلوب الحياة، حيث بدأ الطلب يتزايد على الموارد الطبيعية.

ولقد شهدت العقود الأخيرة مرحلة التطور الصناعي الكبير، فاخترعت الآلات الصناعية ووسائل النقل الحديثة مثل القطارات والسفن والسيارات والطائرات وغيرهـا، واستخدمت الطاقـات المختلفة لتحريك هذه الآلات وخاصة طاقة النفط وما نتج عنها مـن تلـوث، واستخدمت الأسمدة والمبيدات الكيميائية بغرض زيادة الإنتاج الزراعي، ولكن استعملت بصورة خاطئة مما أدى إلى فساد البيئة الزراعية.

أسباب تفاقم مشكلات التلوث البيئي:

توجد عدة أسباب أدت إلى تعاظم المشكلات الناجمة عن التلوث البيئي، خاصة وأنّ

عالمنا يزداد اعتماده أكثر فأكثر على المنتجات الكيميائية والتكنولوجيات واسعة النطاق ، ويمكن إجمال هذه الأسباب في الأتي:

1- الزيادة الهائلة في عدد السكان وخاصة في الدول النامية والتي لا تستغل هذه الأيدي العاملة في الإنتاج، مما أدى إلى زيادة الفجوة الغذائية .

2- استنزاف مصادر الثروة الطبيعية من قبل الدول الصناعية، وخاصة أثناء استعمارها لبعض الدول.

3- التقدم الصناعي الذي أدى بدوره إلى إنتاج مواد جديدة وغريبة على البيئة لاتتحلل بسهولة .

4- اتباع أساليب الزراعة المكثفة والتوسع في استعمال الأسمدة الكيميائية والمبيدات .

5- عدم معالجة المخلفات الناتجة عن النشاطات المختلفة بأسلوب علمي أولا بأول، مما أدى إلى تراكمها في البيئة .

6- عدم التحكم في الملوثات، وخاصة تلك التي تنتشر في الهواء أو تتحرك عبر الماء .

7- كثرة حوادث ناقلات النفط والكوارث الإشعاعية .

8- عدم اهتمام الحكومات بمشكلة البيئة إلّا مؤخرا، بالإضافة إلى وجود نقص في التخطيط أو سيادة التخطيط العشوائي بشكل عام.

عالمية التلوث:

قد يظن البعض أن مشكلة التلوث البيئي هى مشكلة إقليمية وليست عالمية، ولكن الواقع غير ذلك، فهي مشكلة عالمية وليست محلية أو إقليمية، وشعرت بها كل دول العالم كبيرها وصغيرها، الصناعية منها وغير الصناعية، وأصبحت تدرك تماما خطورة المشكلة، وأخذت تسعى جاهدة من خلال سن القوانين والتشريعات الصارمة للحد أو التقليل من التلوث البيئي؛ وذلك لأن الملوثات لاتعرف حدودا سياسية أو فواصل طبيعية بين الدول والقارات؛ لأنها تنتشر بلا عوائق ولا سدود، بسبب الدورات الهوائية والتيارات المائية والتجارة الدولية.

والحقائق التالية تثبت أنَّ مشكلة التلوث عالمية وليست محلية:

1- تساقط كميات هائلة من الملوثات على كثير من الدول الأوروبية عن طريق الأمطار "مثل بعض المبيدات والأحماض" والتي لم تنتج في هذه الدول، بل أنتجت في مناطق ملوثة وانتقلت عن طريق الهواء والأمطار، فعلى سبيل المثال: تعتبر سويسرا والسويد من أنظف البيئات في العالم، ورغم ذلك تتساقط عليها أمطار حامضية شديدة التلوث ناتجة من دول مجاورة .

2- مشكلة تلوث البحار والأنهار مشكلة عالمية، فمثلا: لا توجد مدينة محددة تكون هي المسئولة عن تلوث البحر المتوسط، حيث تقوم (120) مدينة من أصل (18) دولة بتلويث البحر الذي تحوله إلى مستنقع كبير.

3- انتقال الملوثات عبر الرياح من مكان ملوث إلى مكان آخر غير ملوث.

4- تصدير واستيراد المواد الغذائية من مناطق ملوثة إلى أخرى غير ملوثة.

5- مشكلة ثقب الأوزون والتي تشترك فيها كل دول العالم، حيث يعتبر الكل مسئولا عنها، ولذلك فقد بدأت منظمة الأمم المتحدة بتطبيق الاتفاقيات والقوانين الدولية بدءا من اتفاقية أستكهولم عام 1972 وحتى اتفاقية البرازيل الأخيرة، وكذلك اتفاقية (كيوتو) للاحتباس الحراري.

6- ظهور مواد ملوثة وإشعاعية في عظام وجثث بعض موتى الإسكيمو رغم إجراء التجارب النووية في المحيط الهادي في مواقع بعيدة عن الإسكيمو.

ويمكن إجمال أنواع التلوث البيئي في خمسة أنواع، وسيأتي الحديث عنها لاحقا في مكانه:

1- **التلوث البيئي الكيميائي.**

2- **التلوث البيئي البيولوجي.**

3- **التلوث البيئي الطبيعي الكوني.**

4- **التلوث البيئي الفيزيائي والإشعاعي.**

5- **التلوث غير المادي.**

وإن كنا نرى أن أخطر أنواع **الملوثات المادية** هـو التلوث البيئي الكيميائي بسبب تنوعـه وتعدد مصادره وكثرة أسبابه، فضلا عن خطورته الشديدة والمباشرة على سلامة وصحة الإنسان وتهديده للحيوان والنبات على حد سواء، بل وصل الأمر إلى أنه يهدد الحيـاة عـلى كوكـب الأرض؛ لأن هـذا التلوث أدى إلى تلوث الماء والهواء والغذاء والتربة، وكان له تأثيره المباشر في حدوث كوارث طبيعية مثل الثقب في طبقـة الأوزون، فضلا عن الأمطار الحامضية وغير ذلك الكثير، كما سيتضح ذلك جليًا في الأبواب التالية مـن هـذا الكتاب.

المنظمات الدولية وعلاقتها بالبيئة والتلوث:

النظم البيئية مثل الغابات والأنهار تعمل طبيعيًا على تحسين خواص وصفات البيئة، مثل: تحسين خواص الماء والهواء، وتمد الإنسان بالغذاء والأعشاب الدوائية ، وحيث إن التلوث له تأثير ضـار عـلى هـذه المصادر الطبيعية؛ لأن التلوث يعمل على القضاء على هذه الوظائف المهمة للبيئة.. كما أن للتلوث عواقب وخيمة يكون أحيانا من الصعب التنبؤ بها، فمثلا عدم مقدرة العلماء عـلى التنبؤ بالأخطار التـي سـوف تنجم عن ثقب طبقة الأوزون، وهي الطبقة التي تحمي الكرة الأرضية من تأثير الأشعة فـوق البنفسجية الضارة، كما أن هناك تأثيرا آخر سيئا للتلوث إلى جانب تأثيره عـلى صحة الإنسان والاقتصاد والمـوارد الطبيعية، وهو التأثير الاجتماعي، فنجد الفقراء لا يتحصلون على القدر الكـافي مـن الحمايـة مـن التلـوث مقارنة بالأشخاص الأغنياء، فنجد أن مخازن المخلفـات السـامة والمشروعات الكيميائيـة وأمـاكن إلقـاء المخلفات الصلبة غالبا تقع في أماكن تجمعات الأشخاص ذوي الدخل المحدود من الفقراء، وذلك هو الحال مع الدول بالنسبة لبعضها البعض، فالدول الناميـة تعتبر مقبرة النفايـات الصناعية والإشعاعية للـدول الصناعية الكبرى.

وعلى ذلك فقد وضعت العديد من المنظمات الدولية معايير ومواصفات قياسية لضبط الحدود المسموح بها من العناصر والمركبات في التربة والمياه والهواء والأطعمة والأغذية.

وهذه المنظمات المتعارف عليها دوليًا :

1- منظمة الصحة العالمية (WHO)

World Health Organization

2- وكالة حماية البيئة الأمريكية (USEPA)

United State Environmental Protection Agency

3- منظمة الأغذية الزراعية الدولية (FAO)

Food Agricultural and Organization

4- - قسم حفظ البيئة بولاية نيويورك بأمريكا (NYSDEC)

New York State Department of Environmental Conservation

5 - الاتحاد الأوروبي (UNIDO)

6- معايير صادرة عن الجمعية الأمريكية للتحاليل والمواد (ASTM)

American Society for Testing and Material

7- المواصفات والمقاييس العربية

Arabian Standard Specifications

كيمياء البيئة :

إن تطور علم الكيمياء قد أدى إلى استحداث طرق جديدة ومنتجات عديدة تغلغلت داخل المجتمع الإنساني، وكثير من هذه المنتجات لم تكن معروفة منذ خمسين عاما مضت، فمثلا: أدخل الإنسان العديد من التطورات على البيئة الزراعية بهدف زيادة الإنتاج الزراعي لتأمين غذائه، مثل: الأسمدة والمبيدات، والتي كان لهما الأثر الخطير على الصحة العامة وخصوصا بعد الاستخدام السيئ والمفرط لهما، بالإضافة إلى أنَّ مخلفات الصناعات الكيميائية عديدة ومتنوعة، منها الغازي والسائل والصلب والإشعاعي، وكلُ منها له تأثيره السلبي على الهواء والماء والغذاء والتربة والإنسان والحيوان.

لذلك فإنَّ الآثار السيئة نتيجة لمخلفات الصناعات الكيميائية أو الاستخدام غير الأمثل للكيميائيات لا يؤدي إلى تلوث البيئة فقط، بل أدى إلى تفاقم وتعاظم المشاكل البيئية المتعددة والمختلفة. ولذلك نشأ في العصر الحديث مصطلح **كيمياء البيئة**، والغرض منه هو منع أو على الأقل الحد من انتشار التلوث البيئي بالكيميائيات الضارة.

ولكن نستطيع القول بأن حل المشاكل البيئية يتطلب إيجاد نظام متطور للرقابة البيئية، حيث إن النظام المتكامل للرقابة البيئية ضروري لرؤية ومتابعة نشاط جميع العناصر الملوثة للوسط الطبيعي نتيجة للتقدم التكنولوجي. وبناء عليه يجب فسح المجال لتكنولوجيا متطورة

ومتكاملة تتوافق مع الطبيعة وديمومتها وضرورة إدراج الجدوى الاقتصادية للعمليات الإيكولوجية.

والأهم في ذلك كله هو توعية الإنسان بحيث يصبح عنده خلفية علمية وثقافة بيئية، فضلا عن وجود علماء على قدر تحملهم بمسئولية البيئة وإحساسهم بواجبهم العلمي تجاه المجتمع والمواطن والمسئولية الأدبية والأخلاقية الملقاة على عاتقهم للمحافظة على البيئة؛ لاستغلال مواردها أحسن استغلال بأسلوب علمي على نحو لا يؤدي إلى تلويثها، ووضع خطط دقيقة لحماية كوكب الأرض من كافة مصادر التلوث، وإيجاد وسائل بديلة لا تترك آثارا سلبية في البيئة.

وعلى ذلك فإنَّ إمكانية حل مشكلة التخلص من الكيميائيات الخطرة والضارة ليضع كثيرا من التحديات أمام العلماء، وخاصة أهل التخصص من الكيميائيين.

ولذلك فإننا في هذا الكتاب نتحدث عن التلوث الكيميائي بنوع من التفصيل، ولكن دون إسهاب، مع ذكر أنواعه وأسبابه وخطورة كل نوع، بل كل مادة كيميائية تسبب تلوث، ومع نهاية كل نوع نذكر أهم طرق التخلص منه أو التقليل من آثاره أو على الأقل كيفية الحد من انتشاره.

مفهوم التلوث البيئي:

بما أن البيئة هي كل ما يحيط بالإنسان من التربة والماء والهواء والحيوان والنبات، وحتى التكنولوجيا التي يستخدمها الإنسان، ومدى تفاعل أو تأثير كل منهما على الآخر؛ لذلك فإنه تتباين الآراء في تحديد مفهوم التلوث البيئي، فمثلا يختلف كل من علماء البيئة والمناخ في تعريف دقيق ومحدد للمفهوم العلمي للتلوث البيئي، كما أن مفهوم التلوث البيئي يختلف من تخصص إلى آخر، فقد ينظر الفيزيائي إلى التلوث على أنه التلوث الفيزيائي للبيئة، والكيميائي على أنه تلوث المواد الكيميائية للبيئة وهكذا... ، وأيا كان التعريف فإن المفهوم العلمي للتلوث البيئي مرتبط بالدرجة الأولى بعلم البيئة (بالنظام الإيكولوجي)، وهنا يجب أن نوضح مفهوم علم البيئة حتى يتضح معنى التلوث البيئي:

علم البيئة (Ecology): هو ذاك العلم الذي يبحث في علاقة المكونات البيئية والعوامل الحية (سواء أكانت حيوانات ونباتات وكائنات حية دقيقة) مع بعضها البعض، ومع العوامل

والمكونات غير الحية المحيطة بها.

والنظام البيئي هو وحدة تنظيمية في حيز معين تضم عناصر حية وغير حية تتعامل معا وتؤدي إلى تبادل المواد بين العناصر الحية وغير الحية. وحيث إن كفاءة هذا النظام تقل بدرجة كبيرة أو تصاب بشلل تام عند حدوث تغير في الحركة التوافقية بين العناصر المختلفة، فالتغير الكمي أو النوعي الذي يطرأ على تركيب عناصر هذا النظام يؤدي إلى الخلل في هذا النظام، ومن هنا نجد أن التلوث البيئي يحدث عندما يدخل أي عنصر جديد غير موجود في النظام البيئي على العناصر البيئية المتوازنة مسببا إفساد أحد هذه العناصر أو العلاقة بين هذه العناصر مع بعضها، سواء أكانت بالزيادة أو النقصان، مما ينشأ عن هذا التغير عدم استطاعة القدرة الاستيعابية للنظام البيئي على قبول هذا الأمر، وهذا يؤدي إلى إحداث خلل في هذا النظام الدقيق.

وبالتالي فإنَّ أيَّ تغير سلبي يطرأ على البيئة أو أحد أنظمتها فإنه يؤدي إلى اختلال في النظام البيئي سواء أكان هذا التغير مباشرا أو غير مباشر من النشاط الإنساني الحيوي والصناعي، أو حتى من تأثير الكائنات الحية الدقيقة، وينتج عن اختلال النظام البيئي حدوث تغيرات حيوية وفيزيائية وكيميائية غير مرغوب فيها تؤثر في الوسط المحيط بنا والذي تعيش فيه جميع المخلوقات الحية الأخرى. ويمكن لهذه التغيرات أن تؤثر مباشرة أو بشكل غير مباشر، وذلك عن طريق الطعام والهواء والماء والمنتجات الزراعية المختلفة، بحيث ينتج عنها أضرار بالإنسان أو الكائنات الحية أو النظم البيئية عاجلا أو آجلا.

كما أنه يمكن إضافة مفهوم التلوث البيئي طبقا لقانون حماية البيئة على أنه: حدوث أية حالة أو ظرف ينشأ عنه تعرض الإنسان أو سلامة البيئة للخطر نتيجة لتلوث الهواء أو المياه (البحر أو النهر أو المياه الجوفية) أو التربة، بما في ذلك الضوضاء والضجيج والاهتزازات والإشعاعات والروائح الكريهة، وأية ملوثات أخرى تكون ناتجة عن الأنشطة والأعمال التي يمارسها الشخص الطبيعي أو المعنوي.

هذا هو مفهوم التلوث البيئي، ومن هذا المعنى يتضح لنا أن الملوثات (Pollutants) عديدة ومتنوعة المصادر، فمثلا: الملوثات الكيميائية قد تكون ناتجة عن الصناعات الكيميائية، مثل: صناعة التعدين وإنتاج الكيماويات وغيرهما، أو ناتجة عن

استخدام المواد الكيميائية، مثل: الأسمدة والمبيدات الكيميائية (التي تؤثر على المنتجات الزراعية والهواء)، أو المعادن الثقيلة أو الغازات السامة وغير ذلك، كما سيتضح لنا بعد ذلك في هذا الكتاب..

ولكن قبل الحديث عن الملوثات يجب التنويه إلى درجات التلوث:

درجات التلوث:

نظرا لخطورة التلوث وشموليته فإنه يمكن تقسيم التلوث إلى ثلاث درجات متميزة وهي:

1- التلوث المقبول:

التلوث المقبول هو درجة من درجات التلوث التي لا يتأثر بها توازن النظام الإيكولوجي ولا يكون مصحوبا بأي أخطار أو مشاكل بيئية رئيسية؛ لأنه يكون في الحدود المسموح بها للقدرة الاستيعابية للنظام الإيكولوجي. ولا تكاد تخلو منطقة ما من مناطق الكرة الأرضية من هذه الدرجة من التلوث، حيث لا توجد بيئة خالية تماما من التلوث نظرا لسهولة نقل الملوثات بأنواعها المختلفة من مكان إلى آخر، سواء أكان ذلك بواسطة العوامل المناخية أو البشرية.

2- التلوث الخطر:

تعتبر هذه المرحلة متقدمة من مراحل التلوث؛ لأن كمية ونوعية الملوثات تتعدى الحد الإيكولوجي الحرج، والذي بدأ معه التأثير السلبي على العناصر البيئية الطبيعية والبشرية.

وهذه المرحلة تنتج بالدرجة الأولى من النشاط الصناعي وزيادة النشاط التعديني والصناعات الكيميائية المختلفة، وكذلك الاعتماد بشكل رئيسي على الفحم والبترول كمصدر للطاقة، ولذلك فإن هذه الدرجة من التلوث تظهر بوضوح في كثير من الدول الصناعية والدول المجاورة لها .

وتتطلب هذه المرحلة إجراءات سريعة للحد من التأثيرات السلبية، ويتم ذلك عن طريق معالجة التلوث الصناعي باستخدام وسائل تكنولوجية حديثة، كإنشاء وحدات معالجة لتخفيض نسبة الملوثات لتصل إلى الحد المسموح به دوليا، أو عن طريق سن قوانين وتشريعات، أو فرض ضرائب على المصانع التي تساهم في زيادة نسبة التلوث بغرض إلزامها المحافظة على البيئة أو الحد من التلوث .

3- التلوث المدمر:

يمثل التلوث المدمر المرحلة التي ينهار فيها النظام الإيكولوجي ويصبح غير قادر على العطاء نظرا لاختلاف مستوى الاتزان بشكل جذري، ولعل حادثة تشرنوبل التي وقعت في المفاعلات النووية في الاتحاد السوفيتي خير مثال للتلوث المدمر، حيث إن النظام البيئي انهار كليًا ويحتاج إلى سنوات طويلة لإعادة اتزانه بواسطة تدخل العنصر البشري وبتكلفة اقتصادية باهظة، ويذكر تقدير لمجموعة من خبراء البيئة في الاتحاد السوفيتي بأن منطقة تشرنوبل والمناطق المجاورة لها تحتاج إلى حوالي خمسين سنة لإعادة اتزانه البيئي وبشكل يسمح بوجود نمط من أنماط الحياة الطبيعية.

طرق التعبير عن تركيز الملوثات:

يمكن التعبير عن تركيز الملوثات بوحدات مختلفة من أشهرها وحدة (ppm) وهى تعني جزءا من المليون، أي جزء من المادة الملوثة الموجودة في مليون جزء من وسط غازي أو سائل أو صلب، وفي حالة المزيج الغازي نَصِفُ (ppm) جزءا من المادة الملوثة في مليون جزء من الحجم ، ولكن في بعض الملوثات النوعية يقاس تركيزها بوحدة (PPb) أي جزء من ألف مليون جزء، والجدول رقم (1) يوضح أنواع الوحدات التي يمكن استخدامها للتعبير عن تركيز الملوثات:

جدول رقم (1): يوضح أنواع الوحدات التي يمكن استخدامها للتعبير عن تركيز الملوثات:

النسبة	التعريف	الرمز
10^{-6}	جزء من المليون	PPm
10^{-8}	جزء من مائة مليون	PPHM
10^{-9}	جزء من بليون	PPb
10^{-12}	جزء من تريليون	PPT

في الآونة الأخيرة أصبح التعبير عن التلوث الغازي بوحدة الميكروجرام في المتر المكعب ولكن في هذه الحالة يجب تحديد درجة الحرارة مثلا عند درجة الصفر المئوي أو 20 °C أو غير ذلك ، وكذلك تحديد الضغط الجوي الذي يكون عادة مساوي للضغط الجوي النظامي؛ لأن حجم المتر المكعب من الغاز يتعلق بدرجة حرارته وبضغطه.

وحيث إن تركيز مادة ما بوحدة ppm عبارة عن مقدار صغير، قد يكون في نظر البعض مهمل وغير مؤثر، إلاّ أنّ الأبحاث العلمية أثبتت أنّ تركيز جزء واحد من المليون (1- ppm) أو أقل لبعض الملوثات يؤدي إلى نتائج سلبية خطيرة، فعلى سبيل المثال:

1- تركيز (ppm - 1) من الفينول يعتبر قاتلا للعديد من أنواع الأسماك.

2- تركيز (0.2-ppm) من غاز ثاني أكسيد الكبريت في الجو يزيد من نسبة الوفيات بين الأطفال والكبار على حد سواء.

3- تركيز (0.2- ppm) من مركب بيروكسي- بنزول نتريت في الضباب يؤدي إلى ألم في العيون عند الإنسان.

4- تركيز (0.001 -ppm) من غاز فلوريد الهيدروجين في الهواء الجوي يؤدي إلى ضرر واضح في النباتات الحساسة وبعض أشجار الفاكهة.

تكاليف التلوث:

لا تقدر تكاليف التلوث بمقدار الفاقد من المواد الثانوية الناتجة من بعض الصناعات فحسب، ولكن تقدر تكاليف التلوث من زوايا مختلفة كالتالي:

1- فقد وخسارة في المصادر الطبيعية بواسطة الاستغلال الجائر وغير الضروري؛ لذلك يعتبر التلوث من أحد زواياه استنزافا وقضاء على هذه الثروات الطبيعية.

2- تكاليف الحفاظ على صحة الإنسان، وفي هذه الحالة تكون تكاليف التلوث باهظة؛ لأنها تتعلق بالإنسان ذاته وهو الغاية ذاتها، والذي يتعرض مباشرة للآثار السيئة والخطيرة للتلوث.

3- تكلفة التخلص من التلوث والملوثات ومراقبته والتحكم فيه.

ويتضح مما سبق أن الدول تتكلف تكاليف باهظة لتنظيف البيئة ومنع التلوث بها، فمثلا

وجد أن تكلفة السيطرة على انبعاث غاز ثاني أكسيد الكربون (CO_2) الناتج من احتراق الوقود (فحم - بترول - خشب) إلى مستوى ما كان عليه سنة 1990م تبلغ 2 % تقريبا من الناتج القومي للبلدان المتقدمة، وقد قدرت تكاليف خفض التلوث في أمريكا عام 1993م 159 بليون دولار ؛ 29 % منها تقريبا تنفق على تلوث الهواء، و36 % تنفق على تلوث المياه، و35 % تنفق على التلوث بالمواد الصلبة.

أنواع التلوث:

توجد أنواع عديدة جدا من الملوثات للبيئة، وحيث إننا بصدد الحديث عن التلوث المادي، فإنه يمكن إجمالها في أربعة أنواع، وما نراه اليوم من الأنواع المختلفة للتلوث المادي فهو ينبثق من هذه الأنواع الأربع، وهي كالتالي:

1 - التلوث البيئي البيولوجي:

وينشأ هذا النوع من التلوث بسبب كائنات حية ممرضة، مثل: البكتريا والطفيليات والفيروسات والفطريات. وغالب مصدر هذا التلوث هو مياه الصرف الصحي التي تصب فضلات المجاري في مياه البحار والأنهار، كما ينتج أيضا من فضلات أو مخلفات الفنادق والمطاعم وبقايا النباتات والحيوانات، حيث تعد كأوساط جيدة لنمو الكائنات الحية الدقيقة بها، وينبعث من هذا النوع روائح كريهة في الهواء في المناطق المحيطة بها.

ولكن يجب التنويه هنا إلى أنه نظرا لملوحة مياه البحر العالية فإنها تقلل من نشاط البكتريا مقارنة بالمياه العذبة. وهذا النوع من التلوث يسبب أمراض معدية تختلف في حدتها أو تأثيرها حسب نوع الميكروب وقدرته على إحداث المرض، مثل: الكوليرا والتيفود والدوسنتاريا والبلهارسيا. ويعد أكبر مصدر لتلوث المياه بمثل هذه الجراثيم المعدية هو فضلات المصدر الآدمي، عن طريق جمع فضلاته والتي تصل في نهاية الأمر إلى مياه البحار أو الأنهار دون معالجة.

2- التلوث البيئي الكيميائي:

ينشأ هذا النوع من مخلفات الصناعات الكيميائية مثل التعدين والأسمنت والنفط وغيرهم، أو احتراق الوقود، أو بسبب الاستخدام المفرط أو السيئ للمواد الكيميائية، مثل: الأسمدة والمبيدات الكيميائية والمواد الحافظة للأغذية ومستحضرات التجميل والبلاستيك والعقاقير والنفط وغيرهم. وهذا النوع من التلوث هو محل اهتمامنا في هذا الكتاب.

3- التلوث البيئي الطبيعي الكوني:

ينشأ هذا النوع من التلوث طبيعيًا ولا دخل للإنسان فيه، حيث ينتج هذا النوع من التلوث عن ظواهر طبيعية مثل الغازات والأبخرة والحمم البركانية المندفعة من البراكين، وما بركان أيسلندا منا ببعيد (أبريل-2010م) ، وأكاسيد النيتروجين الناتجة من حدوث الشرارة الكهربية بين السحب عند حدوث البرق، وكذلك العواصف الترابية وحرائق الغابات.

للتلوث البيئي الطبيعي للماء مثلا يغير من صفات الماء الطبيعية، مما يجعله غير مستساغ للاستعمال البشري، مثل: تغير درجة حرارته أو ملوحته أو ازدياد المواد العالقة به أو اكتسابه رائحة كريهة.

4- التلوث البيئي الفيزيائي والإشعاعي:

ينتج هذا النوع من التلوث عن الإشعاعات، والتي قد تكون إشعاعات طبيعية تلقائية أو المستحثة من قبل الإنسان، أو عن طريق التخلص من النفايات المشعة في مياه البحار والمحيطات.

وهذا النوع من التلوث ينتج عنه مخاطر جمة؛ حيث يعتبر التلوث الإشعاعي بالمواد المشعة واحدا من أخطر صور التلوث، فكلٌ منّا سمع عن حادثة تشيرنوبل وما نجم عنها من تلوث إشعاعي، فالتلوث بالمواد المشعة يشمل كل عناصر الغلاف الجغرافي، فهو لا يقتصر على التربة فقط، بل يشمل أيضا الماء والهواء، وهو ذو تأثير عالمي، بل مما يزيد من خطورة هذا النوع من التلوث مثلا على الماء أنه لا ينتج عنه أي تغير في صفات الماء الطبيعية، حيث تمتصه الكائنات الحية الموجودة في المياه ويتجمع ويتراكم ثم ينتقل إلى الإنسان عن طريق السلسلة الغذائية.

وأهمية امتلاك الإنسان لهذه الطاقة الرهيبة يعتمد على كيفية استخدامها؛ لذا فإن خطر تلوث البيئة بأنواعها (الماء والهواء والتربة) نتيجة استعمال الإنسان للمواد المشعة الطبيعية والصناعية، والأخيرة هي الأخطر نتيجة للإشعاعات في الاستعمال الصناعي للطاقة النووية وذلك مما يؤدي إلى تراكم " النظائر المشعة " وله أثاره السلبية على الحيوان والنبات، حيث ينتقل في السلسلة الغذائية ولها القابلية العظيمة للهجرة المائية والهوائية.

فالإشعاع الناتج من الأسلحة النووية، وما يسببه من تأثير مباشر أو حتى غير المباشر على الإنسان ومحيطه، فإنه يمتد إلى أجيال وإلى أصقاع شاسعة من العالم، سواء الحرارة والضغط العاليين، أو النظائر المشعة الناتجة عن التفاعل النووي، فما حدث في مدينتين يابانيتين هما هيروشيما وناجازاكي ما زال شاخصا أمامنا حتى اليوم منذ أن تعرضت الأولى في السادس من الشهر الثامن عام 1945 لقنبلة اليورانيوم U^{235}، وتعرضت الثانية بعد ثلاثة أيام لقنبلة البلوتونيوم Pu^{239} .

5- التلوث غير المادي:

هذا النوع من التلوث مثل: الضوضاء والأصوات الصاخبة الناتجة عن ضجيج السيارات والآلات والورش والتي تؤثر على أعصاب الإنسان وتلحق به الأذى الفسيولوجي والضرر السيكولوجي النفسي- وكذلك الضرر العضوي على جهاز السمع وإصابته بالصمم وقلة السمع من جراء الأصوات العالية والصاخبة.

كما يوجد هناك نوعٌ آخر من التلوث لايمكن تجاهله وذلك لأهميته القصوى ألا وهو التلوث الإعلامي، التلوث الفكري، التلوث الثقافي، التلوث الأخلاقي.

وسوف نركز الضوء بصفة أساسية في هذا الكتاب على التلوث الكيميائي؛ لتعدد أنواعه ومصادره وآثاره السيئة على البيئة وصحة الإنسان، ولكن قبل الحديث عن التلوث الكيميائي - فإننا نعطي فكرة عن ماهية التلوث الكيميائي والفرق بينه وبين النفايات الخطرة، ثم الحديث بعد ذلك عن الملوثات الكيميائية وأنواعها وآثارها السلبية على الإنسان بصورة خاصة وعلي البيئة بصفة عامة.

* * *

التلوث الكيميائي والنفايات الخطرة

1- التلوث الكيميائي:

إن مشكلة التعرض إلى عدد هائل من المواد الكيميائية التي يواجهها الإنسان كل يوم في المصنع والمنزل والمكتب بفضل التطور الصناعي والتكنولوجي في العصر الحديث أصبحت مشكلة معقدة وخطيرة ولها آثارها السيئة على حياة الإنسان وكل الكائنات الحية، ولاسيما أن المواد الكيميائية تمثل 10 % تقريبا من إجمالي التجارة العالمية من حيث القيمة الاقتصادية، ويوجد الآن في الأسواق (وبالتالي في البيئة) أكثر من عدة ملايين من المواد الكيميائية الجديدة، والكثير منها يدخل السوق دونما اختبار مسبق كافٍ أو تقييم لآثارها.

واستنادا على عينة لمركز الأبحاث القومي الأمريكي تضم (65725) مادة كيميائية قيد الاستعمال الشائع، لم تتوفر البيانات اللازمة لإجراء تقييمات كاملة للمخاطر الصحية عنها ، وليس ذلك فقط، بل لم تتوفر بيانات عن المؤثرات السُمّية إلّا عن قرابة 80 % من المواد الكيميائية المستخدمة في المنتجات التجارية التي تم جردها بموجب قانون مراقبة المواد السامة. ولذلك فإنه يجب أن يكون للحكومات دور أكثر فعالية في نظام اختبار المواد الكيميائية الجديدة قبل طرحها في الأسواق، بالإضافة إلى المواد الكيميائية الموجودة في الأسواق والتي تبين خطرها وضررها، فلابد من وضع لوائح شديدة وصارمة بسحبها من عمليات الترخيص بواسطة أجهزة الرقابة أو بتقييدها بفرض حظرا شاملا عليها بمنع استيرادها.

وفي ظل نظام العولمة الجديد الذي يتسم بازدياد الاعتماد المتبادل والفاعلية في البلدان الصناعية تتقاسم أجهزة الرقابة الكيميائية نتائج الاختبارات، ويعلم بعضها بعضا بالقيود الجديدة على المواد الكيميائية. وهكذا فإن فرض حظر أو قيد في بلد ما غالبا ما تعقبه على وجه السرعة مراجعة وتحرك مناسب في البلدان الأخرى.

تأثير الكيميائيات على الإنسان:

أ- التأثير الحاد:

وتظهر نتائجه بسرعة، وتزول عند توفر العلاج المناسب، وله أعراض كالصداع والقيء وفقدان الوعي، ويأتي هذا التأثير كدلالة على بداية التأثير للملوثات الكيميائية .

ب- التأثيـر المزمـن:

ينتج بسبب التعرض الطويل الأمد لأخطار المواد الكيميائية، وقد يؤدي بالإنسان إلى الإصابة بالعجز.

ج- التأثـير الوراثي:

ينتج التأثير الوراثي بسبب نقص أو خلـل وراثي أو حتـى عـدم اتـزان بيوكيميـائي ويرجـع ذلـك نتيجـة التعرض الدائم للملوثات الكيميائية الخطـرة وخاصـة النسـاء مـثلما يحـدث لحـالات التشـوه الجنينـي إذا تعرضت الأم الحامل لمركبـات عضـوية مثـل الدايوكسـينات (**Dioxins**) (نـواتج بعـض المبيـدات العشـبية) والهكساكلوروفين (**Hexachlorophene**) (تستخدم كمطهرات) والمذيبات العضـوية وغـير ذلـك، وبالتـالي يمتد تأثيره إلى الأجيال المقبلة. ويمكن الحد أو منع هذه الأخطار بعدم التعرض للكيميائيات.

وتأثير المواد الكيميائية سواء كـان تـأثيرا حـادا أو مزمنـا أو وراثيـا تـأتي عـن طريـق التعـرض للمـواد الكيميائية بأحد الوسائل الآتية :

1- الغازات الكيميائية المنتشرة في الجو.

2- تأثيرات سموم المعادن.

3- التأثيرات الكيميائية الجلدية بسبب السوائل والأبخرة الكيميائية .

4- تلوث المياه بالمواد الكيميائية المختلفة .

5- تلوث الغذاء بالأسمدة والمبيدات الكيميائية .

6- الجزيئات والأغبرة الكيميائية الملوثة للجو .

2- النفايات الخطرة:

تولد البلدان الصناعية نحو 90 % مـن النفايـات الخطـرة في العـالم ، وعـلى الـرغم مـن عـدم وجـود إحصائيات كافية أو دقيقة فإنه يوجد هامش للخطأ في كل التقديرات والإحصائيات، فمثلا: ولدت الصناعة في عام 1989 على نطاق العالم (2100) مليون طن من النفايات الصلبة، و(338) مليون طن مـن النفايـات الخطرة، وتولدت نسبة 68 % من النفايات الصلبة، و90 % من النفايات الخطرة في بلدان منظمة التعـاون والتنمية الاقتصادية ، وتنتج غالبية

النفايات الصلبة المعدنية والإنشائية والكيميائية أثناء مرحلتي استخراج المواد الخام ومعالجتها.

وبعض النفايات الصناعية الصلبة التي تعتبر نفايات خاملة يمكن معالجتها والتخلص منها مثل النفايات الصلبة في المدن، أما إدارة النفايات الصلبة الصناعية - لاسيما الخطرة منها – لا تزال تثير مشكلة في كثير من البلدان الصناعية؛ لأنها تتطلب تقنيات خاصة لإدارتها، على الرغم من وجود فرص كثيرة لاستخدام النفايات بطرق مفيدة، فمثلا استخدمت نفايات الرماد العالق والثابت التي يتم جمعها من محطات توليد الكهرباء في صناعة الطوب وإنشاء الطرق في بعض بلدان أوروبا الشرقية.

والسيطرة على النفايات في البلدان النامية تجد معضلات متنوعة، فالأمطار المتواترة والغزيرة في المناطق الاستوائية على سبيل المثال تمتص معها النفايات إلى داخل التربة الواقعة تحت السطح المنغمر. وحيث إن المعالجات الأولية للنفايات ضئيلة أو تكاد تكون معدومة، فإن هذا يمكن أن يلوث إمدادات المياه ويعرض السكان المحليين إلى خطر النفايات بصورة مباشرة، ويحدث تلوث للأرض عموما، وخاصة بالقرب من المناطق الصناعية المحاطة بأحياء فقيرة أو عشوائية.

وتشير هذه الأخطار إلى ضرورة التخطيط الجيد في إنشاء المدن الصناعية، وكيفية استخدام الأرض في البلدان النامية، والحاجة الأشد إلحاحا تنفيذ وفرض مثل هذه الخطط في الواقع. ويجب أن يكون هدف السياسة الأول هو تقليل كمية ما يجري توليده من نفايات، وتحويل قدر متزايد منها إلى موارد للاستخدام أو إعادة الاستخدام، وهذا بدوره سيقلل من حجم النفايات، والذي يجب بعد ذلك معالجته أو التخلص منه بالطريقة المناسبة مثل الحرق أو الدفن في باطن الأرض أو الرمي في البحر أو بالوسائل العلمية الحديثة المناسبة. وهذه بالدرجة الأولى من مشكلات البلدان الصناعية، ولكنها أيضا معضلة في البلدان الصناعية حديثا والبلدان النامية، حيث يخلق التصنيع المتسارع المعضلات الحادة نفسها في مجال السيطرة على النفايات الخطرة.

وتزداد كمية النفايات يوما بعد يوم، ومن المرجح أن تستمر في الازدياد، فنذكر على سبيل المثال: في الفترة الواقعة ما بين 1982 و1983 تضاعفت من الناحية العملية كمية

النفايات التي نقلت من أوروبا الغربية للتخلص منها في بلد آخر حيث بلغت من 250 إلى425 ألف طن (1-2 % من إجمالي ما يولد من نفايات خطرة).

وقد بلغت كميات ما ينقل دوليًا من نفايات معدة للتخلص منها إما في البحر أو بالحرق أو بـالردم حوالي 1.8 مليون طن في عام 1983، والبلدان الصغيرة والفقيرة مستهدفة بصفة خاصة لـردم النفايات قريبا من شواطئها، كما حدث في مياه المحيط الهادئ والبحر الكاريبي.

واقترحت بعض البلدان تشكيل ما هو عبارة عن تجارة سلعية بالنفايات الخطرة (بما في ذلك النفايات المشعة)، ولتعزيز التعاون الدولي في هذا المجال أهمية بالغة، إلَّا أنه لا يوجد حتى اليوم آلية فعالة لرصد أو مراقبة التجارة بالنفايات الخطرة وكيفية ردمها أو التخلص منها. ويجب أن تقدم الحكومات والمـنظمات الدولية دعما أكثر فاعلية للجهود الرامية إلى إقامة نظام دولي فعـال مـن أجـل مراقبـة انتقـال النفايات الخطرة عبر الحدود.

الملوثات الكيميائية:

حيث إن التلوث يشمل كل ما يؤثر في جميع عناصر البيئة- سواءٌ أكانت الحية بمـا فيهـا الإنسان والنبات والحيوان، وكذلك في عناصرها غير الحية مثل الهواء والتربة والبحيرات وغيرهم- لـذلك **فإنه يمكن تعريف الملوثات**: بأنها المواد أو الميكروبات التي تلحق الضرر بالإنسان أو تسبب له الأمـراض أو تـؤدي إلى الهلاك أو تلك التي تؤثر في جميع عناصر البيئة.

ويعتمد مدى التلوث على طبيعـة النظـام البيئـي ومـا يوجـد بـه مـن تـوازن طبيعـي مـن مكونـاته، وتختلف الملوثات طبقا لاختلاف مصدرها .

ولكن تعد الملوثات الكيميائية للبيئة من أهم وأبلغ وأخطر أنواع الملوثات؛ لأنه قد تزايدت احتمالات التسمم الكيميائي في الآونة الأخيرة. والملوثات الكيميائية قد تنتج من مصادر صناعية نتيجة استعمال طرق غير علميـة في الإنتاج، أو تحدث نتيجـة للنشـاط المتصـل بالحيـاة والإنتـاج، بالإضافة إلى مـا يصدر عـن الصناعات من مخلفات وما يخرج من وسائل النقل وانتقال الغازات والأبخرة وكذلك نـواتج الاحتراق غـير التام للمشتقات البترولية وما يتراكم في البيئة الريفية من بقايا الكيميائيات الزراعية التي تشمل المخصبات الزراعية ومبيدات الآفات الزراعية والمنزلية.

وفيما يلي عرض لأهم وأخطر أنواع الملوثات الكيميائية، والتي سنتعرض لها بنوع من

التفصيل في هذا الكتاب :

1- التلوث بالمعادن الثقيلة {الرصاص – الزئبق – الكادميوم – الكروم – الحديد – الإسبستس (الحرير الصخري) – الزرنيخ – الزنك - النيكل – الكوبلت النحاس} .

2- التلوث بالغازات السامة وأملاح الفلور ومركبات السيانيد وغيرهم .

3- التلوث النفطي .

4- التلوث بالأسمدة الكيميائية .

5- التلوث ببقايا المبيدات.

وتسبب هذه المواد تلوث التربة والهواء والغذاء والمياه، إما بشكلها الأصلي أو كملوثات ثانوية ناتجة عنها ، وقد تصل هذه الملوثات إلى الإنسان من حيث لا يدري بطريقة مباشرة أو غير مباشرة منتهية به إلى تدهور صحي. وبما أن الإنسان هو جزء من البيئة وهو أغلى ما فيها؛ لذلك فإن هذا الكتاب يتطرق إلى الآثار السلبية للملوثات الكيميائية على الصحة والبيئة، والتي قد تنجم من جراء هذه الملوثات الخطرة على الإنسان، حيث إن لم يتم مراقبتها والسيطرة عليها فإن ذلك قد يصل إلى وضع يصعب تصحيحه ومعالجته فيما بعد. ونتحدث في باب خاص عن كل نوع من هذه الملوثات بنوع من التفصيل من حيث مصادره وأسبابه ومخاطره وكيفية التخلص منه أو الحد من آثاره، و الله ولي التوفيق.

* * *

الفصــل الثـاني

التلــوث بالمعادن الثقيـلة

Pollution by Heavy Metals

توجد في البيئة عديد من المواد الكيميائية، منها ما، هو سـام جـدا، ومنها ما هو مسبب للأمراض والسرطانات، ومنها ما هو سبب رئيسي للعاهات الولادية (والتي لها آثار وراثية بعيدة المدى)، وقد نحتـاج إلى عقود لإبطال مفعولها، ومـن المعلوم أن عالمنا يـزداد اعتمـاده أكثر فأكثر علـى المنتجـات الكيميائيـة والتكنولوجية واسعة النطاق شديدة التعقيد.

ويمثل التلوث بالفلزات الثقيلة مشكلة خطيرة وحادة بسبب ميل مركبات هـذه الفلـزات للتجمـع والتراكم داخل الأنظمة البيئية الحية المختلفة ، وتعد المعادن الثقيلة من أكثر وأخطر الملوثات الكيميائية للمياه، حيث تحتوي مياه الصرف الصناعية الناتجة عن بعض الصناعات الكيميائية علـى المعادن الثقيلـة بتركيزات مختلفة. وتكمن المشكلة إذا تم خلط هذه المياه بمياه الري دون معالجة، وتزداد المشكلة خطورة إذا تلوثت مياه الشرب بهذه المعادن الثقيلة بنسبة تفوق الحد الأقصى المسموح به طبقـا لنشـرات منظمـة الصحة العالمية.

المعــادن الثقيـلة:

تعرف بأنها تلك العناصر التي تزيد كثافتها علـى خمسـة أضعاف كثافـة المـاء (5mg/cm^3)، وجميـع هذه المعادن تشترك كثيرا في صفاتها الطبيعية وتختلف في تفاعلاتها الكيميائية. أما مـن حيـث آثارهـا علـى البيئة فمختلف، فمثلا بعض هذه المعادن- كالزئبق والرصاص والكادميوم- منشؤها خطر علـى الصحة العامة، بينما المعادن الأخرى- مثل: الكروم والحديد والنحـاس- تقتصر ـ آثارهـا علـى أماكن العمل التي يحدث فيها التعرض لفترات طويلة، ولهذا فهي أقل خطرا من المعادن الأخرى كالزئبق والرصاص الـذين زاد انتشارهما في الآونة الأخيرة وأصبحا موجودين بكثرة في الماء والهواء والغذاء. مع العلم بأن كثيرا مـن المعادن الثقيلة ضرورية للحياة لو استخدمت بمقادير قليلة جدا، ولكنها تكون سامة إذا وصل تركيزها إلى مستوى عالٍ في الجسم؛ فتصبح بعدها قادرة على التدخل في نمو الخلايا والجهاز الهضمي والعصبي، وعلـى هذا الأساس فإن وجود أي من هذه المعادن في البيئة قد لا يعني التلوث وإنما وجودها بتركيـز عالٍ نسبيا وهو ما يعتبر جوهر المشكلة البيئية.. ويحدث التسمم

بالمعادن الثقيلة في الحالات التالية:

1- عندما تدخل إلى جسم الإنسان كمركب بيوكيميائي.

2- عندما تدخل الجسم بكميات مرتفعة أعلى من الحدود المسموح بها على مدى   زمني قصير (تسمم تراكمي).

3-عندما تدخل الجسم أيضا بتركيزات منخفضة على مدى فترة زمنية طويلة تؤدي إلى الإصابة بالمرض المهني.

4-عندما تدخل الجسم عن طريق الخطأ وبتركيز عالٍ.

وقد ازداد تعرض الإنسان لأضرار هذه المعادن من جرَّاء الزيادة المفرطة في استخداماتها في الحياة اليومية، حيث زاد انتشارها خصوصا في معظم دول العالم الصناعية. وحيث إن عمليات إذابة وتنقية المعادن أدخلت إلى البيئة تلوث الماء والهواء، وكان ذلك محصورا في بادئ الأمر على أماكن محددة، ولكنه تخطى هذه الحدود منذ زمن بعيد.

والعناصر الثقيلة تلوث البيئة (الهواء – الماء – التربة – المنتجات الزراعية) ، ومن أهم مصادر التلوث بهذه العناصر: مخلفات ونفايات المصانع، وصهر المعادن، واحتراق الفحم، وعوادم السيارات، ومبيدات الآفات والصناعات النفطية التي تحتوي على بعض هذه العناصر مثل الزرنيخ – الزئبق- الرصاص.

والعناصر الثقيلة لها تأثيرات سلبية على البيئة عند الإفراط في استخدامها، كما تؤثر على الحيوان والنبات وصحة الإنسان، حيث تسبب هذه المعادن حدوث التسمم المعدني.

طرق التحليل المستخدمة لقياس تركيز المعادن الثقيلة:

يتم تحليل العينات الملوثة بعد إعدادها بالطرق التحليلية المناسبة حيث يتم تقدير العناصر الثقيلة والسامة بعدة تقنيات، ولكل تقنية مميزات تميزها عن الأخرى، إما من سهولة التطبيق أو الحساسية العالية للكشف عن العناصر وخاصة تلك التي توجد بتركيزات منخفضة جدًا .

وتعد طرق التحليل الطيفي من أكثر الطرق استخداما في تحليل العناصر، وخاصة عند وجودها بتركيزات منخفضة جدا وذلك لقدرتها على التغلب على مشكلات عدم تجانس

العينات، أو حدوث بعض التداخلات أثناء قياس تركيز العنصر في وجود عناصر أو مركبات أخرى.

ويوضح الجدول رقم (2) أهم طرق التحليل المستخدمة لقياس تركيز المعادن (بتركيز جزء من المليون-ppm) وأقل تركيز يمكن قياسه لكل طريقة. ويجدر بنا الإشارة هنا إلى أكثر أنواع هذه الطرق انتشارا واستخداما، وهي تقنية الامتصاص الذري بنوعيها (اللهب / الفرن الجرافيتي) ، وذلك لسهولة تحضير العينات والحصول على نتائج دقيقة لعدد كبير جدا من العناصر.

جدول رقم (2): يوضح أهم طرق التحليل الطيفي المستخدمة للكشف عن العناصر وتوضيح مدى التركيز الذي يمكن قياسه.

طرق التحليل	حدود الكشف بتركيزppm
1- مطياف الكتلة	0.001----0.0000001 ppm
لامتصاص الذري بالتسخين الكهربائي "الفرن الجرافيتكي "	0.001----0.00001 ppm
3- الامتصاص الذري باستخدام اللهب	0.01----0.001 ppm
4- مطياف الانبعاث باستخدام القوس الكهربائي	0.01 ppm
5- مطياف الأشعة المرئية وفوق البنفسجية	0.01 ppm
6- الأشعة السينية	1 ppm

أسباب ارتفاع مستويات المعادن الثقيلة:

بالرغم من أن المصادر الطبيعية (الصخور النارية والصخور الرسوبية) تحتوي على كميات مختلفة من العناصر الثقيلة قد يؤدي إلى ظهور المعادن بتركيزات مرتفعة نسبيًا ، إلّا أنَّ ما يؤثر على البيئة ويزيد من مشاكلها هي المصادر الصناعية وعلى وجه التحديد ما يدخله الإنسان من هذه المعادن إلى البيئة. ومن هذه المصادر ما يأتي:

1- المناجم:

من المعروف أن معظم المعادن المستخدمة في شتى الصناعات تأتي من المناجم، ولذا فإنها كثيرا ما تدخل إلى البيئة بكميات متفاوتة خلال معالجة الصخور المحتوية عليها.

2- الكيميائيات الزراعية:

وهي تشكل مصدرا مهمّا من مصادر المعادن الثقيلة، وقد تتواجد هذه الكيميائيات بأحد الأُشكال الآتية:

أ - الأسمدة العضوية والفوسفاتية التي تحتوي على كميات لا بأس بها من المعادن الثقيلة، مثل: الرصاص، الكادميوم، الخارصين، والنحاس.

ب - المبيدات الحشرية غير العضوية، حيث تحتوي هذه المبيدات على بعض المعادن الثقيلة، كالزئبق، النحاس، الرصاص، والزرنيخ .

ج - حفظ الأخشاب باستخدام بعض هذه المعادن، مثل: النحاس والزرنيخ، التي تستخدم لحماية الأخشاب من بعض الآفات الحشرية والفطرية.

د - تستخدم بعض المعادن الثقيلة كمواد محفزة للوزن في كل من الدواجن والخنازير، مثل: الزرنيخ.

3- احتراق الوقود:

توجد العديد من المعادن بحالة مختلطة مع الوقود الحفري؛ ولذا فقد تنطلق هذه المعادن عند احتراق الفحم، وتتصاعد أدخنته إلى الجو حاملة معها جزيئات المعادن التي تتساقط فيما بعد على هيئة رماد فوق التربة والمسطحات المائية، وقد تنتقل هذه الجزيئات مع المياه المتحركة أو بفعل الرياح إلى مناطق أخرى محدثة تلوثا لهذه المناطق البعيدة من المصدر.

وفي السنوات الأخيرة تشبعت أجواء المدن، وخاصة تلك التي بمحاذاة الطرق، بكميات لا بأس بها من الرصاص الذي يتواجد مع الوقود كمادة مضافة لزيادة كفاءة الاحتراق الداخلي لمحرك السيارات.

4- الصناعات المعدنية:

إن الصناعات المشتملة على المعادن الثقيلة متعددة، وفي الواقع قلما توجد صناعة لا

يدخل فيها معدن أو أكثر، ولذا فإن هذه الصناعات بدون شك تلعب دورا أساسيا وحيويا في نشر المعادن بالبيئة، وعلى أية حال يبدو أن كلّا من صناعة الفولاذ وتشكيل السبائك من الصناعات الأكثر مساهمة في إدخال المعادن إلى البيئة، ومعظم المعادن يأخذ طريقه إلى البيئة من خلال هذه الصناعات.

5- النفايات:

تعتبر النفايات من المصادر المهمة التي تشارك في تلوث البيئة بالمعادن الثقيلة، حيث تتواجد هذه المعادن في معظم المرادم الأرضية، والتي غالبا ما تؤدي إلى تلوث بيئي موضعي في المكان الذي تم دفنها فيه. كما يلعب وحل المجاري الذي كثيرا ما ينتشر استخدامه في الزراعة كسماد- خاصة عند زراعة الأعلاف الحيوانية- دورا مماثلا في تلوث البيئة، نظرا لاحتوائه على كل من: الكادميوم، الخارصين، الرصاص، النحاس، والكروم.

ويعتبر الكادميوم على وجه الخصوص من أخطرها، فهو بالرغم من تركيزه المنخفض إلا أنه سريع الامتصاص من قبل النباتات، لا سيما الورقية منها، الأمر الذي يجعل وصوله إلى الإنسان عن طريق الغذاء أكثر سهولة، ولذا فقد حددت الجرعة المسموح بها من هذا المعدن بالتربة على ألا تزيد على (3.0 mg / kg).

* * *

التسمم بالمعادن الثقيلة

نتحدث هنا عن التسمم الناتج عن أشهر العناصر الثقيلة الملوثة للبيئة وأكثرها انتشارا وهي: الرصاص والكادميوم والزئبق والكروم والحديد والأسبستوس والزنك والنحاس والزرنيخ والنيكل والكوبلت والباريوم. وطبقا لمنظمة اليونيسكو العالمية فإن الزئبق أعلاهم سمية.

1- الرصاص (Pb) :

الرصاص فلز رمادي اللون ثقيل قابل للطرق والسحب تبلغ كثافته (11.34 جرام / سم^3) وينصهر في درجة (328°C)، ويغلي مصهوره في درجة (1751°C) ، ويوجد في الطبيعة بنسبة ($1.6x10^{-3}$%) من وزن القشرة الأرضية، وكتلته الذرية (207.2) وعدده الذري (82) .

والرصاص لا يتواجد كعنصر حر في الطبيعة، ولكن يتم الحصول عليه من معادن خامات الرصاص، وهو يعتبر من فئة المعادن الخطرة الملوثة للبيئة، أي لها آثار سلبية على الصحة والبيئة.

أ- استعماله في الصناعة:

- يدخل الرصاص في صناعة البطاريات وصناعة مجمعات الرصاص الكهربائية وتثبيت خامات الطلاء والتغليف بالرصاص واللحام وصناعة المطاط.

- وفي صناعة النفط، مثل: رابع إيثيل الرصاص، الذي يضاف إلى البنزين في عملية تحسين نوعية البنزين، أو وقود السيارات أثناء عملية تكرير النفط، حيث لوحظ أن كل لتر من بنزين السيارات من نوع 98% يحتوي على 0.8 جرام من رابع إثيلات الرصاص.

- وفي صناعة الأصباغ حيث يستخدم الرصاص على هيئة أكسيد الرصاص الأبيض وأكسيد الرصاص الأحمر وصناعة نضائد السيارات وآلات الكاتبة.

ب- التسمم بالرصاص:

الرصاص موجود بجسم الإنسان بدرجة ضئيلة جدا؛ لهذا يجب أن نميز بين امتصاص الجسم للرصاص والتسمم به. ومن المعلوم أن الرصاص عندما يدخل عن طريق الفم يطرد

غالبا مع البراز، أما الجزء الممتص منه فيذهب للكبد الـذي يعيـده إلى الأمعـاء عـن طريق السـائل المراري (الصفراء).. هذا بالنسبة للرصاص الذي يدخل عن طريق الجهاز الهضمي، أما الـذي يـدخل عـن طريق الشعب الهوائية فيدخل إلى الدم وبالتالي لا يمر خلال الكبد، ولذا فإن المقادير الممتصة الضئيلة قد تسبب أعراض التسمم، وفي الصناعة نجد أن التسمم بالرصاص ينتج غالبـا عـن طريق استنشـاق الأتربة والأبخرة المحتوية على الرصاص.

الرصاص لا يوجد عادةً في المياه الطبيعية، ولكن قـد يصـل الرصاص إلى ميـاه الشرب مـن المواسـير

المصنعة من نفس المعدن أو من المصانع التي تنتج البطاريات، أو مـن عـوادم السيارات حيث يضاف رصاص رباعي الإيثيل أو رصاص رباعي الميثيل إلى الجازولين بوصفها عوامـل مانعـة للخبط. ونتيجـة لهذا الاستخدام ينطلق الرصاص في أبخرة العادم مما يؤدي إلى ارتفاع مستوى الرصاص في البيئة، ومما يدل عـلى ذلك ارتفاع نسبة الرصاص في دم الإنسان في المدن المزدحمة بالسكان خاصة رجال المرور.

ويجب التنويه إلى أن الاتجاه الحديث للبحـث العلمي هـو اسـتخدام بنـزين السـيارات الخـالي مـن الرصاص واستخدام بدائل لرابع إيثيل الرصاص، ولكن للأسف ما زالت بعض الدول العربية تستخدم بنـزين السيارات المحتوي على نسبة عالية من الرصاص.

وجدول رقم (3) يوضح أهم مركبات الرصاص المنطلقـة في غازات عـوادم السيارات، فبالإضافة إلى هذه المركبات تحتوي غازات العادم على نسبة ضئيلة من أبخرة رابع إيثيل الرصاص.

جدول رقم (3) : يوضح أهم مركبات الرصاص المنطلقة في غازات عوادم السيارات

صيغته الكيميائية	اسم المركب
Pb Cl Br	كلورو برومو الرصاص
Pb Cl Br. 2 PbO	أكسي كلورو برومو الرصاص
Pb Cl$_2$	كلوريد الرصاص
Pb (OH)Cl	هيدروكسي كلوريد الرصاص

صيغته الكيميائية	اسم المركب
Pb Br₂	بروميد الرصاص
Pb Cl₂ .2PbO	أكسي كلوريد الرصاص
Pb (OH) Br	هيدروكسي بروميد الرصاص
PbO	أكسيد الرصاص
Pb CO₃	كاربونات الرصاص
Pb Br₂. 2PbO	أكسي بروميد الرصاص
Pb CO₃. 2PbO	أكسي كاربونات الرصاص

والرصاص يستطيع أن يصل إلى الماء أو التربة عند تساقطه مع الأمطار، وعلى ذلك فإنه يجب التنويه إلى أن النباتات تتلوث بالرصاص عن طريق الأوراق أكثر مما تأخذه عن طريق الجذور، ولذلك فإن الخضراوات التي ليس لها قشرة مثل الفراولة والمشمش والخوخ أكثر الأنواع عرضة للتلوث، وإذا زادت النسبة عن 7 mg/ kg من وزنها الجاف فإن ذلك يؤدي إلى التسمم بالرصاص.

كما أنه ينتقل إلى الإنسان أيضا عن طريق لحوم الحيوانات التي تتغذى على هـذه النباتات الملوثة. ولذلك فقد أوصى برنامج الأمم المتحدة للبيئة (28 يناير – 2004) وكذلك منظمة الأمم المتحـدة للأغذية والزراعة بمنع إضافة هذه المواد إلى الجازولين بغية حماية صحة الإنسان والحد من استخداماته في الأسمدة والأصباغ والمطاط والصناعات الأخرى المحتوية عليه، بالإضافة إلى مركبات الرصاص التي تلـوث الميـاه مـن مصادر أخرى.

ويمكن القول بأن الطرق الثلاث التي يمكن بواسطتها دخول الرصاص إلى جسم الإنسان هـي: (الماء – الهواء – الغذاء)، إلا، أن الجزء الأكبر من الرصاص يدخل عن طريق الهواء في الوقت الحاضر. ويجب أن يوضع في الاعتبار دائما أنه تختلف فعالية الرصاص في الجسم تبعا لنوع مركب الرصاص الذي وجد طريقه إلى الجسم، فمثلا مركبات الرصاص غير العضوي لا تمتص عن طريق الجلد، أما مركبات الرصاص العضوية مثل رابع إثيلات الرصاص يمتص سريعا داخل الجسم كله. ويصل الرصاص إلى التربة بعدة طرق، فهو قد

يتساقط من الهواء على هيئة جسيمات دقيقة في الجو الجاف، أو يتساقط على التربة مع مياه الأمطار في الجو الممطر، وحيث إن أغلب مركبات الرصاص شحيحة الذوبان في الماء، ولذلك فهي تتجمع بشكل واضح في التربة، وقد تصل كمية الرصاص المتجمع في التربة في بعض الأحيان إلى نحو 40-532 جرام لكل هكتار.

ج- أعراض التسمم بالرصاص:

إذا ارتفعت نسبة الرصاص عن (0.1) ملليجرام / لتر (0.1 ppm) في مياه الشرب فإن ذلك يؤدي إلى التسمم، ويرجع خطورة هذا النوع من التسمم إلى أن أعراضه تظهر ببطء، حيث تذوب نسبة ضئيلة جدا من هذه المواسير في المياه، وخاصةً إذا كان الوسط حامضيًا، ويكفي ليكون الوسط حامضيًا أن يحتوي الماء على CO_2، أو قد يصل إلى المياه من مصادر أخرى.

ويتوقف ظهور أعراض التسمم والمرض على مقدار استجابة الشخص لهذا المعدن على المدة بين امتصاصه وإخراجه، فحينما يكون الامتصاص بطيئا ومستمرا لفترة طويلة فيترسب الرصاص في الأنسجة العظمية والكبد والكليتين على هيئة ثلاثي فوسفات الرصاص غير قابل للذوبان.

أهم أعراض التسمم بالرصاص :

1- الإمساك وتحبب كريات الدم الحمراء .

2- ظهور خط أزرق مائل للسواد داخل نسيج اللثة ووجوده في البول عندما تصل نسبة الرصاص في الدم إلى 60 – 100 µg / ml .

3- انخفاض نسبة الهيموجلوبين بالدم وحدوث أنيميا.

4- الإصابة بمغص معوي قد يسبقه قيء واضطرابات عصبية قد تؤدي إلى شلل بالأطراف.

5- إحساس ببرودة أو شحوب اللون وتصبب العرق مع قيء عند بدء المغص .

6- في الحالات الشديدة قد يصاب الفرد بالصرع مع تشنجات عصبية شاملة والدخول في غيبوبة، ويرجع ذلك إلى أن جسم الإنسان يميل إلى اختزال الرصاص بدلا من التخلص منه مما يسبب التسمم به.

7- إحساس بألم حول أو تحت الصرة.

8- يسبب الصداع والضعف العام والقلق والاضطرابات النفسية.

9- الهزال وفقدان الشهية.

10- يترسب في أنسجة العظام ويحل محل الكالسيوم .

11- وقد أثبتت الدراسات البيولوجية المتقدمة أن الرصاص يؤدي إلى انخفاض مستوى الذكاء والقدرة على الإدراك بل قد يؤدي إلى التخلف العقلي وشلل المخ وخاصةً عند الأطفال.

12- كما يسهم في إيقاف كثير من العمليات الإنزيمية المهمة مؤديا إلى اضطرابات فسيولوجية كبيرة.

13- كما يؤدي وجود الرصاص في الدم إلى إعاقة طرد حمض البوليك مما يسبب الإصابة بمرض النقرس .

14- كما أن للرصاص تأثيرا ضارا على جهاز التكاثر، وتنتشر ظاهرة " نقص وزن الأجنة " لدى الأطفال حديثي الولادة، وقد يعود السبب في ذلك إلى زيادة نسبة الرصاص التي تتعرض لها السيدات قبل وأثناء الحمل؛ لما للرصاص من تأثير تراكمي في أنسجة الجسم.

15- الرصاص له تأثير مباشر على الجهاز العصبي للإنسان.

ومع أن جميع أعضاء الجسم تحتوي على نسب من الرصاص إلَّا أن (90%) منها يتجمع في العظام، ويحتوي الدم على (1%) فقط حيث يزيد ارتفاع نسبة الرصاص في الدم عند التعرض إليه، ولكن تعتبر العظام المكان المفضل لتجمع الرصاص بسبب التشابه بين أيوني□ الكالسيوم والرصاص. وأفضل الطرق للكشف عنه هي تحليل الدم، وذلك لسهولة أخذ عينات الدم من الجسم، وتستخدم أحيانا عينات من الأظافر، ولكن على نطاق محدود، أو الشعر على وجه الخصوص؛ وذلك لأن لون الشعر وعمر الشخص يلعبان دورا مهمّا في تحديد نسبة الرصاص في الجسم أثناء عمليات التحليل.

2- الكـادميــوم:

فلز الكادميوم كان حتى مطلع القرن العشرين شيئا جديدا، ولكنه اليوم يستخدم بشكل كبير وعلى نطاق واسع في كثير من الصناعات، كتلته الذرية (112.41) وعدده الذري (48). أما عن وجوده فيوجد قسم كبير منه في التربة والهواء والماء، ويرجع ذلك إلى النشاطات البشرية المختلفة؛ حيث تنتج الصناعة على المستوى العالمي نحو 15 ألف طن سنويًا من الكادميوم حسب إحصائيات منظمة الصحة العالمية.

أهم مصادره الرئيسية هي عمليات صهر المعادن ومخلفات المناجم التي تحتوي على الكادميوم ، فضلا عن الأسمدة الفوسفاتية والأوساخ المنزلية، وتكون فضلاته أو مخلفاته الصناعية مصدرا رئيسيًا لتلوث البيئة، ويعادل ذلك نحو 10 أضعاف مصادره الطبيعية. وعندما يدخل الكادميوم التربة يمكن أن يظل فيها لعدة سنوات ويترك فيها آثار من الحموضة.

أ- استعماله في الصناعة :

يدخل عنصر الكادميوم في عدة صناعات مثل صناعة البلاستيك والبطاريات والأسمدة الفوسفاتية والطلاءات المضيئة والسبائك المعدنية وصناعة مختلف الألوان والأصباغ المستخدمة في مختلف نواحي الحياة ، كما يختلط بالمعادن الخام مثل الزنك والنحاس والرصاص، ولذلك فإن الكادميوم يتواجد في المياه القريبة من المصانع التي يصهر فيها هذه المعادن، أو قد يتسرب إلى المياه إثر استعمال المواسير والتوصيلات المصنوعة من البلاستيك ، كما قد يتسرب الكادميوم مع الفضلات الصناعية إلى المياه في المسطحات المائية المختلفة.

ب- التسمم بالكادميوم:

الكادميوم من المعادن الثقيلة شديدة السمية والتي تظهر أعراض التسمم به بعد عدة سنوات وبعد تراكم كميات كبيرة في الجسم، ويجدر بنا الإشارة هنا إلى أنه بسبب قوة الرابطة بين الكادميوم والبروتين فإنه لا يوجد أيَّ اتزان بين كمية الكادميوم الموجود بالدم والكمية التي تخرج منه مع البول، ولهذا السبب فإن تحليل البول لتحديد نسبة الكادميوم لا تعطي مؤشرا جيدا لمعرفة الكمية الحقيقة الموجودة بالجسم. ونتيجة لهذا التراكم فإنه يسبب مرض (إيتاي - إيتاي) نسبة إلى وجود المرض في مقاطعة إيتاي - إيتاي اليابانية؛ نتيجة لصرف

مخلفات المصانع والمناجم، بما يؤدي إلى ارتفاع تركيز الكادميوم في الماء من 5 أجزاء في البليون إلى 180 جزء في البليون. وتحدد منظمة الصحة العالمية أن الحد الأعلى المسموح به هو 450 ميكروجرام للفرد، ويجب ألّا تتعدى نسبة الكادميوم في الأسماك ومنتجاتها عن 100 جزء في البليون، والحد المسموح به من هذا المعدن بالتربة يجب ألّا تزيد على (3.0 mg / kg).

ج- أعراض التسمم:

تتراوح نسبة الحد المسموح بالكادميوم في الماء من 1-10 mg / L .

1- يحدث تورما بالرئتين وصعوبة بالغة في التنفس مما يؤدي إلى الاختناق أو تصلب الرئة أو حتى إلى الموت.

2- يسبب تلف الكليتين والكبد ويؤدي إلى فشل في وظيفتهما نتيجة لتراكمه فيهما.

- ونظرا لسهولة اتحاد الكادميوم بالبروتينات فإنه يدخل في الكبد والكلى ويتجمع فيهما، ولا يهاجم الجهاز العصبي؛ لأنه لا يكون مركبات عضوية تذوب في الدهون، وبذلك فهو يختلف عن الرصاص في هذه الحالة.

3- يسبب مرضا خطيرا يسمى إيتاي – إيتاي – (Eti – Eti) الذي يؤدي إلى تلف العظام وتكسيرها .

4- التسبب بنشوء بعض الأمراض السرطانية.

5- يسبب لين العظام؛ لأن الكادميوم قادر خلال بضع ساعات على فصل الكالسيوم عن العظام ويزيد بالتالي من مخاطر التعرض لتنخرها، أو أن يزيد من سوء الحالة نفسها عند المرضى.

وبسبب تشابه الكادميوم مع الكالسيوم فهو يترسب معه في العظام على هيئة ثلاثي فوسفات الكادميوم، شأنه في ذلك شأن الرصاص، مما يؤدي إلى اضطرابات دورة الكالسيوم في الجسم.

6- كذلك يمكن للكادميوم أن يحل محل الزنك في بعض الإنزيمات، وعندئذ تفقد هذه الإنزيمات وظيفتها الأصلية.

ولقد حددت المنظمة العالمية أن الحد الأدنى ما بين 0.12 ـ 0.49 ميكروجرام لكل

كيلوجرام من وزن الجسم للإنسان البالغ وأقل من ذلك بالطبع بالنسبة للأطفال، وكما هـو معـروف علميّا أن خطر الكادميوم على الإنسان يكون أعلاه بين مدخني السجائر وخصوصا من يدخن أكـثر مـن 20 سيجارة في اليوم.

3- الزئبـــق :

يوجد فلز الزئبق على هيئة سائل في درجة الحرارة والضغط القياسيين، وله كثافة عالية نسـبيّا: 13.6 جرام / سم^3 عند 20°C ، وثقيل نسبيّا وذو توتر سطحي عال. وهو سائل يشبه الفضة في لونه، ولذلك فإنـه يسمى باسم الفضة المتحركة كما يسمى في اللغة اللاتينية (liquid silver) ، لونه فضي لامع، سائل في درجة حرارة الغرفة، وبخاره وأملاحه سامة لا تشم أو تبلع، وهـو عنصرـ قليـل النشـاط لا يتفاعـل إلا في ظـروف خاصة، فمثلا يتفاعل مع الأكسجين في الحرارة الشديدة مكونا أكسيد الزئبق .

العـدد الـذري لفلـز الزئبـق (80) والكتلـة الذريـة (200.59) ودرجـة الانصـهار(234°C) أمـا درجـة الغليان (357°C) . يتجمد الزئبق بلون فضى مائـل للزرقـة، يشـبه الرصـاص فى مظهـره وذلـك عنـد (-38.9 درجه مئوية) ، ويوجد في أعداد التأكسد (+1/2+).

أ- استعماله في الصناعة:

يستخدم في حشوات الأسنان على هيئة مملغم، مـوازين الحـرارة، معـاجين تبـييض البشرـة، الصـناعة والزراعة. كما يستخدم الزئبق في صناعة الترمومترات والبارومترات والمضخات والعديـد مـن الآلات، كـما أن له دورا كبيرا في خلية تحضير هيدروكسـيد الصـوديوم (mercury cells) ، كـما يسـتخدم في صـناعة الطـلاء والبطاريات وصناعة الورق وصناعة المبيدات الحشرية وبعض المعدات المعملية، وغاز الزئبـق يسـتخدم في صناعة مصابيح بخار الزئبق. كما يـدخل في عمـل مسـاحيق كشـف البصـمات وفي صـناعة بعـض دهانـات الوجه والجلد، وصناعة البويات وفي دباغة الجلود والحرير الصناعي، كما يستخدم في المعامل كمادة حَفّازة (catalyst) في كثير من التفـاعلات الكيميائيـة، فضـلا عـلى أنـه يسـتعمل عـلى نطـاق واسـع في الصـناعات الكيميائية والتعدينية، فهو يستخدم في استخلاص الذهب من خاماته عن طريق الاتحاد معـه وتكـوين مـا يعرف باسم "المملغم" (Amalgam).

ب- التسـمم بالزئبـق :

ومع التقدم التكنولوجي الهائل الذي شهدته البشرـية في مجـال الصـناعة، بـدأت تظهـر آثـار الزئبـق الضارة والخطيرة وأصبح محط دراسات وأبحاث واسعة.

يعتبر الزئبق ممثلا للغازات الثقيلة وهو أكثرها انتشارا وأعلاهم سمِّية وأشدَّهم خطـرا طبقـا لمنظمـة اليونيسكو العالمية. وعنـدما تتسرـب بعـض مركبـات الزئبـق مـع ميـاه الصرـف الصـناعي إلى ميـاه الأنهـار والبحيرات فإنها تسبب كثيرا من الأضرار لمختلف أنواع الكائنات التي تستخدم هذه المياه، حيث اتضـح أن أجسام الأسماك التي تعيش في البحيرات الملوثة تحتوي على نسبة عالية من الزئبق تفوق النسبة المسـموح بها دوليّا " مثل بحيرة ليمان – سويسرا " وفي هذا خطر كبير على صحة الأفراد الذين يأكلون هذه الأسـماك حيث يصابون بالتسمم الزئبقي في نهاية الأمر. والنسبة المسموح بها دوليّا طبقا لهيئة الصحة العالمية يجب ألا تزيد لأي سبب من الأسباب عن 0.3 ملليجرام من هـذا الفلـز في الأسـبوع، أي أن الجرعـة التـي تـدخل جسم الإنسان عن طريق غير مباشر مثل تناول الأسماك الملوثة يجب ألا تزيد عن هذا الحد.

ويجب التنويه هنا إلى أن الأسماك التي تعيش في المياه الملوثة بالزئبق بصفة خاصة والفلزات الثقيلة بصفة عامة تصبح سامة لا تصلح للاستهلاك مهما كانـت ضـآلة كميـة هـذه الفلـزات الموجـودة في الميـاه ؛ وذلك لأن عملية تركيز هذه الفلزات في أجسام الأسماك عملية مستمرة وتأخذ مجراها الطبيعي أثناء دورة الغذاء الطبيعية، ومن النباتات إلى القشريات إلى الأسماك ومنها إلى الطيور وأخيرا إلى الإنسان.

ولذلك يجب عدم تناول الأسماك المعلبة مثل التونة إلا بعد معرفة البلد أو المنطقة التي صيدت منها الأسماك داخل هذه البلد وهل هي منطقة ملوثة أم لا ؟!.

وقد وصلت نسبة الزئبق في الأسـماك في اليابـان مـن 500 إلى 20000 جـزء في البليـون (500-20000 ppp)، ومن أهم الأسماك المصابة هي الماكريل والتونة، ولذلك ينصح بعـدم أو منـع اسـتيراد الأسـماك مـن اليابان وخاصة أسماك الماكريل والتونة. تـوصي منظمـة الصحة العالميـة أن يكـون الحد الأعـلى المسـموح بتواجده من الزئبق في الأسماك هو 500 جزء في البليون (500 ppp). والقـوانين الغذائيـة في معظـم الـدول حددت نفس النسبة في الأسماك مثل (الولايات المتحدة الأمريكية وسويسرا)، ويعنـي ذلـك حسـابيّا عـدم تناول أكثر من 500

جرام سمك في الأسبوع لو احتوى هذا السمك على الحد الأعلى المسموح به من الزئبق.

من المعلوم أن الزئبق يتبخر عند درجة حرارة الجو العادية كما يتبخر الماء، ويحمل هواء الشهيق هذه الأبخرة إلى داخل جسم الإنسان والحيوان، فضلا عن أنه يتراكم على أوراق النباتات مما يُعَدُّ خطرا جسيما على الإنسان والحيوان والنبات، وأقصى نسبة تسمح بها الهيئات الصحية لتركيز الزئبق في الهواء هي 0.05 مليجرام في كل متر مكعب في الهواء، ومن ثَمَّ حينما ترتفع نسبة تركيز أبخرته إلى نحو (2 - 8) مليجرام في المتر المكعب الواحد فإنها تشكل إنذارا خطيرا على صحة الإنسان. أما التركيز في الماء فيكون مناسبا إذا لم يتعد 0.001 ملجم/ لتر وقد تصل إلى 0.03 ملجم/ لتر، وقد أثبتت بعض الدراسات أن أقصى ما يتحمله الإنسان يوميًا من الزئبق هو 1 ميكرو جرام.

ج - مصادر التلوث:

يُعَدُّ الزئبق مصدرا شديد الخطورة لتلوث البيئة، ومن مصادر ملوثاته ما يلي:

1- المخلفات الصناعية الناتجة من الصناعات الكيميائية والبترولية والتعدينية . وتُعَدُّ صناعة الكلور من أكثر الصناعات التي تنتج عنها مخلفات الزئبق، حيث تخلف نحو 100 -200 جرام لكل طن ينتج من الصودا الكاوية، والمصب الطبيعي لهذه المخلفات هي المياه؛ لأن معظم هذه الصناعات مقامة على شواطئ البحار.

2- النفايات التي تصرف في المسطحات المائية بما في ذلك مخلفات المجاري، حيث أجريت أبحاث في الولايات المتحدة على مياه المجاري، وتم تقدير الزئبق فيها بمقدار 3.4 - 18 جزءا في المليون (3.4-18 ppm).

3- المبيدات الحشرية ومبيدات الفطريات والأعشاب.

4- استخراج المعادن من المناجم.

5- التخلص من بقايا الزئبق عن طريق رميها بأكياس القمامة والتي ينتهي بها المطاف بالحرق في المكبات العامة مما ينتج عنها أبخرة سامة تنطلق للهواء، أو قد تصل بعض تلك الملوثات للمياه الجوفية في حالة اللجوء لعملية ردم القمامة.

6- الأبخرة السامة الناتجة من حرق القمامة تصل في نهاية الأمر للأرض ولمصادر المياه

من أنهار وبحيرات، وبفعل الميكروبات يتحول الزئبق إلى أحد مشتقاته العالية السمية وهو ميثيل الزئبق (Methyl Mercury)، فيتراكم هذا المركب بالأحياء البحرية كالأسماك، ولا يمكن لعملية الطبخ أن تزيل هذا المركب مقارنة ببعض الملوثات الأخرى، وهذا المركب الخطير يصيب أكثر الأشخاص الذين يستهلكون كميات كبيرة جدا من الأسماك من تلك البحيرات الملوثة .

7- يصل الزئبق للإنسان عن طريق الطعام الملوث سواء أكان أسماكا أو خضراوات وفواكه رُشَّت بالمبيدات الحشرية ، كما يؤثر تأثيرا سلبيّا على الحيوانات والطيور، حيث اكتشف أنه يمنع تتابع الأجيال في الطيور الآكلة لحبوب ملوثة بالزئبق، فيجعل البيض أكثر هشاشة (سهل كسره).

8- ولقد وجدت بعض الدراسات عام 1998 م ، وكذلك منظمة الصحة العالمية أن الملغم الذي يوضع كحشوة للأسنان هو زئبق ممزوج بمعادن أخرى، تحتوي على ما يقرب من 50% زئبق وربما أكثر، و35% فضة، و9% قصدير، و6% نحاس ، وأنه يتحرر يوميًا من 3 إلى 18 ميكروجرام في اليوم. والزئبق الموجود في الحشو ليس مادة خاملة أو مستقرة كما يظن البعض أو كما يدّعي البعض الآخر، ولكن في كل مرة يأكل الإنسان فيها شيئا حامضا أو ساخنا تنطلق الغازات إلى الجسم وتستوطن في أعضاء معينة ، مثل: الجهاز العصبي والكبد والكلى والغدة الدرقية والغدة النخامية والبروستات والخصى والمبايض والبنكرياس، وعلى ذلك فإن حشو الأسنان قد يسبب للأنسان بعض الأمراض الخطيرة وهو لا يدري.

ولقد وجد أن وجود فلز الزئبق فى الطبيعة يتركز بصفة خاصة في المواد العالقة في المياه .

د - أعراض التسمم:

الزئبق هو أكثر المعادن الثقيلة سمية، وهو من السموم المؤثرة على المخ والعصب الشوكي، حيث يشكل بخار الزئبق عند درجة حرارة الغرفة وعلي وجه الخصوص في الأماكن المغلقة خطرا صحيّا على الأفراد في المختبرات وعيادات الأسنان وأماكن العمل المتداول فيها الزئبق في صورته العنصرية، فاستنشاقه يسبب تسمما بهذا السم المعدني، وتبدو أعراضه بعد امتصاصه بقدر كبير عن هذا الطريق. وأملاح الزئبق تمتص بسرعة من الأمعاء بالإضافة إلى أثرها المهيج على الأغشية المخاطية لكل من المعدة والأمعاء .

وللأسماك

والكائنات البحرية قدرة خاصة على تركيز أملاح الزئبق في أجسامها من المياه الملوثة بهذه الأملاح، ويعد استهلاك هذه الأسماك كغذاء مصدرا من مصادر التسمم المزمن بالزئبق كما حدث في خليج ميناماتا باليابان الذي تلوث إلى حد كبير بمخلفات صناعة البلاستيك وسمي التسمم الناتج بداء ميناماتا.

وتظهر أعراض التسمم بالزئبق بعد تراكم كميات كبيرة منه في الجسم والمخ، وهذه الأعراض هي:

1- أعراض عصبية : التهيج العصبي، صداع مزمن أو متكرر، خدران أو وخز في أي مكان في جسمك، دوار وطنين الأذن، رجفان اليدين والقدمين والشفاه واللسان، أما في حالات التسمم الخفيفة فالشعور بالتعب والإرهاق.

2- أعراض نفسية : الخجل والجبن، ضعف الذاكرة، عدم القدرة على التركيز، ارتباك وحيرة ذهنية، تغير المزاج، فقدان الرغبة في الحياة والهوايات، قلة الانتباه، انحراف الذكاء، فقدان الثقة بالنفس، الغضب وعدم السيطرة على النفس، اكتئاب، نوبات البكاء.

3- أعراض التجويف الفمي: نزيف اللثة، هشاشة العظام، فقدان الأسنان، النَّفَس ذو الرائحة الكريهة، غزارة اللعاب، طعم معدني في الفم، بقع بيضاء على اللثة والخدين، التهاب اللثة المزمن، التقرحات، حرقة الفم والحنجرة، تلون نسيجي أسود.

4- أعراض الجهاز الهضمي: انتفاخ وزيادة الغازات، قراقر وتشنجات بطنية، إمساك أو إسهال، قولون عصبي متهيج، غثيان فقدان الشهية، زيادة الوزن، عطش شديد.

5- أعراض قلبية : عدم انتظام ضربات القلب، نبض واهن وغير منتظم، تغيرات في الضغط الدموي، تجلطات شريانية.

6- مشاكل التهابية ومناعية: إنهاك مزمن، ضعف عضلي وآلام التهاب مفاصل روماتيزمي ، حساسية جيوب ، أزمة إنهاك عضلي وألم مفاصل.

7- تلف الكلى وحدوث اضطرابات شديدة في الجهاز الهضمي، ثم ينتهي الأمر إلى الوفاة وذلك في حالات التسمم الشديدة.

8 - قد يؤدي إلى حالات من العمى وشلل في الأطراف والجسم، واختلال في المخ.

9- تصل خطورة الزئبق إلى اختراق الأنسجة الواقية للجنين في بطن الأم والوصول إلى الجنين وإحداث تلف في المخ.

10- وقد اكتشفت أحياء دقيقة (بكتيريا) تعيش في الماء يمكنها تحويل مركبات الزئبق غير العضوية إلى مادة ميثيل الزئبق العضوية والتي تمتص في أمعاء الإنسان والحيوان وفي الأنسجة الحية بمقدار 98%، ينقل المركب بواسطة كرات الدم الحمراء مخترقا الخلايا ويتجمع ما يقرب من 10% من أي جرعة في الجهاز العصبي المركزي (CNS) حيث إن الهدف الأول له هو الدماغ.

11- **مشاكل أخرى:** عرق كثير بدون حرارة، انخفاض حرارة الجسم مع رطوبة، طفح جلدي حول العينين والرأس والعنق، عتامة وازدواج البصر، نقص الأكسجين، هشاشة العظام.

- المعالجة الأولية للتسمم بالزئبق:

تكون المعالجة الأولية للتسمم بالزئبق باستعمال كمية كبيرة من الحليب أو بياض البيض، أما في حالات التسمم الحاد بأملاح الزئبق فإنه يستخدم عقار البال (BAL) حيث تُعْطَى جرعة 2.5-5 مجم/كجم من وزن الجسم بالحقن في العضلات كل 4 ساعات لمدة يومين، ثم 2.5 مجم/كجم مرتين في اليوم الثالث، ثم مرة واحدة يوميّا لمدة أسبوع، بالإضافة إلى مركبات أخرى مثل ثيوكبريتات الصوديوم ($Na_2S_2O_3$) وغيرهما الكثير طبقا لنوع ومدى حالة التسمم.

4- الكـروم :

هو أحد العناصر الانتقالية كتلته الذرية (51.996) وعدده الذري (24) وذات كثافة (7.29 جرام / سم^3) ودرجة غليان (1860°C). هو فلز أبيض فضي صلب يمتاز بمقاومة عالية للتآكل، ويستخدم حوالي (45%) من إنتاجه العالمي في صناعة السبائك، وحوالي (40%) منه في العمليات الإنشائية، و(15%) في الأغراض الكيميائية الأخرى.

يعد الكروم من أكثر العناصر انتشارا وأخطرها على البيئة، خاصة إذا وجد في الصورة السداسية Cr (VI). وتتدرج حالة التأكسد للكروم من Cr (0) إلى Cr (VI) ، ولكن أثبت حالات التكافؤ له هي الثلاثي Cr (III). ويلاحظ أن الكروم الثلاثي أكثر وفرة في التربة

العضوية جيدة التهوية ويرجع ذلك إلى أن المواد العضوية تساهم بشكل أو بآخر في اختزال الكروم السداسي وتحويله إلى كروم ثلاثي. والأسماك أكثر حساسية للكروم الثلاثي حيث تتراوح الجرعات السامة بالنسبة للأسماك من (0.2 - 5) ميكروجرام / لتر.

أ- استعماله في الصناعة:

يستعمل الكروم في عديد من الصناعات الكيميائية مثل الصناعات النفطية وصناعة الأصباغ والمطاط والبلاستيك والطلاء الصناعي، وكذلك الصناعات الدوائية أو صناعة الخشب والأحجار ومنتجات الزجاج ودباغة الجلود وصناعة الأسمنت وأجهزة التبريد والتكييف، أو كمادة مضافة إلى مواد تبييض الملابس.

ويتواجد الكروم في القشرة الأرضية بنسبة 100 mg / kg، وفي مياه البحر بنسبة 0.2 mg /L ، وفي مياه الأنهار بنسبة 1 mg / L، وقد تتزايد هذه النسبة بجوار المناطق الصناعية التي يستخدم فيها الكروم، حيث لوحظ زيادة نسبة الكروم في مياه البحار والأنهار القريبة من مناطق الصناعات الكيميائية والبتروكيميائية ، ويتم تلوث النبات عن طريق امتصاص الأشجار أو النبات للكروم من التربة الملوثة أو مياه الري أو حتى من الهواء الجوي الملوث ، وتتلوث مياه الشرب من خلال تسرب الكروم إلى المياه الجوفية عبر الآبار السوداء.

ب- التسمم بالكروم:

أشد مركبات الكروم سمية بالنسبة للنبات والحيوان هو الكروم السداسي Cr (VI) ، ومركبات الكروم السداسي لا توجد في الطبيعة ولكنها منتشرة في أشياء كثيرة مثل المعادن والتربة وقد تنبعث إلى الغلاف الجوي أو تنتقل إلى المياه أثناء العمليات الصناعية المختلفة وخاصةً الصناعات الكيميائية مثل الصناعات المذكورة آنفا، والتي تؤدي إلى تلوث البيئة عند إلقاء مخلفاتها في البيئة.

يجب التنويه هنا إلى أن ثنائي كرومات البوتاسيوم يضاف كمادة ملونة (غش تجاري) إلى صناعة هيبوكلوريد الصوديوم المستخدم في تبييض الملابس، ولا يخفى على عاقل من التأثير المباشر للكروم السداسي على الجلد حيث يسبب سرطان الجلد، وخاصة مع كثرة استخدام هذه المادة فى غسيل الملابس بغرض التبييض، وعند صرف هذه المواد إلى الصرف الصحي فإن ذلك يؤدي إلى تلوث المياه الجوفية، أما إذا تم سكبها في الشارع فإنه تحت أشعة الشمس

يكون لها تأثير مباشر على البيئة.

ونتيجة للآثار السيئة المترتبة على خطورة الكروم السداسي على الإنسان خاصة والبيئة عموما، فقد اعتبرت منظمة الصحة العالمية (WHO) أن الحد الأعلى المسموح به في مياه الشرب 0.05 ppm ، وإن كانت منظمة البيئة البريطانية أكدت أن النسبة يجب ألا تتجاوز عن 15 µg / L لتأثير الكروم السداسي على DNA و RNA حيث يؤدي إلى عدم ثباتهما، وبالتالي فإنه يؤثر تأثيرا مباشرا على فقدان الذرية.

ج - أعراض التسمم به :

إذا زادت نسبة الكروم السداسي عن الحد المسموح به فإنه يسبب الأعراض التالية:

1- يمتص الكروم السداسي بسرعة داخل الجسم ويتحد مع الهيموجلوبين في الدم فيتلف الأنسجة.

2- يتحد مع الميتاجلوبين داخل البلازما وينتقل بعد ذلك إلى معظم أنسجة الجسم ليتم تدميرها .

3- إذا تواجد في الغلاف الجوي فإنه يؤثر على الطيور ويسبب موت بعض الحيوانات.

4- سام ويتداخل في السلسلة الغذائية.

5- وجود نسبة عالية منه في الأسماك التي تعيش في المياه الملوثة والذي بدوره ينتقل إلى الإنسان.

6 - التهاب الجلد في اليدين والأذرع والوجه والصدر وتبدأ هذه الالتهابات فجأة، وبعد مضي 6 أشهر، وفي الحالات الشديدة، يصبح الوجه شديد الاحتقان متورما، ويشعر المصاب بأكلان شديد وألم في المناطق المصابة.

7- والكروم السداسي بالإضافة إلى التأثير السمي فإن له تأثيرا سرطانيّا.

8- أما تقرحات الكروم تبدأ عادة عند الخدوش والجروح ومنابت الأظافر والرسغ وظهر القدم، وتكون التقرحات دائرية الشكل وذات حافة محددة قطرها (1سم) أو أقل وتسمى (بثقوب الكروم)، وهذه التقرحات ذات قابلية للالتئام وقد لا تلتئم فتمتد لعدد كبير من أعضاء الجسم فقد يصل إلى العظام وهي غير مؤلمة فيشعر المريض بأكلان غير محتمل ليلا، وقد تؤدي إلى التهاب المفاصل.

5- الحديد:

الحديد هو أحد العناصر الانتقالية، كتلته الذرية 55.847 وعدده الذري 26 ودرجة انصهاره ^{o}C 1536 . وعنصر الحديد من العناصر المهمة في بناء جسم الإنسان فهو يدخل في تركيب المادة الصباغية الحمراء المكونة للدم (الهيموجلوبين - Hemoglobin) التي تنقل الأكسجين من الرئة إلى أنسجة الجسم المختلفة. والأكسجين يتم بواسطته إحراق المواد الغذائية لتوليد الحرارة اللازمة للجسم. كما أن الحديد يدخل في تركيب كافة خلايا الجسم ويلعب دورا مهمًا في النمو والإفرازات، ونقصه في الجسم يسبب: فقر الدم.

أ- استعماله في الصناعة:

والحديد عبارة عن فلز يوجد بكثرة في الطبيعة ويدخل في العديد من الصناعات الثقيلة مثل صناعة السيارات وفي المباني والمصانع وفي بعض الصناعات الكهربائية وغيرها . ويوجد الحديد في الطبيعة بشكلين هما: الحديديك (Fe III) والحديدوز (Fe II) .

ب- أعراض التسمم:

1- إذا زاد تركيزه في الجسم فإنه يحدث اضطرابات في الدورة الدموية وفي الكبد والقلب والبنكرياس والغدد الصماء ويؤدي إلى مضاعفات خطيرة، مثل: هبوط القلب وتليف الكبد وفشل وظائف البنكرياس وفشل في وظائف الغدة النخامية وقد ينتهي بالوفاة.

2- يؤدي عنصر الحديد الزائد في المياه إلى عسر الهضم والإصابة بالإمساك، حيث يتميز أيون الحديديك بعدم الاستفادة منه في الجسم إلّا أن فيتامين سي قادر على تحويل الحديديك إلى سلفات حديدوز السهلة الامتصاص في الأمعاء، إلّا أن الأخيرة تتميز أيضا بقدرتها على إثارة الأمعاء والتسبب بحالة الإمساك.

3- قد يسبب تسمم إذا وصل إلى الدم بتركيزات عالية كما يساعد على امتصاص بعض المواد السامة والضارة للجسم.

4- والنقص منه في الجسم يسبب أنيميا نقص الحديد.

6 - **الأسبستـوس (الحرير الصخري) :**

الأسبستـوس اسم شامل يطلق على الأشكال الليفية من معـادن السـيليكات العديـدة التـي توجـد في الطبيعة، وهو عبارة عن خليط السـيليكات الليفيـة يقلـب عليهـا سـليكات الماغنسـيوم مـع مصهور خـام الحديد، وأكثر أنواع الأسبستوس شيوعا ثلاثة أنواع، هي: الأسبستـوس الأبيض والأزرق والبني، علـما بأنـه لا يمكن تمييز لون الأسبستـوس بالعين المجردة؛ وذلك لاندماجه مع مواد أخرى تخفي لونه في الغالب.

أ- استعماله في الصناعة:

يستعمل الأسبستوس الأبيض عموما في الأدوات المنزلية وفي بنايـات السـكن، ويسـتعمل الأسبسـتوس البني في العزل الحراري وفي اسـتعمالات الـرش المختلفـة وفي عـزل الألـواح الخشـبية كـما أنـه يسـتعمل في أغراض البحث العلمي، أما الأسبستوس الأزرق فيستعمل عازل لمـواد التغليـف وعمـل أغطيـة منـه بـالرش وعوازل الفرامل.

ب- أعراض التسمم:

يكمن في الأسبستوس مخاطر كبيرة تنتج من الطبيعة الفيزيائية له وليس من الطبيعة الكيميائيـة، أي من شكل وحجم الليفة، فكلما كان حجم الليفة صغير جدا (كما هو الحال في الأسبسـتوس البنـي والأزرق) فإنه من السهل استنشاقه، ومن ثم يبقى عالقا في الرئتين، ويسبب الأسبستوس الحالات المرضية التالية:

1- **داء الأسبستوس:** وهو عبارة عـن تقـرح أو تليـف أنسـجة الرئـة الرقيقـة (Fibrosis) وهـو غالبـا يصيب العمال الذين يشتغلون في الأسبستوس لطول فترة الدوام المعتادة .

2- **سرطان الرئة:** إن الناس المصابة بداء الأسبسـتوس أكـثر عرضـة للإصـابة بسرطـان الرئـة علـما بـأن التدخين يزيد الخطر بشكل جوهري .

3- **ورم الأنسجة الطلائية:** يؤثر هذا النوع من السرطان عـلى الأغشـية التـي تـبطن الصـدر والمعـدة، وعادة يظهر من التعرض للأسبستوس الأزرق.

4- وجود الأسبستوس في المياه بأي نسبة يسبب السرطان للإنسان.

7- الزنك - الخارصيـــن (Zn):

الخارصين هو الاسم العربي للزنك، وقد تأخر الحصول على فلز الخارصين زمنا طويلا

مقارنة مع النحاس والرصاص والحديد، التي تم إنتاجها قبل الميلاد بآلاف السنين ، وذلك بسبب الارتفاع درجة غليان الخارصين (907° C)، وهو ذات عدد تأكسد ثنائي (Zn II) .

يوجد الخارصين في القشرة الأرضية بتركيز يبلغ حوالي 65 جم / طن، ويعد العنصر رقم (24) من حيث إنتشاره فيها، والعدد الذري للزنك (30) والكتلة الذرية (65.39) ودرجة الانصهار (419.58 °C) والكثافة (7.133 جم/ سم^3).

يحدث عند استخلاص الرصاص المختلط عادة مع أكسيد الخارصين في فرن الصهر (1000 درجة مئوية) أن يغلي الخارصين ويتبخر من الفرن مسببا التلوث بالخارصين، واعتمادا على مصدر الماء واختلاف التربة فيمكن أن يحتوي الماء على الحديد والزنك والنحاس أيضا، ويمكن للزنك أن يقلص امتصاص الحديد والنحاس والفسفور.

أ- استعمالاته في الصناعة:

- جلفنة الحديد والصلب.
- صناعة سبائك اللحام والطلاء.
- تعدين المساحيق.
- صناعة بعض مركباته بنقاوة عالية مثل أكسيد الزنك.
- إنتاج البطاريات المختلفة.

ب- الأعراض السمية للزنك:

توجد أعراض جانبية للزنك إذا زادت الجرعة بشكل كبير عن الجرعات القياسية اليومية، فيحدث تهيج في الجهاز الهضمي، وقيء في حالة تناول 2000 مجم أو أكثر، وهذا بالطبع نادر الحدوث. كما أن تناول أكثر من 50 مجم من الزنك يوميًا ولمدة طويلة يسبب انخفاض مستوى النحاس وظهور نقص فيه، وربما كان هذا التأثير نافعا وليس عرضا جانبيًا لدى بعض من يتعرضون لمستويات مرتفعة جدا من النحاس أعلى من المطلوب . ولقد وجد أن تعاطي 150 مجم زنك مرتين يوميًا يزيد مستوى الكوليسترول مسببا نسبة غير مرغوب فيها ، والكمية القياسية التي يحتاجها الجسم يوميًا من الزنك هي حوالي 15 مجم لكل من الجنسين، حيث يعتبر معدن الزنك من الضروريات المهمة بالنسبة للجسم.

8- النحاس:

هو فلز وزنه الذري (63.55) وعدده الذري (29) ويوجد في حالتي تأكسد نحاسيك (Cu II) ونحاسوز (Cu I) ، وأغلب مركبات النحاس الموجودة في التربة سهلة الذوبان في الماء، ولهذا فإن أيونات النحاس تكون في متناول النباتات عندما تمتص المحاليل التي تحتاج إليها من التربة، ولذلك فإن زيادة تركيزه يكون له أثر كبير في تلوث التربة.

أ- استعماله في الصناعة:

يدخل في العديد من الصناعات الكهربائية والسبائك المعدنية، كما أنه عامل مساعد مهم في التفاعلات الكيميائية، وتختلف درجات احتماله باختلاف الأحياء التي تتعرض له، فهو مثلا يضعف مناعة الأسماك ويسهل القضاء عليها.

ب- التسمم بالنحاس:

بالرغم من أن النحاس هو أحد المعادن الثقيلة التي لها تأثير سام إلَّا أن وجود تركيزات معينة منه في التربة يعد أمرا ضروريًا، ونقصه قد يؤدي إلى خسائر فادحة في بعض المحاصيل ولاسيما الحبوب، ويصبح وجوده سامًا إذا وصلت نسبته إلى (20mg/kg) من النبات الجاف. وتعتبر أغنام الضأن من أكثر الحيوانات حساسية لزيادة هذا المعدن بالإضافة إلى الأبقار أيضا. وتظهر حالات التسمم بالنحاس إذا زاد التركيز عن (10 mg/kg).

9- الزرنيخ :

الزرنيخ هو أحد العناصر شديدة السمية، كتلته الذرية (74.92) وعدده الذري (33) ، وأهم مصادره عمليات تنقية المعادن وحرق الفحم والمبيدات الزرنيخية.

مركبات الزرنيخ شديدة السمية وتؤدى إلى تدهور صحة الإنسان، ولذلك فعند وصول بعض مركبات الزرنيخ إلى الدم فإنها تؤدي إلى تكسير الكرات الدموية الحمراء مسببة أنيميا " فقر الدم " واصفرار في الجسم وقد تؤدي إلى الموت. وغالبا تصل هذه المركبات إلى مياه الشرب عن طريق الخطأ خاصة تلك الداخلة في تركيب كثير من المبيدات الحشرية، أو عن طريق احتراق الفحم، أو صهر المعادن، وأقصى حد مسموح به في مياه الشرب لهذا العنصر الخطير هو 0.05 mg/L .

10- النيــكل:

هو عبارة عن فلز وزنه الذري (58.70) وعدده الذري (28) ودرجة انصـهاره (1453°C) ، وهـو أحـد العناصر الانتقالية، وهو فلز أبيض اللون فضي يقاوم التآكل وله درجة لمعـان عاليـة. وهـو يوجـد بكميـات كبيرة على سطح القشرة الأرضية والبحار والمحيطات، كما أنه يدخل في تركيب الأنسجة البشـرية والنباتيـة، ويوجد بنسب ضئيلة في تركيب النفط الخام، وهو أحد العوامل المساعده المهمة المستخدمة في التفـاعلات الكيميائية، ويدخل في عملية هدرجة الزيوت، ولقد دلت الدراسات الحديثة على أنه مـن أسـباب الإصـابة بالأمراض السرطانية، وعـلى ذلـك فـإن اسـتعمال الزيـوت المهدرجـة (السـمن النبـاتي) في الأغذيـة وصـناعة الحلوى قد يكون من أحد أسباب الأمراض السرطانية.

11- الكوبـلت:

هو فلز سام جدا، وقد يسبب السرطان للعاملين في صـناعته ، والتعـرض لكميـات كبـيرة مـن أملاحـه تسبب اضطراب في الدورة الدموية، كما أن أكاسيده تسبب سرطان الرئة.

12- الباريوم:

- يسبب التسمم إذا كان في الصورة الذائبة.
- له تأثير سلبي على القلب والأوعية الدموية والأعصاب.

* * *

الأهميـة الحيويـة للمعادن الثقيـلة

يجب التفرقة بين التلوث بالمعادن الثقيلة والأهمية الحيوية لها، حيث خلقها الله - عز وجل - بنسب ومقادير تتلاءم مع جسم الإنسان.

فالمعادن مكون أساسي لكل مادة، فهي موجودة في النسيج الحي، والمعادن مثل: الفيتامينات لا تحتوى على سعرات حرارية أو طاقة، لكنها تعين الجسم في عملية إنتاج الطاقة. وتشكل المعادن نسبة 4.5% من وزن جسم الإنسان ويتركز وجودها بالطبع في الهيكل العظمي.

بالرغم من سمية المعادن الثقيلة وأثرها السلبي على البيئة إلا أن بعض المعادن تعتبر مهمة وضرورية للكائنات الحية، فنجد أن الزنك والنحاس والمنجنيز ضرورية للإنسان والحيوان والنبات، والكوبلت والكروم بالنسبة للحيوان، والألمونيوم بالنسبة للنبات، أما ضرورة هذه العناصر لحياة الكائنات فيرجع إلى كونها تدخل في تركيب الخمائل وبعض البروتينات الأخرى التي تلعب دورا نسبيًا في بعض العمليات الانقلابية، فنقصها قد يؤدي إلى خلل في الوظائف الفسيولوجية وبالتالي تنتج أمراض عديدة.

والمعادن متوفرة في بروتين الأنسجة، وفي الإنزيمات، وفي الدم، وفي بعض الفيتامينات... إلخ. والمعادن الضرورية عناصر أساسية مهمة لنشاطنا الجسدي والعقلي، وتشكل حجر الأساس في بناء الخلايا وخصوصا كريات الدم والخلايا العصبية والعضلية إضافة إلى العظام والأسنان والأنسجة. فهي توفر دعما للنشاط الوظيفي والبنائي لجسم الإنسان، وتنظم ميزان السوائل الحامضي - القاعدي في جسم الإنسان من خلال نسب الصوديوم والبوتاسيوم والكلوريد. وتشكل بعض المعادن جزءا من إنزيمات مهمة تعمل عمل العامل المساعد في التفاعلات الكيميائية الحيوية ، كما أنها تساعد في إنتاج الطاقة وتعزيز عملية الاستقلاب. كما تلعب بعض المعادن دورا مهمًا في عملية إيصال الإيعازات للأعصاب، وتقلص العضلات وانبساطها، ونفاذية جدران الخلايا، وفي تكوين الدم والأنسجة الحية.

أما العناصر التي تعتبر غير ضرورية لأي وظيفة حيوية في الجسم كثيرا ما يطلق عليها المعادن السامة، ومن أهمها: الزئبق (Hg) والرصاص (Pb) والزرنيخ (Zr) والكادميوم (Cd) والفانديوم (V) والبلوتونيوم (Pt) والتيتانيوم (Ti) واليورانيوم (U)، فهذه المعادن

تسبب أضرارا صحية للكائنات الحية عند تركيز معين أو عالي، أمـا غيابهـا عـن الجسـم لا يـؤدي إلى أضرار صحية ليس كما هو الحال بالنسبة للعناصر الضرورية كالحديد مثلا.

أما على الصعيد الكيموحيوي فإن التأثيرات المترتبة على المعادن السامة هي:

1- تأثيرها على الأغشية الخلوية .

2- إحلالها محل بعض الأيونات في الجسم .

3- تفاعلها مع مجموعة (SH) .

4- منافسة المعادن السامة مع بعض المكونات الاستقلابية في الجسـم (إنزيـمات الاسـتقلاب) والـدماغ والجملة العصبية ككل .

5- تفاعلها مع مجموعة الفوسفور لكل من (ATP-ADP).

وتختلف الكائنات الحية في قدرتها على تحمـل تركيـزات عاليـة مـن المعـادن إلّا أن الزيـادة المفرطـة للتعرض تؤدي إلى الإصابة بالسرطان وأحيانا الوفاة .

* * *

المنظفات الصناعية

تستخدم المنظفات الصناعية بكثرة لغرض إزالة مخلفات المعادن الثقيلة أو مخلفات النفط، كما تستخدم في المنازل والفنادق والورش والمصانع وغير ذلك؛ لذلك فإنها تعد أحد الأسباب الرئيسية لتلوث المياه نظرا لاحتوائها على المخلفات التي تستخدم لتنظيفها، فضلا عن تركيبها الكيميائي المعقد الذي يسبب تلوث المياه أيضا.

وقد أثبتت بعض الدراسات أنه توجد كمية لا بأس بها في مياه البحار والمحيطات وخاصة في المناطق السكنية القريبة من شاطيء البحر والمقام عليها فنادق سياحية ومطاعم وغير ذلك. وهذا النوع من التلوث لم يكن موجودا عندما كان الإنسان يعتمد على الصابون اعتمادا كليا كمنظف صناعي؛ لأن الصابون يعتبر مادة قابلة للتفكك الحيوي من قبل الكائنات الحية الدقيقة. أما المنظفات الصناعية فإن معظمها- إن لم يكن كلها خاصة في البلاد النامية- يتم تصنيعها أساسا من شحوم أو من بقايا الزيوت أو من مركبات هيدروكربونية نفطية مسلفنة؛ لذلك فهي مركبات ثابتة لا تتفكك حيويًا بسهولة، بل على العكس فإنها سامة للكائنات الحية البحرية وبعض الكائنات الحية الدقيقة إذا تجاوزت الحدود المسموح بها.

ويمكن تقسيم المنظفات الصناعية طبقا لتركيبها الكيميائي إلى عدة أنواع كالتالي:

1- منظفات صناعية أيونية:

وهي أشهر أنواع المنظفات الصناعية شيوعا واستخداما، وتحمل تلك المنظفات شحنة سالبة، مثل: أملاح الأحماض الدهنية ($RCOO^-$ Na^+) أو أملاح الزيوت النفطية المسلفنة ($ROSO_3^-$ Na^+ ، RSO_3^- Na^+) وغيرهما، حيث إن R سلسلة كربونية طويلة يفضل أن تحتوي على أكثر من 12 ذرة كربون.

2- منظفات صناعية كاتيونية:

وهي تلك المنظفات التي تحمل شحنة موجبة، وأشهر أنواع هذه المجموعة هي أملاح الأمونيوم الرباعية (R_4N^+ X^-).

3- **منظفات صناعية مختلطة :**

وهي تلك المنظفات التي تحمل شحنة متعادلة، مثل: أملاح الأمونيوم للأحماض العضـوية ($RCOO^-$ NH_4^+).

4- **منظفات صناعية غير أيونية:**

وهذا النوع من المنظفات لا يحمـل شـحنة مثـل: الإسـترات (RCOOR) أو الإيـثرات (ROR) سـواء أكانت ذات سلسلة كربونية مفتوحة أو مغلقة.

* * *

الفصــل الثـالث

تلــوث الهــواء بالغــازات

AIR POLLUTION

شكل يوضح مدى حجم تلوث الهواء الناجم عن أدخنة المصانع

إن الوسط البيئي للأسف يواجه فترة عصيبة من التلوث الكيميائي المفتعل من قبل الإنسـان بالدرجـة الأولى، وذلك لأن التلوث الكيميائي للبيئة يؤثر تأثيرا شديدا على الهواء، ويأتي دور العوامل الطبيعية التي لا دخل للإنسان بها في الدرجة الثانية.

إن استنشاق الهواء النقي يعد من أهم مقومـات البيئـة الصحية التـي تحمـي الإنسـان مـن السـأم، والهواء الطبيعي يحتوى على نسب تكاد تكون ثابتة من الأكسجين والنيتروجين وثاني أكسيد الكربـون، مـع خلوه من الأتربة والعناصر السامة، وهذا الهواء يتجدد دائما وبانتظام بفعـل التيـارات الهوائيـة الطبيعيـة، وهواء البيئة الطبيعية يحقق الأمان من الناحية الفسيولوجية، لذا كنا نجد سكان الجبال والقرى أكثر صحة من سكان المدن - خاصة الكبيرة والصناعية

منها- حيث تزيد نسبة التلوث فيها. وأصبح التلوث الهوائي مشكلة في غاية الأهمية من مشكلات العصر المعضلة، بسبب تعدد وتنوع مصادر هذا التلوث وتأثيره المباشر على صحة الإنسان.

ويعد تلوث الهواء من الظواهر التي يرجع عمرها إلى عمر الحضارات القديمة، وقد بدأت هذه الظاهرة منذ معرفة الإنسان للنار، أي قبل حوالي 50 ألف سنة. إلَّا أن حجم التلوث آنذاك كان محدودا لا يتعدى كهف الإنسان الأول. وبدأت تتضح ظاهرة التلوث الهوائي في العصور الوسطى بسبب زيادة معدلات نمو المدن والصناعة. وأصبح التلوث خطرا في بعض المناطق مما دفع بعض الدول إلى دراسة تلك الظاهرة، ففي إنجلترا تكونت هيئات عدة لدراسة تلوث الهواء الذي نجم عن التحول من استخدام الحطب إلى الفحم في أفران صناعة الجير. وقد أخذت ملوثات الهواء في الزيادة السريعة في الجو منذ الثورة الصناعية، بحيث أصبحت الملوثات بعد الحرب الأهلية الأمريكية مشكلة مزمنة في الولايات المتحدة، وقد بلغ حجم الملوثات في بعض المناطق حدا كبيرا حتى أصبحت تشكل غطاء كثيفا يحجب جزءا من أشعة الشمس من الوصول إلى سطح الأرض، كما هو الحال في مدينة نيويورك ومدينة شيكاغو؛ إذ تحجب الملوثات الهوائية ما بين 25 % إلى 40 % من الأشعة الساقطة على هاتين المدينتين.

ويرى علماء المناخ والأرصاد الجوية أن طبقة التروبوسفير قد بدأت تتغير ويختل توازنها بسبب زيادة حجم الملوثات في الهواء. ويمكن القول أن مشكلة التلوث الهوائي تعود إلى سوء استغلال واستنزاف موارد الطاقة وزيادة التركيز الصناعي والسكاني في المدن.

بداية نعطي فكرة مبسطة عن مكونات الهواء ليتضح لنا فيما بعد أثر الملوثات الكيميائية في تغير صفات ومكونات الهواء.

مكونات الهواء الجوي:

يعد الهواء النقي عنصرا أساسيًا للحياة على هذه الأرض لكل الكائنات الحية من الإنسان والحيوان والنبات والكائنات الحية الدقيقة، كما أنه يعتبر المكون الرئيسي للغلاف الجوي الذي يحافظ على الحالة الطبيعية للكرة الأرضية ويحميها من الإشعاعات الضارة ومن التقلبات الجوية. الهواء الجوي غلاف من الغازات يحيط بالكرة الأرضية إحاطة تامة، والهواء

خليط من الغازات أهمها النيتروجين والأكسجين، حيث تتواجد هذه الغازات بحالة عنصرية أي غير متحدة مع بعضها البعض إلا أنها ممتزجة بشكل جيد، وخليط غازات الهواء الذي يمتد إلى إرتفاع يصل إلى 80 كيلو متر فوق سطح الأرض تكون نسب العناصر المكونة له كالتالي:

1- 76-78 % غاز النيتروجين .

2- 21 % غاز الأكسجين .

3- 1-3 % بخار ماء .

4- 0.3 % غاز ثاني أكسيد الكربون .

5- مع وجود كميات ضئيلة من الغازات الأخرى من النيون والأرجون والهليوم والكربون والأمونيا والأوزون والميثان.

وعند اختلال هذا التركيب بدخول غازات أو جسيمات غريبة فإن الهواء يصبح ملوثا.

تلوث الهواء :

هو وجود مادة أو مواد كيميائية أو إشعاعية أو جرثومية في الهواء تؤثر على صحة أو سلامة أو راحة الإنسان، وحيث إن حديثنا في هذا الباب محل اهتمامه بالملوثات الكيميائية للهواء الجوي فإنه يمكن تعريف الملوثات الكيميائية للهواء على أنها المواد الكيميائية سواءً أكانت سائلة أو صلبة أو غازية والتي يمكن أن تسبب للإنسان أو الحيوان أو النبات أو الإنشاءات أضرار سيئة.

وتمثل الغازات أكبر مصدر لتلوث الهواء سواءً أكانت من مصادر طبيعية أو صناعية مثل الغازات المنبعثة من :

1- حرائق الغابات .

2- البراكين.

3- وسائل المواصلات.

4- محطات القوى.

5- صناعة الأسمدة والمبيدات.

6- الصناعات التعدينية.

وغير ذلك من الصناعات الكيميائية الكثير، والتي ينتج عنها غـازات ضـارة، وسيأتي الحـديث عنهـا في موضعها.

الملوثات الهوائية الأولية والثانوية:

Primary and Secondary Air Pollutants

أولا: الملوثات الهوائية الأولية :

هى الملوثات الكيميائية التي تدخل مباشرة إلى الهواء بسبب الأنشطة البشرية مثل:

1- حرق كلي للوقود الحفري :

$$C + O_2 \longrightarrow CO_2$$

2- حرق جزئي للوقود الحفري :

$$2C + O_2 \longrightarrow 2CO$$

3- خروج SO_2 عند ثورة البراكين :

$$S + O_2 \longrightarrow SO_2$$

كما أن SO_2 يخرج أيضا عند حرق الوقود الحفري .

ثانيا : الملوثات الهوائية الثانوية :

هي عبارة عن المواد الكيميائية التي تتكون في الهواء نتيجـة حـدوث تفاعـل بـين الملوثـات الأوليـة وبعض مكونات الهواء مثل بخار الماء، حيـث يعمـل ضـوء الشـمس في حـالات عديـدة كعامـل مسـاعد في تفاعلات أخرى مثل (Photo Chemical Oxidants)

$$2SO_2 + O_2 \xrightarrow{\text{u.v}} 2SO_3$$

ويتفاعل SO_3 مع بخار الماء في الهواء مكونا قطرات صغيرة جدا (Droplets) من حامض الكبريتيك والتي هي أحد أهم أسباب الأمطار الحامضية كالتالي:

$$SO_3 + H_2O \longrightarrow H_2SO_4$$

وكذلك الحال أيضا بالنسبة لثاني أكسيد النيتروجين الذي يتفاعل تحت تأثير الأشعة

فوق البنفسجية مؤثرا في طبقة الأوزون حيث يتفاعل معه مكونا ثالث أكسيد النيتروجين (NO_3).

$$NO_2 \xrightarrow{u.v} NO + O$$

$$O_2 + O \xrightarrow{u.v} O_3$$

$$NO_2 + O_3 \xrightarrow{u.v} NO_3 + O_2$$

وإليك بعض الأمثلة التي تدل على انتشار تلوث الهواء :

1- تلوث هواء المدن :

إن أحد الأسباب الأساسية لكثير من الأمراض التي يعاني منها الإنسان اليوم في المدن مثل أمراض الجهاز التنفسي وأمراض القلب وسرطان الرئة هو التلوث الهوائي، حيث وصلت معدلات التلوث الهوائي في مدن كثيرة من أنحاء العالم درجة الخطورة، وبدأ السكان يشعرون بمشكلة التلوث الهوائي وخطورته، فلقد وجد أن مجموعات ملوثات الهواء السائدة فوق المدن كالتالي:

أ- الدخان المضبّب الصناعي : (Industrial Smog)

ويتكون من ثاني أكسيد الكبريت (أوحتى قطيرات حمض الكبريتيك) مع بعض الملوثات الصلبة أو المواد العالقة في الهواء الجوي على شكل دقائق حيث يكونان معا ضبابا داكنا يسمى هواء المدن الداكن (Gray Air Cities) .

$$SO_2 + SPM \longrightarrow \text{Gray Air Cities}$$

حيث إن (SPM) هى المواد الصلبة والعالقة في الهواء .

ومن المعروف أنَّ الضباب الصناعي يسبب حجب الرؤية مما يساعد في إعاقة حركة المواصلات، بالإضافة إلى منع وصول أشعة الشمس بصورة كافية إلى النباتات، وبالتالي تؤثر على نموها وإصابتها بالأمراض، كما أنه يساعد على انتشار بعض الكائنات الحية الدقيقة في الجو مثل البكتريا والفطريات الممرضة.

ب- الدخان المضبّب الكيميائي : (Photochemical Smog)

عبارة عن مزيج من الملوثات الأولية مثل (Hydrocarbons, CO , SO_2)

والملوثات الثانوية مثل: (NO_3، NO_2) حيث تتحد الهيدروكربونات مع أكاسيد النيتروجين في وجود الأكسجين تحت تأثير الأشعة فوق البنفسجية (UV) مكونة غازات ضارة جدا على البيئة وصحة الإنسان- مثل: ($CH_3COOONO_2$, NO, O_3)- تسبب حدوث مضاعفات على الجهاز التنفسي- والقلب والعين وغير ذلك .

يبدأ تكون الدخان الكيميائي خلال ساعات الصباح عندما تكون حركة المرور في أوجها نتيجة عدم ثبات السرعة مما يترتب على ذلك عدم الاحتراق الكامل للوقود وخروج كميات كبيرة من عوادم السيارات، وتزداد هذه الكميات وقت الذروة وقت إنقضاء فترة الدوام الأولى (منتصف النهار تقريبا) :

$$2NO + O_2 \longrightarrow 2NO_2$$

وبعد زيادة نشاط الإشعاع الشمسي تحدث التفاعلات التالية :

$$NO_2 \xrightarrow{u.v} NO + O$$

$$O + O_2 \xrightarrow{u.v} O_3$$

$$RCO_3 + NO_2 \xrightarrow{u.v} RCO_3NO_2$$

2- تلوث الهواء داخل المباني : **Indoor Air Pollution**

يقضي الناس حوالي 80 % من حياتهم داخل أماكن مغلقة مثل المنازل وأماكن العمل ووسائل المواصلات، حيث يتنفسون الهواء المتواجد داخل هذه الأماكن. وفي بعض الأحيان أو غالبا ما تكون ملوثات الهواء داخل هذه الأماكن المغلقة أعلى منها في الخارج في الهواء الطلق نتيجة استخدام المبيدات الحشرية أو بخاخات الأيروزول أو للتهوية السيئة أو لنظام التدفئة أو غير ذلك من الأسباب كما سنرى في هذا الباب.

* * *

أسباب تلوث الهواء

تتمثل الأسباب الرئيسية لتلوث الهواء الجوي في الآتي :

1- الهباء الجوي (الرذاذ - **Aerosols**):

الهباء هو عبارة عن سائل أو صلب يحتوي على خليط من الغبار الدقيق والغازات والجسيمات الصغيرة والكبيرة، وقد يحوي معه أو بداخله غازات كيميائية أو أبخرة الزيوت النفطية والهيدروكربونات، وينتشر الهباء الجوي في الهواء مما يؤثرعلى الرؤية.

وينقسم الهباء الجوي إلي:

1 ـ هباء جوي صلب.

2 ـ هباء جوي مائي.

الأضرار الناتجة عنه:

تتمثل الأضرار الناتجة عن الهباء الجوي في الآتي :

1ـ يساعد الهباء الجوي الصلب على دخول الغازات السامة وانتشارها في الرئتين، مما يؤدي إلى تسربها في جسم الإنسان بسرعة أكبر عما لو كانت هذه الغازات بمفردها.

2 ـ يسبب الهباء الجوي المائي آثارا ضارة بصحة الإنسان.

فمثلا قد وجد أن حمض الكبريتيك المتكون نتيجة تأكسد ثاني أكسيد الكبريت (الموجود بالهباء) له آثارٌ سيئة تتمثل في الآتي :

- له تأثيره السلبي على الجهاز التنفسي للحيوانات المخبرية عندما يكون بتركيز 2.5 mg /kg.

- يؤدي إلى تهيج الأغشية الداخلية للرئتين.

- يعتبر أحد الأسباب الرئيسية في استنفاذ الأوزون بطبقة الستراتوسفير.

3- تلف أسطح الأبنية وواجهاتها بسبب تفاعل بعض مكوناته الكيميائية مع مكونات الطلاء المختلفة.

4- تؤدي بعض الغازات إلى تلف بعض النباتات والأشجار .

2- الدقائق الحبيبية : **Particulate Matter**

تتمثل الدقائق الحبيبية فيما يلي :

- الأتربة الهوائية التي تطلقها الصناعات الكيميائية .

- الرصاص الذي ينطلق من السيارات (نتيجة إضافة مركباته إلى وقود السيارات للمنع أو التقليل من فرقعة محركاتها).

- العناصر السامة مثل:

الزرنيخ ، الأنتيمون (في المبيدات) ، القصدير، الكادميوم ، الزنك ، البريليوم.

- بالإضافة إلى الحرير الصخري (الأسبستوس) والصوف الزجاجي.

- بالإضافة إلى الدقائق الناتجة عن تكسير الصخور.

الأضرار الناتجة عنها:

تعتبر الدقائق الحبيبية من أكثر الملوثات الهوائية خطراً، وتتمثل أضرارها في التالي :

- تدخل مع الهواء إلى الرئة ، وتحتك بالأنسجة الحساسة بها، مما يؤدي إلى التهابها وإصابتها بالسرطان.

- تسبب حساسية والتهاب الأنف والعيون والحنجرة .

- تؤدي إلى تشويه واجهات المباني، خاصة في المدن والقرى التي يقل أو يندر بها هطول الأمطار؛ لأن الأمطار تقوم بإزالة الأتربة من الأسطح .

3 - مثيرات الحساسية :

مثيرات الحساسية هيّ عبارة عن مركبات كيميائية طبيعية، مثل: حبوب اللقاح والتي تنتشر من بعض النباتات خاصة في فصل الربيع، أو من الغبار والأتربة التي تحملها الرياح، وهى تحمل في طياتها كائنات حية دقيقة قد تسبب لبعض الناس حساسية، ولمثيرات الحساسية مصدرين ، هما:

أ- مصدر نباتي : مثل حبوب اللقاح أو غبار القطن أو حتي بعض الفطريات.

ب- مصدر حيواني : من ريش الطيور وفراء بعض الحيوانات أو الصوف على هيئة مواد عضوية طيارة.

أضرارها: تتمثل أضرار مثيرات الحساسية في كونها تسبب الحساسية والربو؛ لذلك يتعين البعد عن الأماكن التي تظهر فيها هذه المواد وتفادي الغبار والدخان والأتربة.

مصادر ملوثات الهواء Sources of Air Pollutants

الملوثات الهوائية: هي عبارة عن مواد قد تكون إشعاعية أو جرثومية أو كيميائية (سائلة أو صلبة أو غازية) أو حتى مواد عالقة أو غبرة يمكن أن تسبب للإنسان أو الحيوان أو الإنشاءات أية أضرار، ومصادرها تنقسم إلى:

1- مصادر طبيعية :

هذا النوع من التلوث من الصعب مقاومته أو الحد منه؛ لأن الإنسان لا دخل له فيه، ومصادر هذا التلوث تنتج عن مصادر طبيعية كالتالى:

أ- الرياح وما تنقله من أتربة ورمال:

تحمل الرياح الغبار والأتربة عبر الجو القريب من سطح الأرض لمسافات طويلة حاملة فى طياتها أعدادا وأنواعا مختلفة من الجراثيم ، وكلما كانت نسبة تركيز الغبار والرطوبة الجوية عالية كان الجو أكثر ملائمة لوجود الجراثيم وتكاثرها ونموها بدرجة أكبر.

وتحمل الرياح أيضا حبوب اللقاح التى قد تسبب حساسية لبعض الناس خاصة فى فصل الربيع وهذا ما يعرف بالتحسس الربيعى.

كما تشكل النيازك الصغرى مصدرا للغبار الجوى لأنه عند احتراقها فى الغلاف الجوى على شكل شهب تطلق كميات كبيرة من الدقائق الترابية .

ب- البراكين وما تنفثه من غازات سامة وغبار:

تطلق البراكين عادة كميات كبيرة من الغازات والأبخرة السامة مثل أكاسيد الكبريت، كما أنها تطلق مواد صلبة دقيقة في الجو تعرف بالرماد البركاني محتوية على بعض المعادن الثقيلة حيث ترتفع بدافع القوة البركانية في الجو إلى عشرات الكيلو مترات وتبقى لفترة طويلة من الزمن كافية لانتشاره فوق معظم أنحاء الكرة الأرضية بواسطة فعل التيارات الهوائية المختلفة. وتقدر كمية الرماد البركاني التي تطلقها بعض البراكين الضخمة بآلاف الأطنان فضلا عن درجات الحرارة العالية للمقذوفات البركانية، وخاصة في جو منطقة البركان والمناطق المجاورة له. وما بركان أيسلندا منا ببعيد (أبريل-2010م) والذي على إثره تعطلت الملاحة الجوية في أوروبا بسبب السحابة الدخانية الكثيفة المنبعثة من البركان بل قد امتد أثره حتى شمال أفريقيا.

ج- الحرائق وما ينتج عنها من أدخنة وارتفاع في درجة الحرارة:

تسبب الحرائق ارتفاع شديد في درجة الحرارة مما يسبب الجفاف وخاصة في فصل الصيف، كما أنه ينتج عنها أدخنة عالية في الجو على شكل غيوم دخانية كثيفة تنتشر بفعل الرياح إلى مسافات بعيدة وتكون محملة بكميات ضخمة من الغازات المختلفة إلى جانب جزيئات الرماد الدقيقة والتي تؤدي إلى تلوث الهواء بشكل واضح.

د - السحب وما تحمله من غازات حمضية ذائبة في مياهها.

هـ - البرق:

تحدث شرارة كهربائية بين السحب عند حدوث البرق، مما يتسبب في حدوث تفاعلات ينتج عنها بعض أكاسيد النيتروجين وهذا بدوره يؤدي إلى تلوث الهواء الجوي.

2- مصادر صناعية :

وهذا النوع من التلوث يحدث بفعل الإنسان ونشاطاته وهو في الغالب يكون حادا ومؤثرا على البيئة وكافة الأحياء الأخرى إذا لم يتم ضبطه أو الحد منه. وتتمثل مصادر هذا النوع في نفايات المصانع المختلفة ومحطات توليد الطاقة ومصافي النفط ومختلف وسائل النقل، حيث تلقى هذه المصادر بآلاف الأطنان من الغازات والمواد السامة مباشرة إلى الغلاف الجوي، فتعمل الرياح على توسيع نطاق انتشارها في جميع أنحاء العالم.

ولا شك أن ملوثات الهواء الناتجة عن الأنشطة البشرية (المصادر الصناعية) والتي تضاف إلى طبقتي التروبوسفير والستراتوسفير تشكل أهم مصدر لتلوث الهواء. ويمكن أن تصنف مصادر التلوث الناجمة عن الأنشطة البشرية إلى:

أ- المصادر الثابتة : Stationary Sources

مثل محطات توليد الطاقة الكهربائية، والمصانع حيث يتم الاحتراق في مكان ثابت، ومن أهم مصادر تلوث الهواء الثابتة ما يلي:

- محطات توليد الطاقة الكهربائية.
- مصانع الأسمنت والحديد والصلب.
- مصانع المنظفات الكيميائية والبطاريات.

- مصانع الزجاج والصوف الزجاجي والحرير الصخري .

- مصانع الأسمدة والمبيدات .

- مصانع تكرير النفط.

- محطات تعبئة وقود السيارات .

- مصانع دباغة الجلود.

- مصانع الورق والكيماويات مثل الأحماض.

- مكاب النفايات وبعض الأنشطة المنزلية.

- الأفران والعديد من المصانع الصغيرة مثل معامل صهر وسكب المعادن .

والجدول رقم (4) يوضح نوعية الملوثات الناتجة عن بعض هذه الصناعات :

جدول رقم (4): يوضح أهم الملوثات الناتجة عن بعض الصناعات الكيميائية

نوع الصناعة	الملوثات الناتجة عن هذه الصناعة
صناعة الحديد والصلب	غبار- دخان- أول وثاني أكسيد الكربون
صناعة الأسمنت	غبار- مركبات الكبريت
صناعة حمض الكبريتيك	بخار الحمض- أكاسيد الكبريت
صناعة حمض النيتريك	بخار الحمض- أكاسيد النيتروجين
صناعة الورق	غبار- روائح كريهة- مركبات الكبريت
دباغة الجلود	غبار- روائح كريهة- مركبات الكبريت- غازات سامة- مركبات الكروم السداسي- مركبات قلوية
صناعة صهر المعادن	غبار- أكاسيد الكبريت- غازات سامة

وفيما يلي نستعرض الملوثات الناتجة عن محطات توليد الطاقة الكهربائية والأنشطة المنزلية كنماذج لهذه المصادر:

1 - محطات توليد الطاقة الكهربائية (التقليدية): من أهم الملوثات الهوائية الناتجة عن

محطات توليد الطاقة الكهربائية التقليدية: ثاني أكسيد الكبريت، وأكاسيد النيتروجين، وأول أكسيد الكربون، والغبار، والهيدروكربونات. ومن المتوقع أن تزداد أعداد محطات توليد الطاقة الكهربائية التقليدية، وبخاصة في دول العالم الثالث نتيجة لتزايد الطلب على الطاقة الكهربائية لاسيما أن العديد من أقاليم تلك الدول لا يتوافر لديها التيار الكهربائي بالصورة المطلوبة والكافية لمتطلبات العصر الحالي. وكما هو معلوم أن اشتراك عدة دول في شبكة كهرباء واحدة يقلل من التكلفة، ويحد من مشكلات التلوث واستنزاف مصادر الطاقة، ومن أفضل الأمثلة المحلية على ذلك شبكة الكهرباء الأردنية المصرية السورية التركية، والتي من المتوقع توسيعها مستقبلا لترتبط مع الشبكة الأوروبية.

ومن الجدير بالذكر أن محطات توليد الطاقة الكهربائية، وكذلك المفاعلات النووية ومصانع الحديد والصلب، ينتج عنها تلوث آخر بالإضافة إلى تلوث الهواء ألا وهو تلوث الماء نتيجة لقذف مياهها ذات درجة الحرارة المرتفعة إلي البحر مسببة ما يعرف بالتلوث الحراري، ومما يزيد من خطورة التلوث الحراري نقص كمية الأكسجين المذاب في الماء وارتفاع كافة العمليات الحيوية وزيادة استهلاك الأكسجين بنوعيه (& COD BOD) ويؤثر هذا كله على الأحياء البحرية والنباتات المائية لهذه المياه. وقد أصبح من المناظر المألوفة والشائعة على طول السواحل المواجهة للمدن الصناعية لافتات تحذر من الصيد والاستحمام؛ وبالتالي فقدت معظم الشواطئ أهميتها الاقتصادية والترفيهية نتيجة للتلوث.

2 - **الأنشطة المنزلية :** يمكن القول بأن الأنشطة المنزلية وفي طليعتها مواقد الاحتراق في نظم التدفئة المركزية تساهم بجزء بسيط نسبيًا في التلوث الهوائي، وخصوصا في الدول الفقيرة. أما في الدول الصناعية الباردة مثل: بريطانيا وألمانيا وفرنسا فإن نظم التدفئة المركزية تساهم بنسب أكبر في تلوث الهواء. وتحاول المصانع غالبا إعطاء الأنشطة المنزلية دورا أكبر مما تستحق في تلوث الهواء، وذلك للتخلص من مسئولياتها في المحافظة على نوعية جيدة من الهواء.

ب- المصادر المتحركة : Mobile Sources

تساهم وسائل المواصلات الحديثة بأنواعها المختلفة في تلوث الهواء وخاصة في المدن، وقد أدى التزايد السريع في استخدام وسائل المواصلات المختلفة كما ونوعا إلى زيادة ملحوظة

في تلوث الهواء في العالم. وتعتمد درجة التلوث الناجمة عن المركبة على نوعية المحرك وحالة المركبة وكثافة حركة المرور. ويعتمد توزيع الملوثات الناتجة عن المركبات على الظروف المناخية والطبوغرافية، فإذا كانت المركبة تسير في نفق فإن نسبة توزيع الملوثات تختلف عن سير المركبة في شارع مفتوح أو جسر أو طريق سريع. كما تساهم الطائرات والقطارات والسفن وغيرهم في تلوث الهواء، ويمكن القول أن الطائرات المدنية والعسكرية أخذت تساهم بشكل كبير في تلوث الهواء نظرا لزيادة نشاط حركة الطائرات في العالم.

المصادر الكيميائية لتلوث الهواء

من المعروف أن أخطر مصادر تلوث الهواء الجوي هي المصادر الكيميائية والتي تنتج من مصادر عديدة، مثل:

1- معامل تكرير النفط:

حيث تستخدم هذه المعامل النفط الخام الذي يتم تكريره فيفصل إلى مكوناته التي تختلف في نقاط غليانها والمتمثلة في الآتي:

- الغاز.
- الجازولين.
- الكيروسين.
- وقود الديزل.
- وقود الزيت.
- القطران ورواسب الأسفلت.

وتشتمل إفرازات عملية التكرير على الغازات التالية:

أكاسيد الكربون	Carbon oxides, CO_x
أكاسيد الكبريت	Sulphur oxides, SO_x
أكاسيد النيتروجين	Nitrogen oxides, NO_x
الهيدروكربونات الغازية	Hydrocarbons, H.C

2 - الصناعات غير العضوية :

الصناعات الكيميائية غير العضوية تنتج نوعيات كثيرة من الروائح غير المستحبة والغازات السامة، بالإضافة إلى الإفرازات من المواد الحبيبية، فمثلا:

أ- مصانع حمض الهيدروكلوريك وحمض الكبريتيك تفرز أدخنة حمضية.

ب- مصانع الجير، والتي يحرق بها الحجر الجيري، تفرز كمية كبيرة من الغبار (من بداية العملية حتى تعبئة المنتجات).

ج- مصانع الأسمدة الفوسفورية تفرز غازات غير مرغوب فيها، مثل: SiF_4 الذي يتحلل ليعطي HF.

د- مصانع حمض HF تعالج مادة الفلورسبار(CaF_2) بواسطة حمض الكبريتيك، وتفرز (HF H_2S, SO_2,) وحمض الفلوسيليسيك (Fluosilicic acid) .

3 - مصاهر الفلزات (**Smelters**):

تتطلب عمليات صهر الفلزات درجات حرارة عالية، وتفرز عددا هائلا من الغازات والأدخنة على هيئة غبار حبيبي.

وحيث إن بعض الفلزات تتواجد في الطبيعة على هيئة كبريتيد؛ فإن علميات الصهر تؤدي إلى إفراز غاز ثاني أكسيد الكبريت بكميات هائلة.

فمثلا :

$$ZnS + O2 \xrightarrow{\text{حرارة عالية}} Zn + SO_2 \uparrow$$

$$Cu_2S + O_2 \longrightarrow 2Cu + SO_2 \uparrow$$

$$PbS + O_2 \longrightarrow Pb + SO_2 \uparrow$$

أما صهر الفلزات (الخامات) في صناعة الزجاج فإنها تتحلل إلى الأكسيد المقابل، حيث تتحلل الكربونات والكبريتات والنترات وغيرهم، وينتج عن ذلك غازات كثيرة مثل أكاسيد الكبريت والنيتروجين والكربون:

$$MCO_3 \xrightarrow{\text{حرارة عالية}} MO + CO_X \uparrow$$

$$MSO_4 \longrightarrow MO + SO_x \uparrow$$

$$MNO_3 \longrightarrow MO + NO_X \uparrow$$

4 - الصناعات الورقية :

العملية الرئيسة لصناعة الورق تتضمن التالي:

أ- غمر الخشب الخام عدة ساعات في محلول ساخن مـن كبريتيـد وهيدروكسـيد الصـوديوم(white liquor) .

ب- استخدام ضغط مرتفع لإذابة كل مكونات الخشب، ماعدا ألياف السليلوز التي تبقى في المحلـول المستهلك (Black Liquor).

ج- تخفيف الضغط من وقـت لآخـر؛ لتفـادي ارتفـاع الضـغط عـن مسـتوى معـين ويصـحب هـذا التخفيف انطلاق غازات تحتوي 5% من حجمها على مركبات كبريتيدية، تسمى مركبتيًان (mercaptans)، وصيغتها العامة (RSH)، وكلها ذات روائح كريهة، ولها آثار سيئة على البيئة والصحة العامة.

5 - الصناعات الغذائية:

تفرز مصانع معالجة وحفظ الأسماك واللحوم روائح غير مستحبة، والتي تتكون نتيجة تحلل البروتين، بالإضافة إلى تحلل النفايات العضوية من مصانع معالجة وتصنيع وتعليب الخضر والفواكه.

كما أن الروائح الناتجة من المخابز ومصانع الحلويات ومطاحن البن والمطاعم- تصنف أيضا عـلى أنهـا ملوثة للهواء.

وبعد استعراضنا لأهم أسـباب ومصـادر تلـوث الهـواء الجـوي، ونظـرا لخطـورة الغـازات الكيميائيـة وسميتها الشديدة على الإنسـان والنبـات والحيـوان والبيئـة كلهـا بصـفة عامـة- فإننـا نتحـدث بنـوع مـن التفصيل من أهم هذه الغازات الكيميائية الملوثة للبيئة.

* * *

التلوث بالغازات الكيميائية

يعد التلوث بالغازات الكيميائية من أخطر أنواع التلوث الكيميائي للهواء؛ وذلك لتأثيره المباشر على أجهزة الجسم المختلفة، وخاصةً الجهاز التنفسي، وخصوصا إذا تجاوزت نسبة هذه الغازات الحد المسموح به في الهواء .

وأهم أنواع الغازات الملوثه للهواء الجوي هي :

1- الأكاسيد الغازية .

2- الغازات الهيدروجينية .

3- الأوزون.

4- الهيدروكربونات الغازية .

5- الفلوريدات .

6- دخان التبغ .

ويمكن أن نتعرف على هذه الغازات بنوع من التفصيل فيما يلي:

أولا : الأكاسيد الغازية :

وتتمثل الأكاسيد الغازية الملوثة للهواء في الآتي :

1- أكاسيد الكربون (أول وثاني أكسيد الكربون).

2- أكاسيد الكبريت (ثاني وثالث أكسيد الكبريت).

3- أكاسيد النيتروجين (أول وثاني أكسيد النيتروجين).

4- المواد العضوية المتطايرة.

5- المواد العالقة في الهواء.

6- المواد الكيميائية والمؤكسدة المتكونة في الغلاف الغازي.

وأخطر هذه الأنواع من الملوثات هي (SO_x, NO_x, CO)، كما سيتضح لنا بعد ذلك.

1- أكاسيـد الكربـون:

أ- أول أكسيد الكربون (Carbon monoxide, CO):

وجوده : يوجد في الهواء، ويمثل أكبر نسبة من ملوثات الهواء، ويختلف تركيز أول أكسيد الكربـون في المناطق العمرانية باختلاف الظروف السائدة في كل منطقة.

وتعتمد أساسا على مدى كثافة حركة المرور الخاصة بالسيارات، ومن ثـم فهـي أكـثر تركيـزا في النهـار عنها في الليل.

مصادره : ينتج أول أكسيد الكربون من مصدرين: أحدهما طبيعي، والآخر صناعي.

أ- المصدر الطبيعي :

تعتبر المحيطات المصدر الطبيعي له .

ب - المصدر الصناعي :

ومصدره الأساسي هو الاحتراق غير التام للوقود، أو للمواد العضوية، بمعنى: إذا تمت عمليـة الاحـتراق في وجود نقص الأكسجين؛ أي أنه أحد نواتج احتراق الوقود الكربوني، وينـتج مـن مصـانع الحديـد والفحـم والكوك، كما ينتج من مداخن السيارات.

صفاته الطبيعية :

وتتمثل صفاته الطبيعية فيما يلي :

- عديم اللون. - عديم الطعم. - عديم الرائحة.

ومما يزيد من خطورة أول أكسيد الكربون أنه لا لون له ولا طعم ولا رائحة، ولذلك فإن الإنسان قـد يتعرض له، وهو لا يشعر، وخاصة عند التركيزات المنخفضة منه.

صفاته الكيميائية :

1- يعتبر أول أكسيد الكربون من المرتبطات الحمضـية (π- acid ligands)، حيـث يتبـادل الكثافـة الإلكترونية مع ذرات أو أيونات الفلزات الانتقالية، وهذا ما يحدث مع هيموجلوبين الدم، وتكمن خطـورة هذا التفاعل في أنه تفاعل غير عكسي، ولذلك فقد ينشأ عنه في بعض الحالات غيبوبة.

2- يتأكسد أول أكسيد الكربون ليعطي ثاني أكسيد الكربون، إلَّا أن ذلك يتم ببطء شديد.

آثاره السيئة :

1- على الصحة :

1- يؤثر أول أكسيد الكربون على الصحة العامة، خاصة على هيموجلوبين الدم؛ حيث إنه له قابلية شديدة للاتحاد معه؛ لأنه يحل محل الأكسجين تدريجيا في الدم؛ نتيجة لاتحاده مع هيموجلوبين الدم مكونا مادة ثابتة حمراء فاقعة، تسمى كربوكسي- هيموجلوبين، بدلا من الأكسي- هيموجلوبين الحاملة للأكسجين الموجود في كرات الدم.

ومن ثم فإنه يؤثر تأثيرا خطيرا على عمليات التنفس في الكائنات الحية بما فيها الإنسان ويتسبب في كثير من حالات التسمم؛ أي أن أول أكسيد الكربون له تأثير فسيولوجي سام.

2- تؤدي زيادته في الدم إلى نقص في الرؤية، والإرهاق، والتأثير على الجهاز العصبي، وإلحاق الضرر بالقلب، والجهاز التنفسي، وقد تؤدي هذه الزيادة إلى انسداد الأوعية الدموية، وبالتالي إلى الوفاة.

3- يتحد مع الحديد اللازم لعمل نشاط بعض الإنزيمات التنفسية، وهذا يؤدي إلى إحباط عمل هذه الإنزيمات، أو تقليل فعاليتها.

ويمكن الحد من تأثير أول أكسيد الكربون بتزويد البيئة المحيطة به أو الموجود بها بالأكسجين الكافي لإتمام عملية الاحتراق وتكوين ثاني أكسيد الكربون، ويلزم ذلك لمواجهة حالات التسمم بالغاز.

2- على البيئة :

غاز أول أكسيد الكربون، بالإضافة إلى الغازات التي تستعمل في التبريد تتفاعل مع طبقة الأوزون وتساهم في ثقبها.

ومن المعروف أن هذه الطبقة هي التي تحمي الأرض من الإشعاعات الكونية فوق البنفسجية الصادرة من الشمس، والتي لو وصلت إلى الأرض لتسببت في أمراض خطيرة، مثل: سرطان الجلد وغيره، ولقد أثبتت الدراسات البيئية الحديثة أن هذه الطبقة حدث فيها ثقب.

ب- ثاني أكسيد الكربون (Carbon dioxide, CO$_2$):

غاز ثاني أكسيد الكربون مصادره كثيرة ومتنوعة، وينتشر في الهواء الجوي على هيئة دخان أسود اللون.

وينتج غاز ثاني أكسيد الكربون من الحرائق وأدخنة المصانع ووسائل المواصلات واحتراق المواد العضوية والوقود والفحم احتراقا تاما.

ويصاحب تصاعد غاز ثاني أكسيد الكربون ارتفاع في درجة الحرارة، فضلا عن أن جزيئاته تمتاز بقدرتها على امتصاص الأشعة تحت الحمراء (الأشعة الحرارية)، وبالتالي فإنه أحد العوامل المساعدة في ظاهرة "الاحتباس الحراري"، حيث يعمل كسطح عاكس للحرارة (وأيضا الغازات التي تستعمل في التبريد تتسبب في هذه الظاهرة).

وتشير دراسات مؤتمر الأمم المتحدة للبيئة والتنمية الذي عقد في البرازيل عام 1992 م، والمعروف بمؤتمر "قمة الأرض"، إلى أن متوسط حرارة الجو قد ارتفع خلال تلك السنوات المائة بما يتراوح بين (3-6) درجة مئوية، ولو ظل الأمر على حاله فسوف يؤدي إلى زيادة درجة حرارة الغلاف الجوي، والذي بدوره يؤدي إلى ذوبان الجليد في القطبين وارتفاع منسوب المياه في البحار والمحيطات، وكل ذلك ينعكس على مناخ الكرة الأرضية.

وظاهرة الاحتباس الحراري بسبب هذه الغازات والملوثات المتراكمة في طبقات الجو العليا- توفر مناخا وظروفا لتفاعلات حيوية وكيميائية غير مرغوب فيها، ينتج عنها مواد ضارة وسامة.

آثاره السيئة :

1- يؤدي إلى صعوبة في التنفس والشعور بالاختناق.
2- حدوث تخريش [1] للأغشية المخاطية.
3- التهاب القصبة الهوائية وتهيج الحلق.
4- أحد أسباب ظاهرة " الاحتباس الحراري".

---

(1) تخريش : تمزيق أو تقطيع .

5- غاز ثاني أكسيد الكربون له خواص حامضية، ولذلك فإنه عند سقوط الأمطار يكون معها حمض الكربونيك، وإن كان هذا الحمض ضعيفا إلا أنه أحد أسباب الأمطار الحامضية، خاصة عند ازدياد نسبة CO_2 في جو رطب.

$$CO_2 + H_2O \longrightarrow H_2CO_3$$

2- أكاسيد الكبريت   (Sulphur Oxides)

يعتبر ثاني أكسيد الكبريت (SO_2) أخطر الأكاسيد الكبريتيدية .

وجوده : ينشأ نتيجة احتراق الوقود الأحفوري، أو "الوقود الحفري" (الفحم والبترول والغاز الطبيعي)؛ لاحتوائها على كميات ملحوظة من الكبريت الذي يخرج إلى الغلاف الغازي على شكل SO_2 .

خواصه :

غاز عديم اللون، نفاذ وكريه الرائحة، أو له رائحة حادة .

ويمكن اعتباره من العناصر اللازمة لحياة ونشاط النباتات الخضراء طالما وجد بنسبة ضئيلة جدا في الجو؛ حيث يؤدي ذلك إلى زيادة نمو النباتات.

وتكمن مشكلة التلوث بغاز ثاني أكسيد الكبريت عند زيادة نسبته في الجو عن الحد المسموح به .

مصادره : يوجد له مصدران: أحدهما طبيعي، والآخر صناعي .

أ- المصدر الطبيعي :

عند تعفن المواد العضوية يتكون كبريتيد الهيدروجين وهو غاز سام، والذي يتحول بفعل الأكسدة إلى أكاسيد الكبريت، والناتج النهائي لعمليات الأكسدة هو ثالث أكسيد الكبريت.

ب- المصدر الصناعي :

ينتج ثاني أكسيد الكبريت بشكل متواصل من احتراق الفحم، ونواتج البترول ومصاهر الفلزات (وخاصة النحاس)، وتكرير النفط واحتراق مصادر الطاقة، ووقود السيارات.

ويحتوي الفحم والنفط على حوالي 2% كبريت من وزن الوقود، ولذلك تقدر نسبة SO_2 الناتجـة مـن حرق الوقود في أمريكا مثلا بنحو 50 مليون طن سنويا.

وتتمثل صفاته في الآتي:

- **الصفات الطبيعية:**

تتمثل الصفات الطبيعية لثاني أكسيد الكبريت في:

1- غاز عديم اللون.

2- له رائحة الكبريت المحترق.

3- له رائحة نفاذة.

- **الصفات الكيميائية:**

وتتمثل صفاته الكيميائية في التالي:

1- حمضي التأثير عند تركيزات أقل من جزء من المليون (1-ppm).

2- يتأكسـد ثاني أكسـيد الكبريت في الجـو، فيتحـول إلى ثالـث أكسـيد الكبريت بواسـطة عمليـات فوتوكيميائية مساعدة (Catalytic Photo Reaction).

3- يتفاعل غاز ثاني أكسيد الكبريت مع أكسجين الهواء بوجود الأشعة فوق البنفسـجية الصـادرة عـن الشمس، وينتج ثالث أكسيد الكبريت، الذي يتحد بعد ذلك مع بخار الماء الموجود في الجو؛ ليعطي حمـض الكبريتيك، الذي يبقى معلقا في الهواء على هيئة رذاذ دقيق، تنقله الرياح من مكان لآخر، مثلما يحدث مع ماء المطر، كما توضح المعادلات الآتية:

$$2SO_2 + O_2 \xrightarrow{\text{u.v}} 2SO_3 + 46 \text{ KCal}$$

$$2SO_3 + H_2O \longrightarrow H_2SO_4$$

وقد أثبتت بعض الدراسـات أن هـواء الكثير مـن المـدن الصـناعية يحتـوي علـى نسـبة مـن أكاسـيد الكبريت وحامض الكبريتيك تتراوح بين 5-20 % .

آثاره السيئة:

1- على الصحة:

لكل من ثاني وثالث أكسيد الكبريت وحمض الكبريتيك تأثير ضار بالجهاز التنفسي للإنسان والحيـوان؛ حيث تسبب التهابات خطيرة في الجهاز التنفسي، تظهر على شكل نوبات تنفسـية حـادة، تكـون مصـحوبة بالتهابـات رئويـة مزمنـة، كـما يـؤدي إلى الإصـابة بالسـعال وبـأمراض الربـو والتهابـات القصـبة الهوائيـة والحنجرة- إذا كانت نسبته في مستويات الدخان حوالي 250 mg لكل م^{3}، وقد تصيـب القلـب بـآلام حـادة تسبب الوفاة.

2- على البيئة:

يشارك ثاني أكسيد الكبريت مع ملوثات أخـرى في إحـداث مشـاكل بيئيـة، منهـا: الأمطـار الحمضـية؛ حيث تتعرض المباني، وبخاصة الأثرية إلى تأثير غاز ثاني أكسيد الكبريت (الحامضي- مـع مـاء المطـر)، الـذي يؤدي إلى تآكل أو تجوية هذه المباني.

كذلك نلاحظ تحلل التماثيل المصنوعة من حجر الكلس، وتفتت الصخور الجيرية حـين سـقوط المطـر الحامضي، ولذلك فقد اتخذت بعض الاحتياطيات اللازمة الضرورية للاقتصـار عـلى اسـتخدام أنـواع الوقـود الخالية من الكبريت أو المحتوية على مقادير ضئيلة منه.

الأضرار الناتجة عنه :

يمكن إجمال الأضرار الناتجة عنه فى الآتي :

1- لثاني أكسيد الكبريت رائحة نفاذة مهيجة للأغشية عند تركيزات أعلى من 3 أجزاء بـالمليون (3- ppm) ، كما يسبب الربو والزكام المزمن وضيقا في التنفس، وقد يصل الأمر إلى التصلب الرئوي.

2- عند اتحاد ثالث أكسيد الكبريت مع الماء ينتج حمض الكبريتيك، الذي يتسـاقط مـع مـاء المطـر مسببا المطر الحمضي، الذي يعمل على تفتيـت مـواد البنـاء، وخاصـة الرخـام والـبلاط والسـيراميك والجـير والطلاءات.

3- يعمل ثالث أكسيد الكبريت على تآكل معظم أنـواع الفلـزات والسـبائك المعدنيـة، وعـلى وجـه الخصوص الحديد والصلب والزنك.

4- لأكاسيد الكبريت آثار ضارة على النبات، وخاصة عند تركيزات 0.03 أجزاء المليون (0.03 ppm).

5-ويؤثر SO_2 و H_2SO_4 على الجهاز التنفسي للإنسان والحيوان.

6- التركيزات العالية تسبب تشنج الأحبال الصوتية وقد تؤدي إلى تشنج مفاجىء واختناق.

7-التعرض الطويل للغاز يؤثر في حاسة التذوق والشم، ويؤثر أيضا على الطبقة الخارجية للأسنان.

8-يعمل على تهيج الغشاء المخاطي للعيون، ويؤثر أيضا على الجلد.

3-أكاسيد النيتروجين (**Nitrogen Oxides**) :

أكاسيد النيتروجين عادة تكون مصاحبة لاحتراق الوقود في الهواء عند درجات حرارة عالية، حيث إن مصدر هذه الأكاسيد (كلٌّ من غَازَيْ النيتروجين والأكسجين اللذين يكونان هذه الأكاسيد) هو الهواء الجوي ذاته، ومن ثم تكون المركبات والأجهزة المولدة للطاقة في محطات القوى الكهربائية هما أحد المصادر الأساسية لأكاسيد النيتروجين؛ لأنها تعمل عند درجات حرارة مرتفعة، وخاصة تلك التي تستخدم الوقود الحفري، وعندما يكون التبريد سريعا يمنع تفكك هذه الغازات.

غاز النيتروجين:

يوجد على هيئة غاز في طبقات الهواء الجوي، ويمثل النسبة الأكبر في مكونات هذه الطبقة، ويتكون جزيئه من اتحاد ذرتين من ذراته، ورمزه الكيميائي (N_2) شأنه في ذلك شأن بقية العناصر الغازية، مثل: الأكسجين (O_2)، والفلور (F_2)، والكلور (Cl_2)، فيما عدا جزيئات الغازات الخاملة التي هي أحادية الذرة مثل الهيليوم (He) وغيره.

وغاز النيتروجين يوجد متحدا مع غيره من العناصر والمركبات في الطبيعة مكونا مركبات كثيرة، مثل: أملاح النترات، والنتريت، والأمونيا، وحمض النيتريك، ويدخل في تركيب بعض المواد العضوية، مثل: البروتين.

إن أكثر أكاسيد النيتروجين انتشارا في الجو تتمثل في:

1- أول أكسيد النيتروجين (NO).

2- ثاني أكسيد النيتروجين (NO_2).

مصادر الحصول عليهما:

يمكن الحصول على NO و NO_2 بتفاعل النيتروجين (الناتج من النشاط الإنساني) مع الأكسجين عند درجة حرارة عالية (أعلى من $1100°C$) .

والتفاعل العام لأكسدة النيتروجين كما يلي :

$$2NO_x \xrightarrow{\text{>1100}^oC} N_2 + XO$$

ونسبة NO_2 المتكونة لا تزيد عن 0.5% .

آثاره السيئة:

1- على الصحة:

هذه الغازات سامة؛ حيث تكون حامض النيتريك في الرئتين، وتحدث فيها التهابات خطيرة، وقد تؤدي إلى الموت خلال نصف ساعة إذا وصلت نسبتها في الهواء إلى 0.07 % ، وتتحد هذه الأكاسيد أيضا مع هيموجلوبين الدم، وتمنع نقل الأكسجين إلى الخلايا.

ويتعرض الأطفال أكثر من غيرهم لهذا النوع من التسمم، ويلاحظ في هذه الحالة زرقة الشفاه عند الأطفال، كما تتحول إلى مركبات شديدة الأكسدة، من أهمها: غاز الأوزون، وفوق أكسيد أستيل النترات، والتي تهاجم الأغشية المخاطية والعيون والجهاز التنفسي.

2- على البيئة:

تعد هذه الأكاسيد من الملوثات الرئيسة في تساقط الأمطار الحامضية في المناطق الصناعية، حيث تتفاعل هذه الأكاسيد مع بخار الماء أو ماء المطر مكونة حمض النيتروز والنيتريك.

ومن أهم مصادر هذه الأكاسيد عوادم المركبات المختلفة ومصانع حامض النيتريك ومحطات الطاقة الكهربائية التي تستخدم الوقود الحفري.

وتتفاعل أكاسيد النيتروجين في الهواء مع المركبات الهيدروكربونية والأكسجين بواسطة تفاعلات ضوئية بفعل أشعة (UV)، وتتحول إلى مركبات شديدة الأكسدة، ومن أهمها: غـاز الأوزون، والتـي عنـد ارتفاع تركيز الأوزون في الجو تقل مدى الرؤية وتسمى هذه الحالة بالضباب الكيميائي.

$$NO_2 \xrightarrow{\text{u.v}} NO + O$$

$$O + O_2 \xrightarrow{\text{u.v}} O_3$$

$$NO_2 + O_3 \xrightarrow{\text{u.v}} NO_3 + O_2$$

$$RCO_3 + NO_2 \xrightarrow{\text{u.v}} RCO_3NO_2$$

- الأضرار الناتجة عنهما:

1- تعمل أكاسيد النيتروجين على إزالة الألوان (bleaching) من صبغة الملابـس، كـما أنهـا تحلـل الملابس القطنية، وكذلك المصنعة من النايلون؛ لأنها أكاسيد حامضية .

2- يحدث أول أكسيد النيتروجين أثارا ضارة بالنباتات، ويعيق نموها، حيث يؤدي إلى إتلاف أوراقها.

3- لأول أكسيد النيتروجين قابلية للاتحاد مع هيموجلوبين الدم (أعلى قابلية من CO بـ 1500 مرة) إلا أنه -من رحمة ربي- لا يصل إلى مجرى الدم.

4- عند تواجد غاز NO_2 في الهواء بتركيز 100 جزء بـالمليون (100-ppm) -فإنـه يقضيـ عـلى حيـاة الإنسان والحيوان خلال بضع دقائق، كما أنه عند تركيز 5 أجزاء بـالمليون (5-ppm) يـؤدي إلى آثـار سيئة للغاية على الجهاز التنفسي، مثل: تهيج البطانة المخاطيـة للجيـوب الأنفيـة والمجـاري التنفسـية، ويسبب أضرارا غير عاديةٍ وبالغة بالرئة.

5- يلعب NO_2 دورا رئيسـا في توليـد مركبـات مثـل HNO_2 ، CH_3COONO_2 الضارة بطبقـة التروبوسفير، بالإضافة إلى أنه يعجل من نفاذية الأوزون بالستراتوسفير؛ بسبب تفاعله مع الأوزون وتكوين NO_3 .

6- إن تواجد أكاسيد النيتروجين في الهواء يؤدي إلى تآكل المعادن، وذلك لتكون جزيئات النترات.

7-تؤدي إلى تكوين المطر الحمضي.

8-يدخل في تكوين بعض المركبات التي تعمل على تهيج الغشاء المخاطي للعيون، مثل: $CH_3COOONO_2$.

وحيث إننا بصدد الحديث عن الأكاسيد الملوثة للهواء الجوي- فإنه لابد من الإشارة إلى الأمطار الحمضية؛ لأن هذه الأكاسيد هي السبب الرئيس في تكوينها.

الأمطار الحمضية:

تكوين الأمطار الحمضية :

تنتج الأمطار الحمضية من أكاسيد الكربون وأكاسيد الكبريت وأكاسيد النيتروجين طبقا للتفاعلات التالية:

$$2SO_2 + O_2 \xrightarrow{u.v} 2SO_3$$

$$SO_3 + H_2O \longrightarrow H_2SO_4$$

$$CO_2 + H_2O \longrightarrow H_2CO_3$$

$$NO_2 + H_2O \longrightarrow HNO_3$$

$$NO + H_2O \longrightarrow HNO_2$$

وعندما تصبح الظروف المناخية مناسبة لسقوط الأمطار- فإنها تذوب في ماء المطر، وتسقط على سطح الأرض على هيئة مطر حمضي.

وقد يتحد ثالث أكسيد الكبريت مع بعض الغازات في الهواء، مثل: النشادر في وجود الرطوبة، وينتج في هذه الحالة مركب جديد هو كبريتات النشادر.

أما عندما يكون الجو جافا ولا تتوفر فرصة لسقوط الأمطار- فإن رذاذ حمض الكبريتيك ودقائق كبريتات النشادر يبقيان معلقين في الهواء الساكن، ويظهران على هيئة ضباب خفيف، وهذه قد تنتقل بواسطة التيارات الهوائية من مكان إلى آخر؛ فالملوثات لا تعرف حدودا؛ إذ يمكن أن تنتقل الغيوم لمسافات بعيدة، تتراوح بين 1000 – 1500 كيلو متر عن مصادر التلوث الصناعي، فتهطل أمطار حمضية على مناطق لاعلاقة لها بمصدر التلوث، وبالتالي تحدث آثارا بيئية سيئة على المستوى المحلي والإقليمي والعالمي.

وبلغ الأس الهيدروجيني (pH) للأمطار الحمضية في بعض المدن حوالي 3.5 أو أقل، ومن هنا يمكن لنا تصور حجم الضرر الذي تلحقه هذه الظاهرة على الحياة النباتية والحيوانية وكذلك التربة والمياه الجوفية في العديد من الدول الصناعية والمجاورة لها.

الآثار السلبية للأمطار الحمضية:

الأمطار الحمضية تسبب أضرارا صحية وبيئية واقتصادية واجتماعية كالتالي:

1- تسبب تلف كثير من المباني وتغيير ألوانها، خاصة التاريخية منها والأثرية.

2- تمزق الألياف القطنية والنايلون وتشقق المطاط والجلود وتدهور الصبغات.

3- تآكل التماثيل وتلفها وتآكل المعادن المستخدمة في البناء والجسور والمنشآت الصناعية من الصلب والنيكل والزنك والنحاس.

4- تساعد على ترسيب السناج والأتربة مما يؤثر على نمو النباتات وإصابتها بالأمراض.

5- زيادة الأمطار الحمضية تؤثر على مياه الأنهار والبحيرات؛ حيث تغير الظروف الطبيعية التي تعيشها الأسماك والكائنات الحية الأخرى، فضلا عن النباتات المائية، ومثال ذلك: ما حدث في بحيرة موس الصافية الواقعة غرب جبال أديرونداك حيث اختفت أسماك السلمون المرقط والضفادع، حتى إن البط الغواص قد هاجر، واختفى الطائر القانص الذي يغوص فيها بحثا عن الأسماك.

6- تجرف الأمطار الحمضية معها عناصر معدنية مختلفة بعضها بشكل مركبات من الزئبق والرصاص والنحاس والألومنيوم، فتقتل الأحياء في البحيرات وتزيد من تلوث التربة بهذه العناصر .

7- تؤثر الأمطار الحمضية في النباتات الاقتصادية ذات المحاصيل الموسمية، مثل: الغابات الصنوبرية، فهي تجرد الأشجار من أوراقها، وتحدث خللا في التوازن النشادري في التربة، وبالتالي تجعل الامتصاص يضطرب في الجذور، مما يفقد الأخشاب جودتها، وبذلك تؤدي إلى خسارة اقتصادية في تدمير الغابات وتدهورها، فضلا عن أنَّ الغابات تطلق في الكيلو متر المربع الواحد حوالي 1300 طن من الأكسجين، وتمتص نحو 1640 طنّا من ثاني أكسيد الكربون خلال فصل النمو الواحد.

8- ارتفاع درجة حموضة التربة يؤدي إلى انخفاض نشاط بعض البكتيريا، مثل: المثبتة للنيتروجين، وانخفاض معدل تفكك الأداة العضوية، مما يؤدي إلى سماكة طبقة البقايا النباتية إلى الحد الذي أصبحت فيه تعوق نفاذ الماء إلى داخل التربة، وإلى عدم تمكن البذور من الإنبات، وفي النهاية إلى انخفاض الإنتاجية.

9- يشكل الضباب الدخاني في المدن الكبيرة حينما يكون معلقا في الجو.

10- يؤدي المطر الحمضي إلى زيادة معدلات التجوية في مواد البناء والمباني، وبخاصة في الحجر الكلسي والرخام والأسمنت.

4- المواد العضوية المتطايرة (Volatile Organic Compounds - VOCS):

وتشمل هيدروكربونات غازية وسائلة، مثل: الميثان والكلوروفورم، بالإضافة إلى ذلك هناك العديد من الملوثات العضوية المتطايرة التي لم يستطيع العلم التعرف عليها بعد؛ بسبب قصور التقنيات التحليلية الحالية بالرغم من التقدم المذهل في هذا المجال.

ويعد أهم مصادر هذه الملوثات هي مصافي البترول ومحارق النفايات الصلبة، وتشكل الهيدروكربونات عنصرا مهمًا في تكوين الضباب الدخاني، وتسبب بعض المركبات الهيدروكربونية الحلقية الأمراض السرطانية للإنسان مثل البنزوبيرين الذي يوجد في غازات عوادم السيارات والغازات الناجمة عن حرق الفحم.

5- المواد العالقة في الهواء (Suspended Particulate Matter - SPM):

وهذه المواد توجد على نوعين:

أ- دقائق صلبة Solid particles:

مثل الغبار (Dust)، والسخام (Soot)، والمعادن الثقيلة، مثل: الرصاص والكادميوم، وتبقى هذه المواد عالقة في الهواء حسب حجمها ووزنها وتأثير الجاذبية الأرضية والظروف المناخية عليها.

ويمكن تمييز أنواع متعددة من الحبيبات الدقيقة، مثل:

1- الغبار (Dust):

حبيبات متناهية في الصغر، تنشأ عن طريق تكسير وطحن وتفجير بعض المواد، مثل:

الأحجار والخامات والفحم والخشب والحبوب وغيرهم.

2- البخار المعدني (Fume) :

وهي عبارة عن مواد صلبة دقيقة تكونت نتيجة التكثيف.

ب- قطرات سائلة   Liquid Droplets :

مثل: الأحماض، والزيوت، والمبيدات، وتكون على شكل:

1- الضباب   (Fog) :

وهو عبارة عن جزيئات سائلة معلقة في الهواء ذات حجم أكبر من$10\mu m$، تتكون عند تكثيف السوائل المتبخرة.

2- رذاذ (Mist) :

وهو عبارة عن جزيئات سائلة معلقة في الهواء ذات حجم أقل من $10\mu m$ عند تكثيف السوائل المتبخرة.

زمن وجودها في الهواء : لا تبقى الجسيمات عالقة في الهواء دون حدود زمنية، كما أنها لا تتسرب تلقائيًا، وتعتمد سرعة السقوط على حجم الجسيمات، وعلى عوامل أخرى، منها: اتجاهات الرياح؛ حيث يمكنها تحريك الجسيمات ونشرها على مساحات شاسعة مما يؤثر على المناخ.

أضرارها :

1- لها تأثير سلبي على الجهاز التنفسي، مثل التهاب الشعب الهوائية، والانتفاخ الرئوي، وأمراض الحساسية، والربو، وغيرها.

2- الإصابة بالتلف الرئوي أو التحجر الرئوي "مرض السيليكوز" الناجم عن استنشاق الغبار الصادر من مصانع الأسمنت.

3- الإصابة بمرض الصفري " اسبيستوزز" الناجم عن غبار الأسبستوس.

4- الإصابة بسرطان الرئة والكبد؛ نتيجة تلوث الهواء بدخان المصانع والسجائر وماتحمله من شوائب وأبخرة ضارة.

5- التأثير السلبي على الجلد والعيون.

6- مواد كيميائية مؤكسدة :

المـواد الكيميائيـة المؤكسـدة ، والمتكونـة في الغـلاف الغـازي خـلال تفاعل الأكسـجين مـع أكاسـيد النيتروجين، والمواد العضوية المتطايرة تحت تأثير الأشعة الشمسية لتكوين مركبات أخرى، مثل: الأوزون وفوق أكسيد أستيل النترات المهيج للعيون {$CH_3COOONO_2$ (PAN)} وغيرهما، وسيأتي الحـديث عنهـا في الأوزون.

ثانيـا : الغـازات الهيـدروجينيـة :

وتشتمل الغازات الهيدروجينية الملوثة للهواء على التالي:

أ-   كلوريد الهيدروجين (HCL) :

- **مصدره :** ينتج كلوريد الهيدروجين على هيئة غاز بطريقتين :

1- أثناء تحضير كربونات الصوديوم من كلوريد الصوديوم.

2- من مصانع الملح والصودا.

- **أضراره:**

تتمثل أضرار كلوريد الهيدروجين في التالي:

1-   تكوين المطر الحمضي الذي يؤذي النبات ويدمر الغابات.

2- تفككه يؤدي إلى استنفاد طبقة الأوزون.

3- غاز الكلور (Cl_2) أيضا له آثارٌ سيئة على الصحة مثل تهيج العيون والجهاز التنفسي.

ب - كبريتيد الهيدروجين (H_2S):

- **مصدره:**

- ينتج من تحلل المخلفات وتعفن بقايا النباتات تحت تأثير البكتريا؛ حيث تتحول المركبات العضوية التي تحتوي على الكبريت إلى غاز كبريتيد الهيدروجين.

- كما يتكون أثناء معالجة مياه الصرف الصحي، ومن بعض الصناعات البترولية، وأثناء تنقية الغاز الطبيعي.

- أضراره :

1- له رائحة كريهة، مثل: رائحة البيض الفاسد.

2- استنشاقه يؤدي إلى أضرار بالجهاز التنفسي، مثل: تهيج وتخريش الأغشية المخاطية للمجاري التنفسية والتهاب الحنجرة والقصبة الهوائية وملتحمة العين.

3- يعتبر الغاز سامّا وخطيرا عند التركيزات العالية.

4- حاسة الشم لا تحسه إذا زاد تركيزه عن 0.025 ppm -1 .

5- يؤثر على الجهاز العصبي المركزي.

6- يثبط عملية الأكسدة الخمائرية، مما يؤدي إلى حدوث اضطراب وصعوبة في التنفس.

7- يسبب خمولا في القدرة على التفكير.

8- يتحد مع الهيموجلوبين مما يضعف من قدرة الهيموجلوبين على حمل الأكسجين.

ج- الأمونيا (NH_3):

- تعد الأمونيا أحد مركبات النيتروجين، ورمزها الكيميائي، وهي في الصورة الغازية: (NH_3)، ولها رائحة مميزة .

- تذوب الأمونيا في الماء مكونة محلول الأمونيا المعروف بهيدروكسيد الأمونيوم (NH_4OH)

$$NH_3 + H_2O \longrightarrow NH_4OH$$

أضرارها :

1- تسبب تهيجا في الأغشية المخاطية للعيون والحنجرة والجيوب الأنفية.

2- قد تؤدي إلى العقم؛ وذلك لشدة تأثيرها على بعض الإنزيمات في الجسم.

ثالثـا - الأوزون (O_3) Ozone :

الأوزون هو غاز شفاف يميل إلى الزرقة، ورمزه الكيميائي (O_3)، وينـتج صـناعيا مـن عمليـات اللحـام، وعمليات التبييض، وعمليات معالجة المياه، ومخلفات المصانع، كما ينتج من تفكك جزيء O_2، تحت تـأثير أشعة UV، ثم تتفاعل الذرتان مع جزيء الأكسجين، كما هو موضح بالمعادلتين الآتيتين:

$$O_2 \xrightarrow{UV} 2O$$

$$2O_2 + 2O \longrightarrow 2O_3$$

وينتشر الأوزون في صورة حزام غازي، يحـيط بـالكرة الأرضـية؛ لحمايـة الأرض والكائنـات الحيـة مـن الآثار القاتلة للأشعة فوق البنفسجية المنبعثة من الشمس، فيقوم الغاز بامتصاصـها والسـماح فقـط بجـزء قليل بالتسرب إلى سطح الأرض، ونسبته في الغلاف الجوي ضئيلة جدّا، قد لا تتجاوز في بعض الأحيان واحدا في المليون، وهو يتواجد بالدرجة الأولى في طبقتين: الترموسفير، والستراتوسفير، وهو غاز سام للإنسان، حتـى في حالة التركيزات الضعيفة، ولذلك فمن رحمة الـلـه بعباده أنّ تكوينه لا يتم قريبا من سطح الأرض؛ حتى لا يستنشقه الإنسان أو الحيوان مختلطا بالأكسجين؛ لأن تنفس قـدر ضـئيل منـه يحـدث تهيجـا في الجهـاز التنفسي، وقد يؤدي إلى الموت.

الأضرار الناتجة عنه :

إن زيادة تركيز الأوزون في طبقة التروبوسفير عن المعدل الطبيعي تتسبب في:

1- ضيق في التنفس، والتهاب في الأغشية المخاطية للعين.

2- ينفذ إلى الرئتين مسببا أضرارا في الأغشية المخاطية للجهاز التنفسي.

3- يؤدي إلى إضعاف البصر ومعظم القدرات الأخرى.

4- يسبب السعال، وقد يحدث تورمات خبيثة في أنسجة الرئتين.

5- يتفاعل مع بعض مكونات الهـواء العضـوية، مثـل: الألدهيـدات الناتجـة مـن الهيـدروكربونات؛ لينتج فوق أكسيد أسيتيل النترات $CH_3COOONO_2$ المهيج للعين، حسب التفاعل التالي :

$$O_3 \quad + \quad H.C. \quad \longrightarrow \quad RCO_2 \quad + \quad RCHO \text{ or } R_2CO$$

$$RCO_2 + NO \quad \longrightarrow \quad NO_2 \quad + \quad RCO$$

$$RCO + O_2 \quad \longrightarrow \quad RCO_3$$

$$RCO_3 + NO_2 \quad \longrightarrow \quad CH_3COOONO_2$$

إذا تم التعبير عن مجموعة الألكيل (R) بمجموعة الميثيل (CH_3)

6- تكمن خطورة الأوزون في تفاعله مـع الهيـدروكربونـات المهلجنـة (الكلوروفلوروكربـون)، وتعـرف هذه الغازات تجاريا بالفريونات، ويرمز لها (CFC)، وهي المسئولة بالدرجة الأولى عن تدمير هذا الحـزام، ونادرا ما تحتوي هذه الغازات على البروم (Br)، وهي إما أن تكون على هيئة مواد غازية، أو سوائل.

ويوجد من هذه المركبات أكثر من 40 نوعا، وتستخدم غالبيتها في صـناعة أجهـزة التبريـد المختلفـة، كالثلاجات، والمكيفات، والمعطرات، ومصففات الشعر، كما تستخدم كمنظفـات للقطـع الإلكترونيـة؛ حيـث ينتج من تفاعلها مع الأوزون مركبات سامة للغاية؛ وذلك بسبب تعرضها إلى الأشعة فوق البنفسجية قصيرة الموجة بحيث تجري التفاعلات على النحو التالي:

$$CFCl_3 + UV \longrightarrow CFCl_2 + Cl$$

$$Cl + O_3 \longrightarrow ClO + O_2$$

$$O_2 + UV \longrightarrow O + O$$

$$ClO + O \longrightarrow Cl + O_2$$

بالإضافة إلى أنَّ هذه المركبات في صورتها الغازية تسبب تحطيم أو إنقـاص سمك طبقـة الأوزون في طبقات الجو العليا (الستراتوسفير)؛ حيث يتم إطلاق ذرة كلور أو بروم أو كليهما معا في حالة وجودهما في تركيب الفريون، ومن ثم تقوم ذرات الكلور النشطة "CL" بمهاجمة الأوزون وتحويله إلى أكسـجين (O_2)، وبذلك تقوم هذه المركبات بتدمير طبقة الأوزون، كما هو واضح من المعادلة الثانية.

ولعل ذلك هو أحد أسباب ثقب طبقة الأوزون، الأمر الذي يجعل الأشعة فوق البنفسجية السـاقطة على الأرض من الشمس تصل إلى سطح الأرض مسببة سرطان الجلد لمن يتعرض لها، مع ملاحظة أن جـزءا واحدا من هذه الفريونات (الكلور فلوروكربون) يستطيع أن يحطم 100.000 جزءا مـن غـاز الأوزون، مـع الأخذ بعين الاعتبار أن الفريـون CF-11 يسـتطيع البقـاء في الأتمـوسفير مـدة 70 سـنة، والفريـون CF-12 يستطيع البقاء مدة 100 سنة.

رابعا : الهيدروكربونات الغازية :

وتتمثل الهيدروكربونات الغازية الملوثة للهواء في :

أ- الميثان (Methane , CH$_4$)

وهو المكون الرئيسي للوقود المعروف بالغاز الطبيعي، وهو غاز، عند درجة الحرارة العادية، عديم اللون والرائحة، ويمكن اكتشاف تسربه بإضافة نسبة ضئيلة من المركبات الكبريتية إليه (لتكوين رائحة مميزة)؛ وذلك لتفادي الحرائق.

ب- الإثيلين (Ethylene,C$_2$H$_4$)

ج - والبروبيلين (Propylene,C$_3$H$_6$)

وهما غازان في درجة الحرارة العادية.

الأضرار الناتجة عن الهيدروكربونات الغازية:

1- يؤثر غاز الإثيلين تأثيرا سيئا على نمو النباتات.

2- تنبعث هيدروكربونات عديدة مع العوادم الغازية للمركبات مؤدية إلى الإصابة بسرطان الرئة.

3- تسبب تلوث التروبوسفير، حيث تؤدي إلى زيادة نسبة الأوزون فيه.

4- تدخل في تكوين الضباب الدخاني الذي يلحق أثارا ضارة بصحة الإنسان.

5- الألدهيدات، وخاصة الفورمالدهيد الناتجة عن تحول الإثيلين بواسطة التفاعلات الكيموضوئيه، تؤدي إلى حدوث تهيج في العيون.

6- الهيدروكربونات العطرية ، والمقصود بالهيدروكربونات العطرية هي المركبات الأروماتية، مثل: البنزين ومشتقاته، ويمكن القول بأن المركبات عديدة الحلقات، مثل: البيرين(Pyrene) والبنزبيرين(Benzpyrene) هى أشد خطرا على الإنسان والبيئة؛ لأنها ذات تأثير سرطاني قوي، وخاصة على الرئة عن طريق استنشاق أبخرتها، وتنتج هذه المركبات عند احتراق الوقود، والزيوت البترولية، ومن القار المستخدم في الطرقات وأسطح المنازل وصناعة المطاط وفي دخان السجائر.

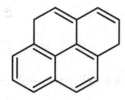

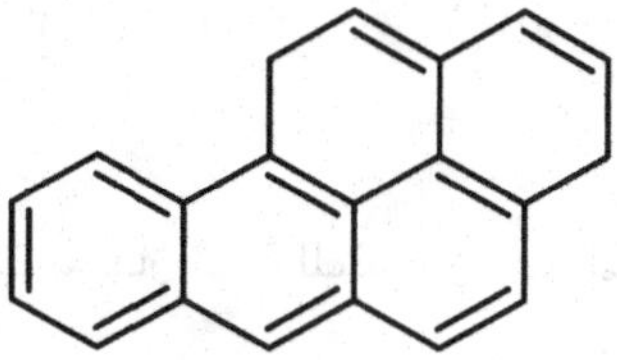

Benzene Pyrene Benzpyrene

خامسا : الفلور والفلوريدات:

مصدرها: تنتج من الصناعات التالية:

1- صناعة الأسمدة الفوسفاتية.

2- صناعة الألومنيوم.

3- عند صهر الحديد الخام.

الفلوريدات أنها:

1- شديدة السمية.

2- تؤدي إلى ضيق في التنفس.

3- تؤدي إلى تهيج الجزء العلوي من الجهاز التنفسي وقرنية العين .

4- تسبب الصداع الشديد، وربما الموت .

5- تنزع تكلس العظام.

6- تزيد أملاح الفلور، وخاصة في مياه الشرب، فتسبب مرضا يُدعَى مرض التفلور الأسناني، والذي ينتج عنه بقع صفراء، أو بُنِّيَّة، أو حتى سوداء في ميناء الأسنان، ويحدث ذلك إذا زادت نسبة الفلور في الماء عن (1.5 ppm)، أما إذا زادت الكمية زيادة كبيرة فإن ذلك يسبب تفتت الأسنان، أما التركيزات الضئيلة جدا فإنها مفيدة للأسنان إذ تمنع تسوسها.

- **أما فلوريد الهيدروجين (HF):**

فإنه سام، ومهيج قوى، وضار لكل خلايا الجسم، ويؤثر على العظام والأسنان بشدة، ويضر بالنباتات.

سادسا : دخان التبغ :

مصدره : ينتج دخان التبغ من التدخين.

أضراره : يعد الضرر الرئيس لدخان التبغ هو أنه يسبب سرطان الرئة للمدخنين وغير المدخنين المتواجدين معه بسبب التدخين السلبي.

طرق السيطرة على أكاسيد الكبريت وكبريتيد الهيدروجين

نعرض فيما يلي أهم طرق طرق السيطرة أو التخلص من أكاسيد الكبريت وكبريتيد الهيدروجين كالتالي:

1- التخلص من أكاسيد الكبريت:

توجد عدة طرق للتخلص من ثاني أكسيد الكبريت، أشهر هذه الطرق استعمالا كالتالي:

ا- طريقة حقن حجر اللايم (كربونات الكالسيوم) :

تعد هذه الطريقة من الطرق المتقدمة لإزالة SO_2 من غازات الاحتراق، وهي تتضمن الخطوات التالية :

1- وضع مسحوق من كربونات الكالسيوم في الحارقة، حيث يلتقى أكسيد الكالسيوم مع أكاسيد الكبريت الناتجة من الحرق.

2- إمرار كمية من الأكسجين في مداخن التفاعل، حيث يتكون كبريتات الكالسيوم.

3- المعادلات التالية توضح ذلك:

$$CaCO_3 \xrightarrow{\Delta} CaO + CO_2$$
$$2CaO + 2SO_2 + O_2 \longrightarrow 2CaSO_4$$

4- يتم سحب ناتج التفاعل من الحارقة، ويغمر في الماء، وذلك لإتمام التفاعل.

مميزات هذه الطريقة :

تتميز طريقة حقن حجر اللايم بالتالي:

1- فعالة في التخلص من SO_2.

2- من الطرق البسيطة وغير المكلفة.

3- يكمن استخدام كبريتات الكالسيوم الناتج في صناعات كيميائية أخرى، مثل: صناعة الأسمنت.

ب - طريقة يلمان لورد :

وتتم هذه الطريقة لفصل غاز SO_2 من غازات الاحتراق طبقا للخطوات التالية:

1- تمرر غازات الاحتراق خلال محلول كبريتيت الصوديوم الذي يعتبر كوسيط لامتصاص غاز SO_2، كما هو موضح بالمعادلة التالية:

$$2SO_2 + Na_2SO_3 + H_2O \longrightarrow 2NaHSO_4$$

2- يتم تسخين محلول بيكبريتات الصوديوم لاستعادة SO_2 في صورة شبه نقية.

$$2NaHSO_4 \longrightarrow Na_2SO_4 + H_2O + SO_2$$

ويتم تحويل جزء من SO_2 إلى حامض الكبريتيك بطريقة التماس الكهربائي، وإلى كبريت عضوي بطريقة كلاس.

ج- وسائل التحكم في كميات أكاسيد الكبريت الناجمة عن العمليات الصناعية:

يمكن تخفيف وضبط كميات أكاسيد الكبريت الناجمة عن العمليات الصناعية بالتالي:

1- استخدام الوقود الذي يحتوي على نسب قليلة من الكبريت.

2- استبدال عمليات حرق الوقود المحتوي على الكبريت بمصادر أخرى للطاقة.

3- إزالة الكبريت من الوقود قبل حرقه.

4 - إزالة أكاسيد الكبريت من الغازات المنطلقة من مختلف العمليات.

2- التخلص من كبريتيد الهيدروجين:

يمكن التخلص من كبريتيد الهيدروجين بالطرق التالية:

أ- طريقة الجريتول:

حيث يتم في هذه الطريقة تفاعل H_2S مع الأمين.

$$2RNH_2+H_2S \rightleftarrows R(NH_3)_2S$$

وبعدها يتم استعادة الأمين بواسطة البخار.

ب-طريقة السيبوود:

وفي هذه الطريقة يتفاعل H_2S مع كربونات صوديوم .

$$Na_2CO_3 + H_2S \leftrightarrows NaHCO_3 + NaSH$$

ويتم استعادة الكربونات بنفخ الهواء.

جـ- طريقة الفوسفات:

وفي هذه الطريقة يتفاعل H_2S مع فوسفات البوتاسيوم.

$$K_3PO_4 + H_2S \leftrightarrows KSH + K_2PO_4$$

ويتم استعادة الفوسفات بالبخار.

د- طريقة أحادي أمين الإيثانول:

أما في هذه الطريقة فيتفاعل H_2S مع أحادي أمين الإيثانول.

$$2\ HO\text{-}CH_2\text{-}CH_2\text{-}NH_2 + H_2S \leftrightarrows (HO\text{-}CH_2CH_2NH_3)_2S$$

ويتم استعادة أحادي أمين الإيثانول بالتسخين إلى درجة حرارة تصل إلى 250 م.

أهم الملوثات الهوائية داخل المنازل

وبعد استعراضنا للملوثات الهوائية عامة والكيميائية خاصة، ربما يقول الإنسان: إن الهواء يكون ملوثا في أماكن الإنتاج والتصنيع فقط، وإن هذه الملوثات قلما توجد في المنازل أو البيوت، فنقول: إن هذا الكلام غير صحيح؛ لأن الهواء متحرك، وينتقل من مكان التلوث إلى آخر غير ملوث، بل إن الأمر ليس عند هذا الحد فقط؛ حيث توجد ملوثات كيميائية إضافية أخري داخل المنازل، ولا يدري الإنسان أنها من الملوثات الكيميائية الخطيرة هى الأخرى، وإليك بعض الأمثلة لأشهر الملوثات الهوائية التي تتواجد في المناطق السكنية، بل في المنازل.

1- النفثالين (Naphthalene) :

تستخدمه ربات المنازل على هيئة كرات صغيرة؛ كمادة حافظة للملابس من العتة، وهي تسبب السرطان للإنسان.

2- الكلوفورم (Chloroform) :

يضاف إلى المياه المستعملة في الحمامات الساخنة، كما أنه يستعمل كمذيب في صناعة

البلاستيك والمنظفات، وهو مخدر للأعصاب ، ويسبب ضمورا في الكبـد، وتوقف عمـل القلـب ، وتدميرا مزمنا للكلية بالإضافة إلى يسبب السرطان.

3- بارا ثنائي كلوروبنزين (Para-dichlorobenzene) :

يأتي من ملطفات الجو، وكرات مكافحة العث، ويسبب السرطان للإنسان.

4- رباعي كلوروبنزين (Tetra-dichlorobenzene):

يأتي من الملابس المنظفة بطريقة التنظيـف الجافـة (Dry Cleaning) ، حيـث يستخدم في تنظيـف الملابس، ويسبب أضرارا للكبد والكلى وخاصة عند استنشاقه.

5- ثلاثي كلور إيثان (1 , 1, 1- Trichloroethane) :

يوجد في بخاخات الإيروزول، ويسبب للإنسان دوخة وتنفسا غير طبيعي.

6- فورمالدهيد (Formaldehyde) :

يأتي من مواد الأثاث ورغوة العزل الحراري، ويسبب للإنسان تهيج العيون والجلد والرئتين.

7- أكاسيد النيتروجين (Nitrogen Oxides) :

ينتج من المدافئ والأفران، ويسبب للإنسان تهيج العيون والصداع، وقد سبق الحديث عنها.

8- بنزوبيرين (Benzo(a) pyrine) :

في دخان السجائر والمدافئ وعوادم السيارات، ويسبب للإنسان سرطان الرئة.

9- إستيرين (Styrene) :

يوجد في السجاد والمواد البلاستيكية المختلفة، ويسبب للإنسان أضرارا للكلي والكبد، وخاصة إذا وجد على هيئة إستيرين حر، وهي الجزيئات التي لم تحدث لها عملية بلمرة أثناء التصنيع.

10- أسبستوس (Asbestoses):

يستخدم في مواد العزل، ويسبب للإنسان سرطان الرئة، وقد سبق الحديث عنه.

11- أول أكسيد الكربون (Carbon Monoxide)

ينتج من الحرق غير المكتمل للمدافئ والأفران المستخدم فيها الفحم الحجري كوقود، ويسبب للإنسان الصداع والنعاس وإحداث خلل في نظام دقات القلب، وقد يؤدي بالإنسان إلى الوفاة إذا زادت نسبته في المنزل، وقد سبق الحديث عنه.

12- ميثيل الكلور (Methylene chloride) :

يأتي من الدهانات؛ لأنه أحد مذيباتها، ويسبب للإنسان خللا في الجهاز العصبي ومرض السكري.

13- سموم الفطريات والأبواغ (Mycotoxins and Spores) :

تساهم الفطريات التي تعيش داخل المنازل في المناطق الرطبة، مثل: أسقف الحمامات والمطابخ وغيرهما من الأماكن، في إحداث أضرار صحية بالإنسان.

14- رادون (Radon – 222) :

هذا الاحتمال بسيط، إلا أن التعرض له محتمل، ومصدره من التربة المشعة أو الملوثة والصخور المشعة والمياه المشعة، ويسبب للإنسان أمراض سرطانية عديدة وخاصة سرطان الرئة.

- أهم أسباب تركيز هذه الملوثات :

أ - نظم التدفئة والطبخ السيئة

(Bad conditions for heating and cooking)

يستعمل معظم سكان العالم الوقود الحفري لأغراض الطبخ والتدفئة، وفي حالة حرق الوقود الحفري بشكل غير مكتمل وعدم تصريف الغازات العادمة إلى خارج المنزل جيدا- يتعرض هؤلاء السكان إلى ملوثات هوائية ضارة جدّا؛ لأنه قد يتكون أول أكسيد الكربون، وقد سبق الحديث عنه وعن أضراره، في حين أن استعمال مشتقات البترول تحت نفس الظروف أقل خطورة.

أما بالنسبة لطاقة الكتلة الحية (Biomass Fuels) مثل: الأخشاب وبقايا النباتات، والتي تستعمل حتى الآن في دول العالم الثالث في نار مفتوحة داخل المنازل، فينتج عنها مئات

الملوثات الهوائية، مثل: المواد العالقة، وأول أكسيد الكربون، وأكاسيد الكبريت، والنيتروجين، والبنزين، والفينول، والألدهيدات (تولوين وغيره)، فهي أشد خطرا على الصحة والسلامة العامة.

ب- التهوية السيئة (Bad Ventilation):

تراكم الملوثات الهوائية داخل المباني بسبب عدم وجود تهوية مناسبة تطرد الملوثات وتجدد الهواء، كما أن بعض الملوثات، مثل: غاز الرادون، تدخل إلى المباني من الخارج عن طريق تشققات الأساسات والجدران والشبابيك.

ج- وجود العديد من الكيميائيات داخل المنازل والمصانع

Industrial and Household Chemicals

وجود العديد من الكيميائيات الملوثة للهواء داخل المنازل والمصانع ينشأ عنها آثارٌ سيئة، خاصة في حالة سوء تخزينها أو استعمالها، مثل: المبيدات الحشرية الطاردة للذباب والبعوض وغيرهما، فهي تسبب أضرارا بالغة للإنسان، وخاصة الأطفال، وهناك العديد من الأمثلة على تسمم الإنسان في المساكن والمصانع نتيجة سوء التخزين أو الاستعمال الخاطئ لهذه الكيماويات.

تأثير التلوث الهوائي Effects of Air pollution

1- على الصحة Effect on the Health :

لقد أثبتت الكثير من الدراسات الوبائية والمعملية أن المصدر الأساسي للكثير من الأمراض التي يعاني منها الإنسان في النصف الثاني من القرن العشرين ومطلع القرن الحالي، مثل: أمراض الجهاز التنفسي، وأمراض القلب، وسرطان الرئة، والأنفلونزا بأنواعها، وغيرها الكثير من الأمراض- هو التلوث الهوائي (Air borne pollutants).

وقد وصلت معدلات التلوث في مناطق كثيرة إلى درجة الخطر، أو بمعنى آخر زادت فوق حدود القدرة الاحتمالية لبعض عناصر النظام الحيوي، وبدأ الكثير من السكان يشعرون بمشكلات التلوث وخطورتها.

فالضباب الدخاني (Smog) يؤدي إلى تهيج العيون والصداع والإعياء وأمراض

الصدر، وضيق التنفس.

وتعد أمراض الجهاز التنفسي من أخطر آثار التلوث الهوائي وأكثرها شيوعا، وبخاصة أمراض سرطان الرئة، والتهابات القصبة الهوائية، وانتفاخ الرئة، وصعوبة التنفس.

وتنتج أمراض الجهاز التنفسي عن الحبيبات الدقيقة الملوثة والعالقة في الهواء التي لا يمكن احتجازها في الأنف، ومن ثم تصل إلى الرئتين، أي أنه تتزايد أمراض التهاب القصبات الهوائية بزيادة تركز تلك الملوثات، وكذلك بالنسبة لتأثير وارتفاع معدلات تراكيز الأكاسيد الكبريتية والنيتروجينية في صحة الإنسان، حيث يظهر ذلك في اضطراب الجهاز التنفسي وظهور أمراض الرئة المزمنة وأمراض القلب.

2- على البيئة Effect on the Environment :

يرجع حوالي 66 % من أول أكسيد الكربون في المدن الصناعية إلى حركة التنقل والمرور داخل المدن، وتتوقف معدلات خروج أول أكسيد الكربون من السيارات على سرعة الحركة داخل المدينة، إذ كلما زادت الحركة كلما قلت معدلات أول أكسيد الكربون الصادرة، وبالتالي فإن تخطيط حركة المرور داخل المدن بصورة جيدة (تسهيل سرعة الحركة)- تساعد على تخفيف معدلات الملوثات الهوائية .

تؤدي زيادة تركيز معدلات أكاسيد النيتروجين إلى تمزق الألياف القطنية، وألياف النايلون، وتشقق المطاط، والجلود، وتآكل المعادن المطلية بالنيكل، كذلك تؤثر تلك الأكاسيد في النباتات الطبيعية، ونباتات المحاصيل، وتدهور الإنتاج مع زيادة تركيز أكاسيد النيتروجين.

وقد أدت زيادة تركز ثاني أكسيد الكبريت في جو المدن الصناعية إلى تكرار حوادث الأمطار الحامضية، وقد زاد في العقدين الأخيرين تركيز ثاني أكسيد الكبريت في المياه السطحية، ما أدى إلى اختفاء بعض الكائنات الحية من المجاري النهرية والبحيرات، حيث يسبب تخفيض الرقم الهيدروجيني.

بالإضافة إلى ماسبق فإن الملوثات الهوائية لها تأثير سلبي على المناخ؛ حيث تؤثر على درجة الحرارة وشدة الإشعاع الشمسي، وتشكل الغيوم والضباب، وتسبب الأمطار الحمضية بخطورتها المعروفة، كما سبق ذكر ذلك عند الحديث عن الأمطار الحمضية.

قياس الملوثات الهوائية Measurements of Air Pollutants

يتكون الهواء من العديد من الغازات (مزيج)، وبنسب تختلف (ولو قليلا) مع الموقع، ولـذلك يجابـه تعريف مواصفات الهواء النقي بعض الصعوبة.

ويقاس تركيز الملوثات الهوائية الغازية بعدد وحدات الحجم من الغاز لكل مليون وحدة حجـم مـن الهواء (Parts per million ppm).

ويقاس تركيز المواد الصلبة العالقة في الهواء بكتلتها لوحـدة حجـم مـن الهـواء (g/m^3) ، كـما يقـاس تـدفق المـواد الصـلبة العالقـة في وحـدة الـزمن (kg/h) ويمكـن تحويـل (ppm) إلى (mg/m^3) باسـتعمال القانون التالي:

$$Ppm = \frac{22.414}{\text{الوزن الجزيئي (Mol. Wt.)}}$$

حيث إن حجم مول واحد من الغاز في درجة الحرارة الاعتيادية، وتحت ضـغط جـوي واحـد يسـاوي 22.414 لترا.

ولمعرفة كمية ونوعية الملوثات الهوائية يجب التفرقة بين قياس الملوثات كالتالي:

أ- قيـاس الملوثـات مبـاشرة عنـد خروجهـا مـن مصـدر التلـوث وقبـل خروجهـا إلى الهـواء المحيط (Measurement of Emission):

وتستخدم هذه القياسات لمعرفة مدى التقيد بالمواصفات المعتمـدة أو لقيـاس كفـاءة عمـل الأجهـزة المستعملة في التحكم أو معالجة الملوثات الهوائية .

ب- قياس الملوثات الهوائية في أماكن مختلفة:

(Measurement of Pollutants)

وتستخدم هذه القياسات للحصول على معلومات عـن طبيعـة الملوثـات في المنطقـة ومراقبـة جـودة الهواء، وبهذه الطريقة نعتمد على المعلومات المناخية، مثل: سرعة الرياح واتجاهه.

ومـن أجـل عمـل القياسـات اللازمـة هنـاك العديـد مـن الأجهـزة، والتـي تأخـذ العينـات يـدويا أو أوتوماتيكيًا، ثم يمكن قياس الملوثات الهوائية سواء أكانت صلبة أو غازية، مثل:

أ- قياس المواد الصلبة العالقة في الهواء (SPM) :

1- **المرشح الشريطي** (Tape Filter)، وتعتمد هذه الطريقة على إمرار كمية معلومة من الهواء من خلال مرشح يعمل على حجز الدقائق الصلبة، وبالتالي يتم قياسها.

2- جمع الغبار المترسب في إناء ذي فتحة كبيرة، أو على شريط لزج يثبت في المكان المطلوب، حيث يسقط الغبار في الإناء أو يلتصق على الشريط.

ب- قياس الملوثات الغازية:

1- امتصاص كمية من الهواء وتمريره على مادة مدمصة، مثل: الكربون النشط (Activated Carbon)، حيث تمتص الغاز، ثم يتم استخلاصه والتعرف عليه بالطرق الكروماتوغرافية.

2- استعمال طريقة دريجر (Draeger Multi Gas Detector) :

وهي طريقة لقياس أكثر من 150 ملوثا غازيًا، ويتكون هذا الجهاز من مضخة يدوية أو ميكانيكية، تأخذ في كل مرة كمية معلومة من الهواء المحيط وتمرره من خلال أنبوب الفحص.

ويستعمل لكل نوع من الغازات الملوثة نوع محدد من هذه الأنابيب، والتي تحتوي على مواد كيميائية (كواشف)، تختلف باختلاف نوعية التلوث المراد قياسه، وعند ضخ الهواء من خلال الأنبوب يحدث تغير في لون الأنبوب، ومن خلال درجة اللون يمكن معرفة كمية أو تركيز التلوث. ويمكن بهذه الطريقة قياس تركيزات تتراوح ما بين (0.5 - 300 ppm) بانحراف لا يزيد على 15 %، ومن إيجابيات هذا الجهاز سرعة إخراج النتائج، وسهولة الاستعمال.

وسائل حماية الهواء من التلوث

Controlling Air Pollution

إن عمليات برامج ضبط نوعية الهواء تتطلب تحديات كبيرة بسبب الحركة الدائمة للهواء وعدم استقراريته، فمثلا: لا يمكن تنفيذ برامج ضبط الهواء ضمن أحواض هوائية (Air Sheds) -إن جاز التعبير-؛ إذ لا تنحصر الرياح والملوثات التي تنقلها في منطقة جغرافية محددة، كما هو معروف بالنسبة للمجاري المائية التي يتكون منها الحوض المائي.

وتحت هذه الظروف فإنه لا يمكن تحديد أحواض هوائية لتكثيف العمل وتنفيذ برامج

ضبط الهواء، ولذلك فإن أفضل الطرق هي تقليل انبعاث الملوثات من مصادرها، مع التركيز على تنفيذ برامج أخرى كالتالي:

أ‌- سن القوانين والتشريعات الخاصة بنوعية الهواء وضبط تلك النوعية، كما هي الحال في قانون الهواء النظيف الأمريكي لعام 1970 م، والتعديلات التي أجريت عليه، والتي انتهت بوضع مواصفات رئيسة وثانوية؛ فالمواصفات الثانوية تهتم بنوعية الهواء، مثل: انبعاث الهواء من السيارات والمصانع ومحطات توليد الطاقة وغيرهم، وتتضمن تلك المواصفات الثانوية الحد من تأثير تلوث الهواء في المحاصيل الزراعية والرؤية والمناخ وراحة الإنسان، مع المراقبة المستمرة للمصانع، والتأكد من التزامها بالتشريعات الخاصة بحماية البيئة.

أما المواصفات الرئيسة فقد بنيت على أساس تحديد الآثار الخطيرة للملوثات في صحة الإنسان، مع احتياط خاص لكبار السن والأطفال.

وقد أسهمت التعديلات التي أضيفت إلى قانون الهواء النظيف في عام 1977 م في الحد من تدهور نوعية الهواء في الولايات المتحدة، كذلك أسهم قانون السلامة المهنية والصحة الأمريكي الذي وضع عام 1970م في وضع مواصفات للحد من أخطار التعرض للمواد السامة والخطرة أثناء العمل في المصانع والمهن الصناعية المختلفة.

ومن الجدير بالذكر أنه يجب إدخال مبدأ " الملوث يدفع " في قانون البيئة، خاصة في الدول العربية؛ لأن ذلك يساهم في تشجيع الصناعات في البحث عن وسائل وطرق جديدة للحد من التلوث، بالرغم من أن هذا الإجراء يزيد من كلفة الإنتاج الصناعي، بالإضافة إلى ذلك لابد من عقد الاتفاقيات الدولية لحماية الهواء والمناخ على المستوى الإقليمي والعالمي.

ب- نشر الوعي البيئي الخاص بالتلوث بين السكان، وإشراكهم في عملية اتخاذ القرارات حول الحد من التلوث، مثل: ترك سياراتهم في منازلهم أياما معينة، واستعمال المواصلات العامة لتقليل عادم السيارات من جهة، وتوفير الطاقة من جهة أخرى.

وقد طبقت مثل هذه المعايير في اليابان والدنمارك والسويد وإيطاليا واليونان، فمثلا أدى هذا الإجراء في مدينة بروكسل (في بلجيكا) إلى خفض نسبة غازات أكاسيد النيتروجين في أيام العطلات إلى 75 %، وثاني أكسيد الكربون إلى 90 % .

ج- يجب توجيه الجهود العلمية في الوقت الحاضر إلى استغلال مصادر الطاقة البديلة، مثل: الطاقة الشمسية والرياح والمد والجزر وطاقة باطن الأرض، والحد من استهلاك الوقود الحفري، ومعالجته لتقليل حجم الملوثات، مع تطوير استخدام مصادر الطاقة الأخرى.

د- تخطيط المدن بصورة أفضل مع مراقبة نموها السكاني، ونمو الأنشطة المختلفة، وبخاصة الصناعية، وتخطيط حركة المرور، وذلك للحد من حجم الملوثات.

والتخطيط الجيد يجب أن يراعي فيه زيادة المساحة الخضراء في المدينة بحيث لا تقل عن 15 % من مساحتها؛ لأن زيادة المساحات الخضراء يعني زيادة إنتاج الأكسجين وزيادة استهلاك ثاني أكسيد الكربون؛ بفعل النبات، علاوة على قيمة المساحات الخضراء من الناحية الجمالية والترفيهية.

هـ - إنشاء مدن جديدة:

وتتضمن عملية تخطيط المدن أيضا تشجيع بناء مدن صغيرة، بدلا من استمرار المدن الكبيرة في النمو والتضخم، وتحديد النشاط الصناعي في المدن، وعدم السماح بإقامة أنشطة صناعية جديدة، وكذلك تحديد المسافات المناسبة بين المدن لتخفيف حدة الضغط الحضري والسكاني في الأقاليم المختلفة؛ فقد أدى النمو العشوائي للمدن في الفترات السابقة إلى التحام المناطق السكانية بالمناطق الصناعية، أو تطويق المناطق الصناعية، بحيث أصبحت الأخيرة في كثير من المدن تقع في وسط المدن السكنية، حتى أصبح التخلص من هذا الوضع بهدف حماية البيئة أمرا مكلفا إن لم يكن متعذرا.

و- استعمال تكنولوجيات متقدمة: لضبط التلوث مع تطويرها باستمرار، بما يتناسب مع مستجدات التلوث، وذلك للوصول إلى المواصفات المطلوبة والمرجوة، ويتم ذلك من خلال:

1- السيطرة على مدخلات التلوث Input Control Methods)):

هذه الطريقة مهمة جدًا؛ لأنها تعالج المشكلة قبل حدوثها، وهي طريقة ذات فعالية عالية وأقل كلفة على المدى البعيد، ولكن يتم فيها معالجة كل نوع من الملوثات بطريقة خاصة.

ومن أهم الأمثلة على ذلك:

أ- إزالة ثاني أكسيد الكبريت قبل خروجه إلى الغلاف الغازي، وذلك من خلال:

1- استعمال مصادر الطاقة الفقيرة بالكبريت، مثل: الغاز الطبيعي.

2- إزالة الكبريت من البترول قبل حرقه .

3- التخلص من الكبريت خلال عملية الحرق بطريقة:

{ Fluidized – Bed Combustion (FBC) }

حيث يمرر الغاز العادم على طبقة من حجر الكلس المطحون (Limestone) عند درجة حرارة C°
460 ، حيث يحدث التفاعل التالي:

$$CaCO_3 + SO_2 + 1/2\ O_2 \longrightarrow CaSO_4 + CO_2$$

وهذه الطريقة يمكن أن تحجز 90 – 98 % من SO_2 ، كما تحجز أيضا قسما من NO_x ، وهذه الطريقة مكلفة، ولكن يمكن الاستفادة من الجبس الناتج على شكل منتج ثانوي (By – product) في صناعة الأسمنت والإنشاءات.

4- استعمال طريقة حقن الكلس مع الفحم:

{Limestone Injection Multiple Burning (L I M B)}

حيث يتم حقن الكلس المطحون تحت درجات حرارة أقل من الدرجات التقليدية المتبعة في طريقة (F B C) منتجة مادة الجبس أيضا، وبهذه الطريقة تتم إزالة حوالي 50 – 60 % من (SO_2)، ولذلك فهي طريقة أقل كفاءة من طريقة (F B C).

ب- إزالة أكاسيد النيتروجين قبل خروجها إلى الغلاف الغازي، وذلك من خلال:

1- طريقة (F B C)، حيث يمكن إزالة 50 –70%.

2- طريقة (L I M B) ، حيث يمكن إزالة 50 –60 %.

3- تخفيض درجات الحرارة للاحتراق يؤدي إلى إزالة 50 – 60 %.

جـ- إزالة المواد العالقة في الهواء (S P M) قبل خروجها إلى الغلاف الغازي وذلك عن طريق تحويل الفحم الحجري إلى بترول سائل.

2- السيطرة على مخرجات التلوث (Output Control Methods) :

وهذه الطريقة تعتمد على معالجة التلوث حال دخوله إلى البيئة، وتتميز هذه الطريقة

بصعوبة التطبيق والكلفة العالية، ومن أهم الأمثلة على ذلك:

أ- السيطرة على الغازات الكيميائية من خلال :

1- استعمال المداخن العالية لتخفيف تركيز الملوثات في الهواء القريب، وهي طريقة غير مرغوبة؛ لأنها لم تضع حدا للتلوث.

2- وضع ضرائب على كل وحدة إنتاجية من الغازات لتشجيع الصناعة على استعمال وتطوير تقنيات جديدة.

ب- معالجة المواد العالقة في الهواء (S P M) من خلال :

1- استعمال المداخن العالية أيضا لتخفيف تركيز الملوثات في الهواء.

2- إزالة المواد العالقة باستعمال التقنيات التالية:

أ - الفلاتر الكهربائية (Electrostatic Precipitation):

حيث تزيل حوالي 99% من الدقائق، ولكن لا تزيل الدقائق الصغيرة جدّا.

ب - أجهزة الفصل الحلزونية (Cyclone Separator):

وهي عبارة عن أجهزة حلزونية يدخلها الهواء الحامل للمواد العالقة، بحيث يحدث دوامة أو إعصارا حلزونيا يدفع المواد العالقة على الجدار ومنه تسقط إلى الأسفل، وتزيل هذه الطريقة حوالي % 50-90 من الدقائق الكبيرة الحجم، كما تزيل نسبة قليلة من الدقائق المتوسطة (5-10 µm) والدقيقة ذات الحجم أقل من (5µm).

ج - المرشحات الكيسية (Bag House Filter):

حيث يمرر الهواء الحامل للمواد العالقة ليتم حجز الغبار داخل هذه الأكياس، وتستعمل مواد القماش أو الصوف أو النايلون أو الألياف الزجاجية، وتزيل بهذه الطريقة حوالي % 99 من الدقائق، بما فيها الدقائق الصغيرة جدا.

3- مكافحة التلوث الهوائي من المصادر المتحركة (المركبات)، وذلك من خلال:

1- الاعتماد- قدر الإمكان- على وسائل المواصلات العامة، بدلا من المركبات الخاصة.

2- استخدام وقود أقل تلويثا، مثل: الغاز الطبيعي والجازولين الخالي من الرصاص.

3- يجب تحسين كفاءة عمل المحرك للاستفادة من الوقود، والحد من الملوثات.

4- استعمال المركبات الكهربائية في المدن يساهم ولا شك في الحد من التلوث الهوائي داخل هذه المدن، ولكنه يزيد من الطلب على الطاقة الكهربائية في محطات توليد الطاقة الكهربائية.

5- استعمال الكحول (الميثانول) يقلل من مشكلة التلوث الهوائي، ولكن هذا المصدر لايزال مكلفا، كما أننا نحتاج لإنتاج الميثانول مواد عضوية سكرية لتخميرها والحصول على الكحول، ونظرا لقلة الأراضي الزراعية في العالم والتي نحتاجها لإنتاج المحاصيل السكرية من أجل الطاقة.

6- استعمال غاز الهيدروجين كمصدر للطاقة، وهذا المصدر لايزال مكلفا، وهناك خطورة تعرض هذا الغاز للانفجار، ولذلك لا ينصح حاليّا باستعمال هذا المصدر قبل تطوير طرق آمنة لاستعماله.

كما يمكن أيضا مكافحة التلوث الهوائي من المصادر المتحركة (المركبات) وذلك عن طريق:

1- استعمال جهاز الحفاز المحول (Catalytic Converter):

والذي يحول أول أكسيد الكربون والهيدروكربونات وأول أكسيد النيتروجين إلى غاز ثاني أكسيد الكربون وبخار الماء وغاز النيتروجين، ولا توجد فائدة لهذا الجهاز إذا لم يكن الجازولين خاليا تماما من الرصاص.

2- استعمال جهاز التهوية المكرنك الإيجابي(Positive Crankcase Ventilation):

والذي يعيد الاستفادة من الهيدروكربونات من جديد داخل المحرك للحد من درجة حرارة الاحتراق، وبالتالي الحد من كمية أول أكسيد النيتروجين الخارجة من الغازات العادمة.

4- التخلص من المكونات الحبيبية:

طورت وسائل كثيرة للتخلص من المكونات الحبيبية (في غازات عوادم المصانع

الكيميائية وخاصة غير العضوية)، وذلك حسب الخصائص الكيميائية والطبيعية التي تختلف كثيرا من صناعة إلى أخرى، وفيما يلي وسائل التحكم في المكونات الحبيبية:

أ ـ وسائل التخلص من الحبيبات ذات الأحجام الأكبر من 50 μm .

1ـ فاصل السيكلون (Cyclone Separator):

الفاصل السيكلوني، وهو يعتمد على قوة الطرد المركزية، لذا فإن كفاءته أعلى للحبيبات الكبيرة، ويمكن بواسطته التخلص من 50ـ 90% من الكتلة الكلية للمواد الحبيبية.

2ـ الشاطف المبلل البسيط (Simple wet scrubber):

وفيه ينقى الغاز بواسطة الماء الذي يمتص بعض الغازات الضارة (أو المسببة للتآكل)، ويمكن بواسطته التخلص من 75ـ 99% من الغبار.

- عيوب الشاطف المبلل البسيط :

1 ـ يسبب بعض مشاكل التآكل.

2 ـ ارتفاع تكاليف معالجة الماء الملوث.

3 ـ الغاز الناتج من عملية التنقية يحمل بعض بخار الماء.

ب ـ التخلص من الحبيبات ذات الأحجام الأقل من1μm :

يمكن التخلص من هذه الحبيبات بالطرق التالية:

1ـ المرسب الكهروستاتيكي (Electrostatic Precipitator):

وفيه تمرر التيارات الغازية بين أزواج من الأقطاب الكهربائية، بحيث توضع الأقطاب السالبة تحت جهد مرتفع بالنسبة للأقطاب الأخرى الأرضية، وبذلك يتم إزالة كل من الغبار الصلب والجسيمات السائلة، ويمكن بواسطته التخلص من 80ـ 99.5% من الكتلة الكلية للملوثات.

2ـ المرشحات القماشية (Fabric Filters):

والمرشحات القماشية يتم من خلالها ترشيح المواد الحبيبية من تيارات الغازات (على أن تبرد الغازات إلى أقل من درجة 0ºC ؛ حتى لا تؤدي إلى تلف أنسجة المرشح) بواسطة التالي:

a- استخدام منسوجات قماشية أو ورقية أو حصائر ترشيح.

b- مواد محببة، مثل: الرمل أو الكوك.

يجب التنويه إلى أنه ينتج عن جميع هذه الطرق فضلات لابد من التخلص منها بطرق آمنة، كما أنه حتى الآن لا توجد طريقة تحمينا من التلوث كليًا، وكل هذه الطرق ماهي إلا وسائل أو محاولات للحد من التلوث.

* * *

الفصل الرابع

التلـوث البتـرولي

Petroleum Pollution

شكل يوضح الأدخنة المتصاعدة عن بعض معدات التكرير

إن تقدم الصناعة وتطور الحياة البشرية يؤديان يوما بعد يوم إلى زيادة أنواع وكميات المواد الكيميائية، وإن كانت بعض هذه المواد ذات نفع مؤكد حيث يستفيد منها الإنسان، إلَّا أنَّ البعض الآخر منها ضار بالبيئة بشكلٍ أو بآخر، ومن الصناعات الكيميائية المهمة في عصرنا الحاضر هي البترول والصناعات البتروكيميائية.

عرف الإنسان البترول منذ زمن بعيد؛ فقد وجد منتشرا على سطح الأرض، وفي بعض البقاع على هيئة برك صغيرة ممتلئة بسائل أسود كثيف حيث كان يخرج تلقائيًا من باطن الأرض، وأحيانا كان يوجد على هيئة طبقة رقيقة عائمة على سطح الماء في بعض البحيرات، وعلى مياه البحار أمام بعض الشواطئ، أو مختلطا بالماء الذي يخرج من باطن الأرض، وقد استخدم البترول منذ زمن بعيد في الكثير من الأغراض مثل: الطب والبناء والإنارة وغير ذلك.

ازداد تأثير النفط في الاقتصاد العالمي في العصر الحديث؛ إذ بدأت مرحلة جديدة في تاريخ تطور النفط واستعمالاته، وقد تميزت هذه المرحلة بزيادة في إنتاج النفط لاستخدامه كوقود لمحركات الاحتراق الداخلي ومحركات الديزل.

كما ازدادت أهمية النفط الخام زيادة عظيمة عندما أصبح المادة الخام الأساسية لإنتاج وقود المحركات النفاثة.

ومن مشتقات النفط يتم الحصول على آلاف المركبات الكيميائية، مثل: أنواع عديـدة مـن البلاسـتيك والمطاط الصناعي والأسمدة والألياف الصناعية ومواد التنظيف والأحماض العضوية والمذيبات المختلفة.

أي أن النفط مصدر أساسي للطاقة والمواد الأولية اللازمة للصناعات البتروكيميائية، ولكن مشكلاتـه البيئية كبيرة خاصة مع ازدياد الاحتياج العالمي للبترول؛ لاعتماد العمليـات الصناعيـة الكـبرى عليـه، والتـي بدورها ينتج عنها تلوث بيئي مختلف على طبقات البيئة سواء كانـت غلافـا جويـا أو مسـطحات مائيـة أو حتى اليابس.

وأوضح مثال للتلوث النفطي هو تلوث البحار والمحيطات، وتلـوث ميـاه البحـار بـالنفط هـو أخطـر الملوثات وأكثرها شيوعا، والمشاكل المتعلقة به ظهرت منذ اكتشافه، وامتدت خـلال جميـع مراحـل الإنتـاج والنقل والتكرير والتصنيع والتخزين والتسويق وحتـى الـتخلص مـن المنتجـات المسـتعملة، وأدت الزيـادة المستمرة في كل هذه الأنشطة إلى ظهور كميات متزايدة مـن الملوثـات النفطيـة بميـاه الشـواطئ والبحـار والمحيطات، خاصة وأن معظم المصانع البتروكيميائية مقامة بمحاذاة الشواطئ، الأمر الذي بات يهدد وينذر بمشاكل بيئية خطيرة تؤثر على التوازن البيئي في البحر واليابسة على حد سـواء. ومـن العجيـب أن التلـوث البترولي أصبح ظاهرة طبيعية حيث أصبح من الصعب تقدير المخلفات البترولية السنوية والتي تتسرب إلى مياه البحر.

بداية نعطي فكرة عن النفط ومكوناته؛ لأن النفط الخام تختلف أنواعه من حيث تركيبـه وخواصـه الطبيعية كالمظهر والتماسك باختلاف مصدره.

مـا هـو النفط ؟

يعد النفط من أهم مصادر الطاقة غير المتجددة المستخدمة على المستوى العالمي في الوقت الحـاضر، فبالإضافة إلى أنه ثروة اقتصادية هائلة، حيث يعتبر فتحا اقتصاديًا كبيرا لاقتصاد كثير من الـبلاد، فهـو أيضـا يدخل في كثير من الصناعات المعتمـدة علـى البتروكيميائيـات. والـنفط عبـارة عن مخلـوط مـن المركبـات الهيدروكربونية الصلبة والسائلة والغازية التي تكونت في الطبيعة وتجمعت في مسام الصخور وشقوقها في بعض المناطق من القشرة الأرضية. وينتج البترول من البقايا النباتية والحيوانيـة التـي تتحـول إلى حفريـات تحت ظروف بحرية حيث

تترسب وتتراكم في قيعان تلك البحار مما يؤدي إلى طمرها تحت الماء ومع مرور الزمن تتحول إلى المواد الهيدروكربونية، ومن المركبات الهيدروكربونية الشائعة في تركيب النفط : البارافينات والأوليفينات والنافثينات والبنزين العطري ومشتقاته.

أنـواع النفط :

1- النفط الخفيف ذو الوزن النوعي المنخفض :

ويتميز بلونه المخضر ـ ولزوجته المنخفضة "سيولته العالية"؛ لأنه يحتوي على نسبة عالية مـن البارافينات، ويطلق عليه اسم "النفط البارافيني".

2- النفط الثقيل ذو الوزن النوعي المرتفع :

ويتميز بلونه الأسود ولزوجته العالية " قليل السيولة " لاحتوائه على نسبة عالية مـن الغاز أو الأسفلت؛ لذا يسمى "بالنفط الأسفلتي".

وكلما كان النفط أكثر سيولة (النفط الخفيف) كان أسهل في الإنتاج؛ لسهولة تدفقه مـن مسامات الصخور إلى البئر. والنفط خليط غير نقي من الهيدروكربونات؛ إذ إنه يذيب معه العديد من المركبات العضوية التي تكسبه لونه، كما يذيب نسبا متفاوتة من الكبريت؛ لذا فإن نوعية النفط تختلف باختلاف الشوائب المذابة فيه كالمواد العضوية والكبريت، والنفط الجيد هو النفط الذي تقل فيه نسبة هـذه الشوائب وبخاصة نسبة الكبريت لأنه يكون أسهل في عمليات التكرير والتصنيع. وعلي ذلك فالنفط الخام تختلف أنواعه من حيث خواصه الطبيعية، كالمظهر والتماسك باختلاف مصدره، فتتفاوت مـن سوائل رجراجة ذات لون بني يميل إلى الصفرة إلى سوائل سوداء مرتفعة اللزوجة وشبه صلبة، ويرجع هـذا الاختلاف إلى نسب مكونات النفط من الهيدروكربونات المختلفة خاصة نسبة البارافينات والنفثينات، وسواء أكان النفط محتويا على بارافينات بنسبة عالية، أو نفثينات بنسبة عالية، فقد تكون نسبة الهيدروكربونات الخفيفة مرتفعة، ويكون النفط عندئذ رجراجا أو محتويا على مقدار كبير مـن الغازات الذائبة فيه، كما قد تكون المركبات الهيدروكربونية التي يتألف منها هي مركبات ثقيلة ويكون النفط عندئذ مرتفع اللزوجة وخاليا من الغازات الذائبة أو محتويا على كمية ضئيلة منها.

وبسبب اختلاف مكونات البترول في التركيب الكيميائي ولكونه مزيجا من مركبات

مختلفة، فتتغير تبعا لذلك خواصه الفيزيائيـة كـاللون والـوزن النوعي واللزوجة وغـيرهم، وكذلك خواصه الاحتراقية مثل درجة الاشتعال ودرجة الوميض ونسب مكوناته؛ لذلك فإن البترول الخام يخضع إلى فحوصات تقييمية مهمة جدا للتعامل مع البترول ومشتقاته أثناء عمليات التصفية أو النقل أو التخزين في تحديـد العمليـات الكيميائيـة الواجب اسـتعمالها مـع البـترول الخـام لتحويلـه إلى مشـتقات مفيـدة للاستخدامات المناطة بها.

التركيب الكيميائي للبترول:

البترول عبارة عن مزيج من الهيدروكربونات المختلفة، حيث تمثل السواد الأعظم في تكوينه . ويحتوي أيضا على بعض العناصر مثل الكبريت والنيتروجين والأكسجين مندمجة مع جزيئات الهيدروكربونات ، ويتراوح التركيب العنصري لخامت البترول كما هو واضح من الجدول رقم (5) :

جدول رقم (5): يوضح نسب العناصرالكيميائية المكونة للبترول

العنصر	النسبة المئوية
C	84 – 87 %
H	11 – 14 %
O	0 – 1 %
N	0 – 1 %
S	0 – 6 %

أي أن التركيب الكيميائي للبترول معظمه (ما يقرب من 55-99 %) مركبات هيدروكربونية بأنواعها المختلفة سواء أكانت المشبعة وغير المشبعة مع وجود بعض المركبات الأخرى المحتوية على أكسجين أو نيتروجين أو كبريت .

أهم مكونات النفط :

1- البرافينات : Paraffin's:

هي مركبات هيدروكربونية مشبعة قليلة النشاط، مثل: الميثان والبروبان والإيثان والبنتان، وهي غازات في درجة الحرارة العادية، أما البرافينات كبيرة الجزيئات فهي مواد صلبة مثل شمع البرافين . والتسمية العلمية لها هي عبارة عن الألكانات، **والصيغة العامة لها:**

CnH2n+2، وهي عبارة عن سلسلة مفتوحة وأبسط مركب فيها الميثان ومكوناتها كالتالي:

C1 ———— C4   gases   (غاز)

C5 ———— C10   Liquids   (سائل)

C11 ———— C15   Semisolid   (زيتي)

أكثر < C15 ————   Solid   (صلب)

2- النافثيانات : Naphthenes

هي عبارة عن مركبات هيدروكربونية مشبعة ذات حلقـة مقفولة وتسـمى بالألكانـات الحلقيـة (Cyclo alkane)، والصيغة العامة لها: CnH2n ، مع ملاحظة أنها لا تحتوي على روابط مزدوجة، وأن أهـم مكون صناعي فيها هو البنتان الحلقي والهكسان الحلقي، اللذان يدخلان في صناعة النايلون، وهما سـوائل في درجة الحرارة العادية.

3- الأوليفينات: Olefins

هي عبارة عن مركبات هيدروكربونية غير مشبعة (تحتوي على روابط مزدوجة)، والاسم العلمي لها ألكينات (alkenes)، والصيغة العامة لها: CnH2n، ذات سلاسل مفتوحة. وتتميز هذه المركبات بنشاطها الكيميائي، وبذلك فإن لها أهمية خاصة في صناعة البتروكيميائيات، ومن أمثلتها الإيثلين والبروبلين واليبوتادين ، كما يمكن تكوينها بعمليات تحويلية كيميائية من البرافينات .

أبسط المركبات الأوليفينة المفتوحة هو الايثلين ($CH_2 = CH_2$)، حيث يتمتع بأهمية صناعية قصوى كمادة أساسية في تخليط منتجات صناعية مهمة بالإضافة إلى البروبلين والبيوتادين وإيزوبيوتين فهي مركبات ذات أهمية صناعية كبرى.

4- الأستيلينات : Acetylenes

هي عبارة عن مركبات تتميز بوجود رابطة ثلاثية، والاسم العلمي لها الألكاينات (alkynes)، والصيغة العامة: CnH2n-2، وأبسط مركب لها الأستلين ($CH \equiv CH$) حيث كان يستخدم قبل الحرب العالمية الثانية في التخليق العضوي ثم حلت محله الآن الأوليفينات.

5- الهيدروكربونات العطرية : Aromatic Hydrocarbons

تعرف الهيدروكربونات العطرية بأنها المركبات الأروماتية، وهي مركبات حلقية سداسية غير مشبعة، وأبسطها البنزين ومشتقاته. والعطريات ذات الأوزان الجزيئية العالية توجد في قطفات السولار والديزل والمازوت والأسفلت، وأشهر المركبات العطرية الموجودة هي البنزين والنفتالين والأنثراسين وغيرهم.

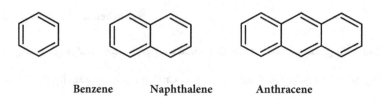

Benzene   **Naphthalene**   **Anthracene**

6- المركبات الكبريتية :

هذه المركبات توجد على هيئة مركبتان (mercaptans)، والصيغة العامة لهذه المركبات: $R-S-R, R-$ $SH,$ ، وأيضا توجد على هذا الشكل: $R-S-S-R$ (ثنائي الكبريت). توجد هذه المركبات في القطفات الثقيلة مثل: الأسفلت والبيوتيمين، ووجود مثل هذا المركبات في البترول تسبب انبعاث ثاني أكسيد الكبريت (SO_2) المعروف بسُميته. وعندما يتفاعل في الجو مع ماء المطر يعطي الحمض الكبريتي مما يؤدي إلى تلوث خطير يعرف بالمطر الحمضي، ولذلك يجب نزع المركبات الكبريتية خلال عملية التكرير.

$$SO_2 + H_2O \longrightarrow H_2SO_3$$

7- المركبات النيتروجينية والأكسجينية :

أ- المركبات النيتروجينية :

هذه المركبات قليلة التواجد قياسا مع الكبريت، وتوجد المركبات النيتروجينية في القطفات الثقيلة، وأهم مركبات النيتروجين هي بعض مشتقات البيريدين والكينولين وكذلك مركبات البيرول. ووجود مركبات النيتروجين في البترول يقلل كثيرا من كفاءة الحوافز المستخدمة في عملية التكرير.

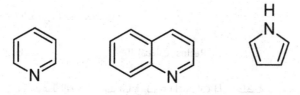

Pyridine **Quinoline** **Pyrrole**

ب- المركبات الأكسجينية :

هذه المركبات أيضا قليلة بالنسبة إلى مركبات الكبريت، وهي تتواجد على هيئة أحماض كربوكسيلية (RCOOH)وفينولات (PhOH) وكيتونات (RCOR)، وتتواجد مركبات الأكسجين وخاصة الأحماض النفثية (Naphthoic Acids) في قطفة الكيروسين والسولار والديزل.

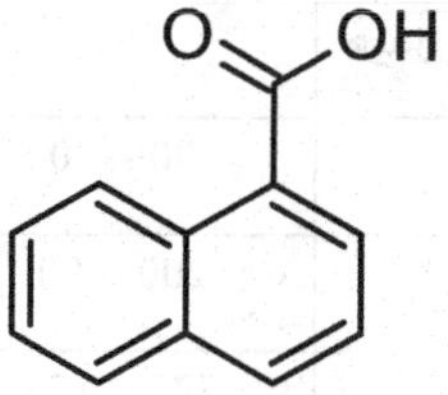

α- Naphthoic Acid

8 - المركبات المحتوية على عناصر معدنية:

يحتوي البترول على أثار العديد من المعادن، أهمها النيكل والفانديوم، ويعطي الحديد والزنك والنحاس والكروم والمنجنيز والكوبلت، ويتراوح تركيبها ما بين 10- 1000 جزء من المليون .

ويرجع التفسير العلمي لوجود مثل هذه المركبات كما في بعض النظريات إلى أن:

1 - الصخور التي تكون فيها البترول أو المجاورة لها هي التي تحتوي على هذه المعادن.

2- بعض النظريات تشير إلى أن هذه المعادن كانت جزء من الطحالب والكائنات الحية التي تكون منها البترول في العصور القديمة.

9- الأسفلت :

هي عبارة عن المركبات الصلبة غير الطيارة ذات الوزن الجزئي المرتفع حيث تبقى عادة

من مخلفات التقطير، أهم مكوناتها :

الزيوت الأسفلتية الراتنجات Resins

وتتحكم طبيعة النفط الخام إلى حد ما في نوع المنتجات المستخلصة منه وملاءمتها للاستعمال في مجالات معينة. ويوضح الجدول رقم (6) أجزاء الهيدروكربونات المتحصل عليها من البترول بعد تكريره.

جدول رقم (6): أنواع الهيدروكربونات المتحصل عليها من النفط الخام بعد التكرير

الجزء	مدى طول سلسلة الكربون	مدى نقطة الغليان °C	الاستخدامات
الغازات البترولية	C_1 - C_2	30 – 14	وقود غازي، إنتاج أسود الكربون، هيدروجين أو جازولين.
إيثر البترول	$C_5 - C_7$	90 – 30	مذيب وللتنظيف الجاف
جازولين	$C_5 - C_{12}$	200 – 90	وقود للسيارات
كيروسين	$C_{12} - C_{16}$	275 – 175	وقود- مادة مضيئة للوقود
زيت غازي وزيت وقود وزيت ديزل	$C_{15} - C_{18}$	400 – 250	وقود فرن – وقود ماكينات ديزل
زيوت تشحيم وشحوم البترول	فوق C_{16}	فوق 350	تشحيم
برافين " شمع "	فوق C_{20}	ينصهر 52– 75	شموع - أنسجة مضادة للماء
زيت وقار		مخلفات	أسفلت صناعي
بترول فحم الكوك		مخلفات	وقود ، أقطاب

* * *

التلـوث البتـرولي

تعد صناعة النفط من المصادر الرئيسية لدخل البلاد؛ لأن لها تأثيرا إيجابيًا واضحا على اقتصاد بعض الدول، تتمثل في خلق قاعدة صناعية ودخول عالم التقنية وتحويل المجتمع، مـن ريفـي إلى مـدني متحضرـ مستقر، ولكن لها آثار سلبية كبيرة على البيئة والمجتمع وقد تنوعت مخلفات هـذه الصـناعة وملوثاتهـا، وأهم هذه الملوثات هي الملوثات الغازية والسائلة والصلبة والتي لها أخطارها على البيئة.

* **تلوث الهواء:** الذي ينتج عن تصاعد الغازات السـامة الناتجـة عـن عمليـات تكريـر النفط، مثل: أكاسيد كل من الكربون والكبريت والنيتروجين وبعض الهيدروكربونات، كما سبق الحديث عنها في التلـوث بالغازات.

* **أما تلوث الماء:** فينتج عن تسرب الكميات الهائلة من النفط داخل البحر بسبب تصادم النـاقلات، أو بسبب الحوادث التي تتعرض لها أثناء الشحن أو التفريغ وغير ذلك، وهـي غالبا تحتـوي علـى مركبـات عضوية مثل الفينولات والكحولات والمركبات الأروماتية والدهون والزيوت، وغير عضوية مثل الفلـزات أو المعادن الثقيلة كالرصاص وغيره، وكذلك على الأيونات السالبة مثل الكبريتيد وغيره.

* **أما تلوث التربة:** فيحدث عن طريق إلقاء المخلفات السائلة والصلبة والتي تؤثر بدورها على التربـة ثم على النبات ، كما تؤثر الغازات المتصاعدة على الغطاء النباتي ومـن ثـم علـى الإنسـان والكائنـات الحيـة الأخرى.

وعلى كل حال تعد الزيوت البترولية من أخطر الملوثـات النفطيـة للمـاء؛ وذلك نظرا لقـدرتها علـى الانتشار السريع على سطح الماء؛ حيث يصل معدل انتشارها إلى مسافة تزيد عن 300 كيلو متر من مصدر التلوث. والتلوث البحري بالزيوت البترولية أصبح مثار اهتمام عالمي كبير خاصة في السنوات الأخيرة؛ نظرا لآثاره الواضحة على البيئة بكافة مكوناتها إضافة إلى وضوح آثاره السياحية، حيـث يمكن مشاهدة ميـاه البحار والأنهار الملوثة بالزيوت البترولية. ومن الجدير بالـذكر أن أكثـر البحار تلـوث بـالنفط هـو البحـر المتوسط الذي يمر عبره حوالي 30 % من النفط العالمي أو أكثر، وخاصة بعد إعادة افتتاح قناة السـويس للملاحة البحرية، مما زاد من خطر التلوث في هذا البحر، وكذلك مستوى الرواسب في خليج سرت

وصلت إلى حوالي 500 لتر في كل كيلو متر مربع وهو مستوى خطير للغاية. وهناك الكثير من الحوادث العالمية في مجال التلوث البترولي والتي تصل تقريبا إلى مائة حادثة سنويا.

مصادر التلوث بالزيوت البترولية:

يعتبر التلوث بالزيوت والشحوم البترولية من أكثر أنواع تلوث البيئة البحرية شيوعا، وذلك بسبب تلويثه لشواطئ الاستحمام، وظهوره على سطح المياه، أو وصوله للشواطئ على شكل كرات بترولية، كما أنه يتسبب في تلويث معدات صيد الأسماك بل والأسماك ذاتها. إن التلوث بالزيوت والشحوم البترولية يعد من أهم مصادر التلوث البحري وأخطرها على البيئة، حيث إن هذه الظاهرة تعتبر ظاهرة حديثة لم يعرفها الإنسان إلا في النصف الثاني من القرن الماضي بعد أن انتشر استخراج البترول وتم استخدامه في مجالات عديدة وأصبح واحدا من أهم مصادر الطاقة على الإطلاق. وتتعدد الأسباب التي تؤدي إلى تلوث مياه البحار والمحيطات بزيت البترول ومن أهمها:

1- حوادث الحرائق والانفجار والاشتعال :

هذا النوع يعد من أخطر مصادر التلوث البترولي؛ لأنه ينتج عن هذه الحوادث اندلاع الغاز واللهب، وحيث إن بعض هذه الغازات والأبخرة المتحررة سامة وضارة بالإنسان والبيئة فضلا عن الآثار التدميرية التي تسببها هذه الحرائق وربما فقد عناصر بشرية ذات خبرة فيها، وحيث إن نقل النفط يكون بناقلات كبيرة وهى تحمل مواد قابلة للاشتعال فقد ينتج عن الضغط العالي اندلاع الغاز واللهب، وللوقاية من الأخطار الناتجة عن عمليات نقل البترول يجب عزل أنابيب التوصيل ذات القطر الصغير والتي يمر فيها البخار وتطلى أنابيب التوصيل بماده خاصة لوقايتها من الصدأ وذلك تبعا لمكان امتدادها، مع وجوب مراقبتها لضمان عدم وقوع أي ضرر في أي وقت.

كما أن الأبخرة والغازات المنطلقة أثناء التفريغ قد تؤدي إلى الحريق أو الانفجار، ولذلك لابد من تجنب التدخين تماما بجانب أنابيب تدفق النفط أو أثناء التفريغ. وقد تكون أيضا الكهرباء الإستاتيكية هي أحد أسباب اندلاع الحريق مما يتطلب تزويد مثل هذه المواقع بالوسائل الموضعية لإطفاء الحرائق. وأن أفضل طريقة لمنع الاشتعال، الناتج عن الكهرباء هو جعل كل الأجهزة المعدنية والخزانات وأنابيب النقل وأجهزة الشحن والتفريغ التي تستخدم

لتخزين ونقل السوائل سهلة الاشتعال جعل ذلك كله تحت الأرض. وهناك حالات أخرى تحدث فيها الحرائق في أقسام التشغيل (أثناء عملية تكرير البترول) حيث إن اختلاط الهواء بالمواد الهيدروكربونية، واختلاط الماء بالمواد البترولية ذات درجات الحرارة العالية، ووجود بقايا الماء داخل الأنابيب والأجهزة الأخرى قد تحدث خطورة فجائية مثل الحريق أو الانفجار.

2- التنقيب عن البترول تحت مياه البحر: Oil Production Under Sea Water

إنتاج الزيت في الأرصفة أو الحقول البترولية الموجودة في البحر يؤدي إلى فقد كميات كبيرة من الزيت في البحر، إضافة إلى غسيل بعض الزيوت الموجودة على سطح الحقل بماء المطر، ومعظم الأرصفة البترولية العائمة تحتوي على مصائد تمنع الزيوت من التسرب، وعند استخراج الزيت من الحقول البحرية يلاحظ احتوائه على نسبة من الماء والذى يلزم التخلص منه قبل نقل البترول إلى مصافي التكرير، وتستخدم أجهزة فصل الزيت الموجودة في الحقول البترولية لهذا الغرض. يصل تركيز الزيت في الماء المستخلص منه حوالي 40 جزء من المليون (40 ppm) وتجمع مثل هذه الكميات بمستوى عالٍ يمثل مشكلة كبيرة لا يمكن تجاهلها.

ويؤدي إنتاج الزيت في بعض الآبار البحرية إلى انفجاره أو انطلاقه دون التحكم فيه، مما يؤدي إلى كوارث، ولابد من إجراء كثير من الاحتياطات لتجنب ذلك، وهناك كثير من الزيوت التي تصل إلى البحر مثل ما حدث في انفجارت إيكوفيسك، وكذلك كثير من حوادث ناقلات البترول، وهذه الانفجارات لا يمكن توقعها، وبالتالي فإن حجم الضرر الناتج عن هذه الحوادث لا يمكن تقديره.

3- ناقلات البترول : Tanker Operations

تتسبب ناقلات النفط وحدها في تسرب الزيت الخام إلى مياه البحار والمحيطات بمعدل يصل إلى 2 مليون طن سنويًا، بالرغم من أن الحوادث البحرية الواقعة لناقلات النفط لا تساهم في هذا التلوث إلّا بـ 10 % فقط . تقوم ناقلات البترول بنقل الزيت الخام من مناطق الإنتاج في الشرق الأوسط ونيجيريا وفنزويلا وإندونسيا إلى مناطق التكرير في الدول المستهلكة الرئيسية في شمال أمريكا وأوروبا واليابان، حيث تمتلئ الناقلات بالزيت الخام في رحلة الذهاب وبماء البحر في رحلة العودة، ويعمل الماء كثقل يحافظ على اتزان الناقلة ، حيث

يعبأ ماء البحر في الحجرات (Compartments) التي كانت مملوءة بالزيت الخام في رحلة الـذهاب، فضلا عن إنه بعد تفريغ الزيت الخام يتم تنظيف الحجرات مـن الزيت الملتصق بالجدران بواسطة خراطيم قوية يندفع منها ماء البحر بضغوط قوية مما يؤدي إلى احتواء الثقل (Ballast) على كمية لا بأس بها من الزيت مما يسبب حدوث تلوث واضح للمياه، وفي العادة يتم التخلص من ماء البحر الزيتي ويحل محله ثقل من ماء البحر مرة أخرى وهكذا، ويمكن تقليل هذه المشكلة بتحديد مستوى الزيت الـذي يتم التخلص منه بتركيز 100 جزء من المليون (100 ppm) على أن تكون كمية الزيت التي يقذف بها في مـاء البحر في حدود 10 لتر / ميل من رحلة الناقلة، وفي ظل هذه الظروف ينتشر الزيت لمستوى جيد في عـرض البحر مما يحد من التلوث ولا يسبب في هذه الحالة أي مشاكل حادة .

ويمكن القول: أن هذه الطريقة تحقق قدر محدود من النجاح، حيـث إنها تقلل مـن كمية الزيت الذي يمكن التخلص منه في البحر، وقد تم تحسين هذه الوسيلة بما يسمى الثقل على قمة الخزانات (the Load on-Top) حيث يحتفظ بالماء الزيتي لفترة مـن الوقت، وذلك بعد تنظيف وغسيل الخزانات الفارغة، وذلك بغرض السماح للزيت بالطفو على سطح الماء، وبذلك يحتوي المـاء الموجود بأسفل علـى مستوى منخفض من الزيت يمكن ضخه، كما يمكن نقل الزيت إلى خزان الفضلات، ومن هنا بعد تنظيـف جميع الخزانات بالماء النظيف الذي يمثل (ballast water) في خزانـات أخرى، وتعتبـر هـذه الوسيلة غير مناسبة للبحر الأبيض المتوسط حيث تكون الرحلة قصيرة بحيث لا تسمح بفصل كمية كافيـة مـن الزيـت الموجود في الخزانات بعد تنظيفها، ومن المناسب لحل هـذه المشكلة عمل خزانات بأثقال منفصـلة (Segregated ballast) بحيث لا يلامس الثقل المائي الزيت وبذلك يمكن تقليل قدرة حمولة الخزانات ولكن ترتفع تكاليف نقل الزيت.

4- مصافي تكرير البترول الساحلية : Costal Oil Refineries

تستخدم المصافي القديمة البخار في عمليات تقطير أو تحليل نواتج البترول ويعاد تجميع المـاء مرة ثانية، ويتم التخلص منه، وفي العادة يحتوي هذا الماء على نسبة من الزيوت قد تصل إلى 100 جزء مـن المليون (100 ppm) ، أما في المصافي الحديثة لا يلامـس الزيت المـاء وبالتالي يمكن تقليـل تركيـز الزيت الموجود في الماء إلى 25 جزء من المليون (25 ppm) وتحتاج هذه المصافي إلى كميات كبيرة مـن المـاء وفي جميع الأحوال لا يمكن تجاهل نسبة الزيت الموجودة في الماء الذي يتم التخلص منه.

5- حوادث شاحنات البترول : Tanker accidents

تحدث الكثير من الحوادث في شاحنات البترول سنويّا ولعل أخطر هذه الحوادث ما حدث في ناقلة البترول أموكو كاديز (1978م) ، حيث إنه عند تحطم أي سفينة فإنها تفقد ما تحمله من النفط وكذلك وقودها في عرض البحر، وهذه الكميات تسبب تلوث كبير لمياه البحر. عادة تحدث معظم هذه الحوادث قرب مداخل الموانى حيث ترتفع كثافة السفن، ولذا فمن المؤكد أن مداخل هذه الموانى تتميز بارتفاع مستوى التلوث بالزيت.

ومن أمثلة هذه الحوادث :

- تفجر الزيت عام 1977 م عند استخراجه من قاع البحر الشمالي، وقد نتج عن هذا الحادث انسكاب نحو 25.000 طن من الزيت، الذي غطى مساحات شاسعة من هذه المياه، وقد حدث انفجار مماثل في بئر بترول في قناة (سانتا بربار) بكاليفورنيا بالولايات المتحدة الأمريكية.

- غرق الناقلة العملاقة أموكو كاديز (Amoco cadiz) عام 1978م أمام الشاطئ الشمالي لفرنسا، وكانت تحمل نحو 20.000 طن من الزيت البترولي الخام، الذي تدفق أغلبه ليغطي مساحات هائلة فوق سطح البحر.

- غرق ناقلة البترول إكسون فالديز (Exxon Valdez) عام 1989م عندما اصطدمت ببعض الصخور أمام خليج برنس وليام بالأسكا أثناء تفاديها للارتطام بأحد جبال الجليد العائمة، وكانت تحمل 36.000 طن من النفط.

- حادثة **نوري كاينون** في مارس 1967م، والتي لفتت أنظار العالم إلى ضرورة الاهتمام بمشاكل التلوث البترولي؛ حيث كانت هذه الناقلة تحمل 117 ألف طن من الزيت الخام الكويتي تسرب منه حوالي ألف طن على الشواطئ البريطانية.

6- بعض عمليات الشحن البحري : Other Shipping Operations

تحتاج جميع عمليات الشحن عن طريق السفن إلى أثقال مائية، حيث تتحرك السفن غالبا في ظروف جوية سيئة، أو قد لا توجد الحمولة الكافية لحفظ اتزانها، وتشغل خزانات الأثقال مكان العفش، وفي العادة فإن مكانها محدود، وعليه فإن إضافة خزانات الأثقال قد يحل محل

خزانات الوقود، وفي هذه الحالة يتم التخلص من الزيت في البحر، ويتم ضخ الماء المتجمع في قاع السفينة أو المركب ويحتوي على زيت تشغيل ماكينات السفن، وغالبا ما تكون كمية الزيت التي يتم تصريفها صغيرة ولكن مع عمليات الشحن الهائلة في البحر تصبح هذه الكمية من الزيت التي يتم التخلص منها في البحر جديرة بالاهتمام ولا يمكن تجاهلها.

7- راحة السفن في الأرصفة البحرية : Dry Docking

إن شاحنات البترول، بل جميع السفن، تحتاج إلى فترات راحة وذلك للإصلاح والخدمة والتنظيف، وخاصة شاحنات البترول، حيث يلزم تمام التخلص من الزيوت الموجودة بجميع حجرات العفش " Cargo " ، وكذلك تنظيف خزانات الوقود لتجنب حوادث وخطر الغازات البترولية، وقد لا تتوفر هذه الأرصفة في كثير من الموانى مما يؤدي إلى إجراء هذه العمليات "خاصة التخلص من الزيت" في عرض البحر، وهذه العملية تتم في الرحلات القصيرة عند مناطق بناء السفن بالميناء النهائي، ولحل هذه المشكلة لابد من وجود تسهيلات خاصه في كثير من الموانى. وتظل صعوبة التخلص من الماء الزيتي مشكلة قائمة حيث لا يمكن استخدامه بواسطة مصافي البترول، إضافة إلى التكلفة العالية حيث إن مثل هذه العمليات تتم في الميناء في ظل قوانين مقيدة، أما في عرض البحر، فالتكلفة المالية تكاد تكون معدومة.

8- التحميل : Terminal Loading

الحوادث الناجمة من الأخطاء البشرية وتسرب أنابيب البترول إلى الناقلات وتفريغها في مصافي البترول.

9- التسرب الطبيعي : Natural Seeps

تتسرب متبقيات الزيت الموجودة بالقرب من سطح الأرض وقد تكون سببا في تكوين بترول في منطقة ما بعد آلاف السنين، ولكن هناك الآن مخاطر عظيمة تتعرض لها الشواطئ نتيجة تسرب البترول، وقد يكون العائد الناتج من تسرب الزيت يعادل ضعف حوادث ناقلات البترول.

10- حوادث انسكاب النفط :

يحدث انسكاب النفط بسبب عدد من الحوادث، أهمها حوادث الناقلات، وكذلك

حوادث الخزانات وأنابيب نقل النفط، وتوضح الدراسات الحديثة أن كميات النفط المنسكبة من حوادث الناقلات قد انخفضت من متوسط 200.000 طن في السنة في بداية السبعينات إلى حوالي 110.000 طن في السنة في أواخر الثمانينات وأن الأمر في تحسن، ويعزى ذلك جزئيًا إلى انخفاض نقل النفط بحريًا وإلى التحسينات التي أدخلت في تدابير السلامة في عمليات النقل. ويتوقف مدى الضرر الذي تسببه حوادث الانسكابات النفطية على عوامل تشمل مكان وقوع الحادث (قرب الساحل أو بعيدا عنه)، والأحوال الجوية السائدة، والتركيب الكيميائي للنفط.

والنفط المنسكب بالقرب من المناطق الساحلية له آثار بيئية مختلفة، ومعظم هذه الآثار تكون على الأحياء البحرية وبيئة المستنقعات والماء وغيرها. ولقد أوضحت دراسات مختلفة أن البيئات المتأثرة تستعيد حالتها الأولى بمرور الزمن، ولكن هناك قلق متزايد من الآثار طويلة الأجل التي تتعرض لها الأحياء البحرية لمستويات منخفضة من الهيدروكربونات – المكونات الأساسية للنفط. وغالبا ما تكون حوادث ناقلات البترول – خاصة الحوداث الكبيرة – باهظة التكاليف.

فحادث **أموكو كاديز** الذي وقع في مارس 1978 م بالقرب من شاطئ بورتسال في فرنسا، تسبب في موت حوالي 4500 طائر، من 33 نوعا، وكانت له تأثيرات مختلفة على الثروة السمكية في المنطقة. ولقد قدرت الخسارة الكلية الناجمة من الحادث بحوالي 400 مليون دولار (124 مليون تكلفة إزالة التلوث من الشاطئ والمياه الساحلية، و46 مليون دولار خسائر في مصائد الأسماك، و192 مليون دولار في السياحة في المنطقة).

ومن المعروف أن حادث الناقلة **إكسون فالديز** الذي وقع في مارس 1989م في ألاسكا، وترتب عليه انسكاب حوالي 36.000 طن من النفط قد تكلف قرابة المليارين من الدولارات لصعوبة عمليات تنظيف المنطقة، بالإضافة إلى التعويضات التي دفعتها الشركة للمتضررين.

وحادثة **نوري كاينون** في مارس 1967م، والتي سبق أن تم الإشارة إليها أيضا وما ترتب عليها من آثار بيئية سيئة.

11- أنشطة نفطية أخرى:

وينشأ هذا النوع من التلوث نتيجة الفضلات الصناعية والبلدية (Industrial and

Municipal Waste)، وتعتمـد عـلى طبيعـة الصـناعات بالإضافة إلى محطات التشحيم، فمـثلا في محطات خدمة السيارات التي يتم فيهـا غسيل السيارات يتم التخلص مـن كميـات كبيرة مـن الزيـوت البترولية، وهي كميات لا يمكن تجاهلها، حيث قد تسلك هذه الزيوت طريقها إلى التربة والتي قد تحملها إلى الأنهار أو المياه الجوفية. كما تحتوي المخلفات السائلة لبعض الصناعات عـلى كميـة لا بأس بها مـن الزيوت، وأيضا فإن فضلات المجاري (Urban Sewage) في المدن تحتوي على كميات من الزيوت والـدهون بعضها في الفضلات الطينية (Sewage Sludge's). وكذلك يمكن أحيانا رؤية الأمطار في الطـرق والشوارع وعليها قطرات من الزيوت البترولية ويتم التخلص منها في الصرف الصحي. **وعموما يمكن القول:** إن أنشطة استخراج الزيوت البترولية وصناعة النفط مسئولة عن أقل من $\frac{1}{4}$ الكمية الهيدروكربونية التي تصـل إلى البحر، أما استخدام المنتجات البترولية فهو مسئول عن الجزء الباقي.

ويمكن تقسيم النسبة المئوية لمصادر ملوثات النفط للمياه البحرية كما هو موضـح في الجـدول رقم (7).

جدول رقم (7) : يبين مصادر النفط الملوثة لمياه البحر والنسبة المئوية لها

النسبة	مصادر النفط
% 49.05	من الناقلات
% 4.70	نتيجة حوادث الناقلات
% 19.80	من السفن
% 0.80	نتيجة حوادث السفن
% 5.80	نتيجة عمليات استخراج النفط من المناطق البحرية
% 0.40	من أنابيب البترول
% 11.90	من معامل التكرير (مصافي النفط)
%18.00	تلوث نفطي نتيجة أنشطة متنوعة أخرى

ويمكن إجمال الأسباب الرئيسية لحدوث التلوث البحري بالنفط في الآتي:

1- الحوادث التي تحدث أثناء عمليات الحفر والتنقيب والتي تسبب تلوث المياه بكميات هائلة .

2- تسرب النفط إلى البحر أثناء عمليات التحميل والتفريغ بالموانئ النفطية .

3- اشتعال النيران والحرائق بناقلات النفط في عرض البحر .

4- تسرب النفط الخام بسبب حوادث التآكل في الجسم المعدني للناقلة .

5- إلقاء مياه غسل الخزانات بالناقلات بعد تفريغها في البحر .

6- إلقاء ما يعرف بمياه الموازنة الملوثة بالنفط في مياه البحر، حيث تملأ الناقلة بعد تفريغ شحنتها بالمياه بنسبة لا تقل عن 60% من حجمها للحفاظ على توازن أو اتزان الناقلة أثناء سيرها في عرض البحر خلال رحلة العودة إلى ميناء التصدير .

7- تسرب البترول من ناقلات النفط أثناء الحوادث أو من الآبار النفطية البحرية المجاورة للشواطئ، حيث يعتبر من أهم أسباب تلوث البيئة البرية بالمواد النفطية .

8- تسرب النفط إلى البحر أثناء الحروب، كما حدث في حرب الخليج الثانية.

9- الحوادث البحرية والتي من أهمها ارتطام هذه الناقلات بالشعاب المرجانية، أو بعضها ببعض، حيث تتسبب ناقلات النفط وحدها في تسرب الزيت الخام إلى مياه البحار والمحيطات بمعدل يصل إلى 2 مليون طن سنويا بالرغم من أنه تبين أن الحوادث البحرية الواقعة لناقلات النفط لا تسهم في هذا التلوث بما لا يزيد على 10 % فقط ، وهناك الكثير من الحوادث العالمية في مجال التلوث البترولي والتي قد تصل إلى 100 حادثة سنويا.

انتشار التلوث البترولي : Fate of Spilled Oil

إنه من الصعب التحكم في التلوث البحري أو منع انتشاره، حيث إنه خطر عائم ومتحرك يتحكم فيه اتجاه الرياح وعوامل المد والجزر وشدة الأمواج وبذلك تصعب السيطرة

عليه ، كذلك فإن ملوثات منطقة ما تنتقل بعد فترة إلى مناطق أخرى إما مباشرة أو بطرق غير مباشرة عن طريق الأسماك الملوثة.

حينما يتسرب الزيت السائل إلى البحر ينتشر على سطح الماء مكونا فيلما رقيقا يطلق عليه زلق الزيت (Oil Shuck)، ويعتمد معدل انتشار وسمك فيلم الزيت على درجة حرارة البحر وطبيعة الزيت، حيث ينتشر الزيت الخفيف من وقت انسكابه "حيث تتطاير مكونات الزيت الخفيفة " ذو الوزن الجزيئي الصغير، فالمكونات القابلة للذوبان في الماء فإنها تذوب في الماء أما المكونات غير قابلة للذوبان فإنها تستحلب في صورة قطرات صغيرة، ويتوقف معدل استحلاب الزيت في الماء على الإثارة الناتجة من الموجات والدوامات المائية، ففي بعض الظروف البحرية ينتج مستحلب الزيت في الماء، وقد يحتوي على 70-80 % من الماء ويتكون كتلة لزجة (Viscous Mass) تعرف من مظهرها باسم الشيكولاتة الهولامية (Chocolate Mucked) ويشبه هذا التكوين الفطيرة السميكة على سطح الماء، وهذه تكون كتل سميكة إذا وصلت إلى الشاطئ، وتكون المتبقيات الثقيلة من الزيت الخام كرات القار " الزفت " ويتراوح قطرها من 1 ملليمتر إلى 20 سم، والزيت المستحلب عبارة عن قطرات ميكروسكوبية ولذا يوجد على مساحات كبيرة وقد يتعرض لمهاجمة البكتريا، وتوجد كرات القار والشيكولاتة الهلامية بصفة دائمة في مسارات الشاحنات والسفن.

ومن الجدير بالذكر أن الزيت المنسكب أو بقع الزيت (Oil Slick) لا يبقى في مكانه ولكنه يتحرك بمعدل 3-4% من سرعة الريح، ماعدا في المياه المقفولة ومصبات الأنهار حيث إن التيارات المائية لها تأثير كبير على حركة الزيت الزلق. وبصفة عامة فإن الزيوت البترولية تعد من أخطر الملوثات المائية حيث يصل معدل انتشار الزيت إلى مسافة تزيد عن 300 كيلومتر من مصدر التلوث، كما تشكل قطرات الزيت طبقة رقيقة فوق سطح الماء، وتنتشر قطرة واحدة من الزيت على مساحة قد يصل قطرها في بعض الأحيان إلى أكثر من 30 سم، كما يغطي الطن الواحد من البترول مساحة قد تصل إلى أكثر من 12 كيلو متر مربع، كما ☐ يكون الزيت البترولي طبقة فوق سطح الماء يصل سمكها ما بين أجزاء من الميكروميتر إلى 2 سم.

من المعروف أنه إذا حدث امتزاز للزيت على بعض الأجسام الصلبة فإنه يغـوص معهـا إلى الأعـماق، وبالتالي فإنه يؤثر على الكائنات الحية مباشرة سواء كانـت الأسـماك بأنواعهـا المختلفـة أو حتـى النباتـات المائية، أما الزيت الطافي على سطح الماء فإنه يتأكسد بفعل البكتريا وأشـعة الشـمس ويسـاعد علـى ذلك وجود الأملاح المعدنية في مياه البحر كما يكون التأكسد أسرع كلما ارتفعت درجة الحرارة، وتكون الأكسدة بطيئة كلما انخفضت درجة الحرارة كما هو الحال فى المناطق القطبية، حيث يبقـى الزيت كما هـو لمـدة أعوام عديدة، وفي المناطق الساحلية ذات درجة الحرارة المنخفضة قد يترسب الزيت على رمال الشاطئ.

* * *

أخطار التلوث البترولي

التلوث بالبترول يعد من الظواهر الحديثة نتيجة الاعتماد عليه كأحد المصادر الحيوية للطاقة، والمتأمل للكثير من الأماكن المطلة على البحار مثل: المدن الساحلية يجده على رمال الشاطئ في صورة مخلفات أو بقع سوداء فوق مياه البحار والمحيطات، مما يسبب الكثير من الأضرار لرواد هذه الشواطئ ومختلف الكائنات البحرية.

يؤثر التلوث بالبترول على الكائنات البحرية الحية حيث تتضرر الحيوانات البحرية من النفط عن طريق اتصاله بالأعضاء الحساسة مثل الخياشيم والعيون، فيؤذيها أو ينتقل إلى أجهزة الجسم الداخلية، وقد تدخل سموم النفط إلى أجسام الأسماك عند أكلها للطحالب الملوثة.

إن التلوث يؤدي إلى تغيير في طبيعة المياه، وزيادة تركيزه يؤثر على الأحياء البحرية، حيث يؤدي إلى أمراض وموت الأسماك وتغير أماكن تجميعها قرب الشواطئ، مما يمنع الصيد في منطقة التلوث ويقلل من معدل الصيد البحري.

ينشأ عن تسرب الزيت على سطح البحر تكوين غشاء زيتي ينتج عنه تلوث الممرات التنفسية لمعظم الحيوانات البحرية ومنع تبادل الأكسجين بين الهواء الجوي وكميات الأكسجين المذابة بالماء مما يؤدي إلى احتياجات الكائنات البحرية إلى الأكسجين وبالتالي إلى موتها وخاصة إذا كانت هذه الزيوت هي مخلفات الصناعات البتروكيميائية أو مصفاة النفط، وتحتوي على مركبات كيميائية مختزلة كالكبريت والمعادن المختزلة.

كما تمثل الحرارة إجهادا بيئيّا خاصة بالنسبة للأحياء البحرية، حيث تعتمد فترة ارتباط الماء بالأكسجين على درجة الحرارة، حيث تقل كميات الأكسجين بزيادة درجة الحرارة؛ لذلك فإن المياه الساخنة التي تتصرف من المنشات الصناعية الساحلية تسبب نقصا في الأكسجين المتاح، الأمر الذي يؤثر على الكائنات الحية البحرية، أما بخصوص البحر المتوسط فهو مهدد باختلاف التقييمات والخبراء؛ لأن المشكلات الأساسية معترف بها اليوم من كل دول العالم تقريبا.

وينتج عن التلوث البترولي عدة أخطار نذكر منها ما يلي:

1- انتشار حالات الحساسية الكثيرة في المجتمع، فمنها حساسية العين وحساسية الأنف

وحساسية الجلد (الحكة) بسبب الغازات البترولية المتصاعدة من مصافي التكرير ومحطات إسالة الغاز.

2- انتشار حالات الربو عند الكبار والصغار.

3- خطورة التلوث النفطي لا تقتصر على أبناء منطقة محدودة وإنما يتخطاه إلى الدول المجاورة.

4- انتشار حالات الوفاة مجهولة الأسباب أو هبوط حاد في عمل القلب أو ضيق حاد في التنفس.

5- انتشار مجموعة متنوعة من السرطانات لم تكن موجودة في السابق، ومع إيماننا بأن هناك مجموعة من الأسباب الأخرى إلَّا أنه بلا شك أن الغازات التي تنفثها هذه المصانع " المصانع البترولية النفطية " من أهم أسباب انتشار هذه الأمراض.

6- من النتائج المترتبة على ذلك هدر الكثير من ميزانية الدولة نتيجة لغلاء علاج المواطن الواحد عند استخدام العلاج الكيميائي والذي يكلف الآف الدولارات.

7- ومن الآثار الخطيرة غير المنظورة لتلوث المياه بزيت البترول أن تعمل بقعة الزيت البترولية كمذيب لبعض المواد الكيميائية التي تلقى في البحار، مثل: المبيدات الحشرية، والمنظفات الصناعية، وغيرهما؛ حيث يؤدي ذلك إلى زيادة تركيز هذه المواد في المنطقة الموجود بها بقعة الزيت وبالتالي زيادة التلوث.

8- كما تؤدي المكونات الثقيلة من زيت البترول إلى تكوين كتل متفاوتة الحجم، سوداء اللون، تعرف بالكرات القارية التي تحملها الأمواج وتيارات المياه وتلقيها على شواطئ البحار مسببة لها التلوث والضرر، والبعض الآخر يتحول بمضي الزمن إلى رواسب ثقيلة تهبط إلى قاع البحار والمحيطات. والأخطر من ذلك وصول هذه الكرات إلى الكائنات البحرية كالأسماك، حيث تتراكم في أنسجتها وتتسبب في كثير من الأضرار الصحية إذا تناولها الإنسان.

الأضرار المترتبة على التلوث النفطي:

1- الأضرار قصيرة المدى:

الأضرار قصيرة المدى للتلوث النفطي ربما تكون واضحة ومعروفة منذ زمن بعيد، وهي

تشمل اتساخ الشواطئ والإضرار بحياة الطيور والأسماك، ويتوقف ضرر هذا التأثير على نوع هذه الكائنات وعلي نوع الزيت أيضا وعلى مدة التعرض له، فمثلا زيت الوقود أكثر سمية من الزيت الخام، وتبقى الأسماك عديمة التأثير بالزيت الخام على المدى القصير وإن كان طعمها يصبح غير مقبول المذاق، أما زيت الوقود فأكثر سُمية حتى على المدى القصير، فضلا عن إضراره بجمال الشواطئ والاستمتاع بها والأثر السلبي السياحي المترتب على ذلك.

2- الأضرار طويلة المدى:

أما فيما يخص الأضرار طويلة المدى فهي لم تتحدد تماما بعد، ويعتقد أنها أكثر خطورة على الإنسان، والسبب في ذلك يرجع إلى أن مسلسل الغذاء في النظام البحري من أكثر الأنظمة تعقيدا، أضف إلى ذلك أن المواد الهيدروكربونية تمتاز بالاستقرار، أي ليس من السهل تحليلها إلى العناصر الأولية، كل هذا يؤدي إلى استفحال المشكلة، أما المسلسل الغذائي القاري الذي يحصل منه الإنسان على غذائه فيعتبر في غاية البساطة، فالإنسان يتغذى على مواد نباتية أو منتجات حيوانية هي الأخرى تتغذى على نباتات، علما بأن هذه النباتات قد تكون ملوثة بالمنتجات البترولية سواءٌ أكان هذا التلوث عن طريق الهواء أو الماء أو حتى التربة.

قد يحدث امتزاز للزيت على بعض الأجسام الصلبة ويغوص معها إلى الأعماق، وبالتالي فإنه يؤثر على الكائنات الحية مباشرة، سواء كانت الأسماك بأنواعها المختلفة أو حتى النباتات المائية، بينما يتأكسد الزيت الطافي على سطح الماء بفعل البكتريا وأشعة الشمس، وبالتالي تنتج الأضرار المزمنة من هنا، حيث إن الزيت عند تأكسده ينتزع الأكسجين الذائب في الماء، فمثلا أكسدة لتر واحد من الزيت الطافي على سطح الماء ينتزع الأكسجين الذائب من 400 لتر من ماء البحر.

ويتوقف مدى الضرر على مقدار التلوث، فإذا كان مقدار التلوث بالزيت بسيط فإنه قد لا يتسبب ف موت الحيوانات البحرية، ولكن هذه الملوثات وخاصة المركبات الهيدروكربونية الأروماتية لها تأثير سرطاني. وحيث إننا نتحدث عن الأضرار طويلة المدى فإنه يحدث تراكم للزيت النفطي في لحوم الحيوانات البحرية والتي بدورها في النهاية يأكلها الإنسان سواء أكانت طازجة أو معلبة، حيث توجد الكثير من الدراسات التي تؤكد أنه لمجرد دخول المواد الهيدروكربونية جسم أي من الأحياء البحرية تبقى ثابتة بها ولا تتغير بصرف النظر عن نوع المركب وبإمكانها العبور عبر العديد من حلقات الغذاء بدون تغير. ونتيجة لخاصية الثبات

هذه استخدم التحليل الهيدروكربوني كوسيلة فعالة في دراسة مضار غذاء الأحياء البحرية، فالعناصر الهيدروكربونية ليست ثابتة فحسب، بل بإمكانها الزيادة في التركيز، وهي في ذلك تشبه المبيدات الحشرية المحتوية على الكلورين، فهذه المواد تتركز في الحلقات المتقدمة في مسلسل الغذاء البحري حتى تصل إلى المعدل السام الذي يؤدي إلى هلاك الحيوان والاضرار بالمستهلك بما في ذلك الإنسان، وأول نتيجة يلاحظها الإنسان باعتباره في قمة الهرم الغذائي لهذه المواد الهيدروكربونية والمبيدات ذلك التركيز الكبير في الحيوانات البحرية.

وهناك خطر آخر غير مباشر للتلوث النفطي حيث يوجد احتمال كبير على أنه يسبب تغيرات في أحوال الطقس، فالطبقة النفطية الطافية فوق سطح البحر تؤدي إلى تضخم معامل الانعكاس الأرضي، مما يعني ضياع نسبة أكبر من أشعة الشمس ورجوعها إلى الفضاء دون الاستفادة منها، ووجود هذه الطبقة النفطية يقلل أيضا من عملية التبخر ويقلل من الرطوبة الموجوده في الجو، وبالتالي انخفاض كمية الغيوم التي تتحرك مع الدورة الهوائية العامة باتجاه الغازات، والتي قد تؤدي إلى انخفاض كمية التساقط فوق الغازات.

ويمكن إجمال الأضرار المترتبة على تسرب النفط في الآتي :

1- نظرا لتصاعد وتسامي الكثير من الأبخرة المختلفة من بقعة النفط؛ لأن الزيت يطفو على سطح الماء لكونه أخف وزنا منه، فإن التيارات الهوائية تدفع بهذه الأبخرة بعيدا عن الموضع الذي تلوث بالنفط إلى الأماكن السكنية على الشواطئ والمناطق الساحلية بواسطة الهواء الذي يصبح مشبعا بها إلى درجة كبيرة وبتركيز عالٍ فوق المقبول، مما يؤثر على النظم البحرية والبيئية.

2- يحتوي زيت النفط على العديد من المواد العضوية، الكثير منها يعتبر ساما للكائنات الحية، ومن أخطر تلك المركبات مركب البنزوبيرين (Benzopyrene) ، وهو من الهيدروكربونات المسببة للسرطان وتؤدي إلى موت الكائنات الحية المائية، ونظرا لأن كثافة النفط أقل من كثافة الماء فهو يطفو على سطحه مكون طبقة رقيقة عازلة بين الماء والهواء الجوي، وهذه الطبقة تنتشر فوق مساحة كبيرة من سطح الماء (اللتر الواحد من النفط المتسرب في البحر يغطي بانتشاره مساحة تزيد عن 400 م^2 من المياه السطحية) تمنع التبادل الغازي بين الهواء والماء، فتمنع ذوبان الأكسجين في مياه البحر، مما يؤثر على التوازن الغازي.

3- انتشار الزيت فوق سطح الماء يمنع وصول الضوء إلى الأحياء المائية، فتمنع عمليات التمثيل التي تعتبر المصدر الرئيسي للأكسجين والتنقية الذاتية في الماء، مما يؤدي إلى موت عدد كبير من الكائنات البحرية واختلال في السلسلة الغذائية للكائنات الحية البحرية.

4- يتسبب النفط المتسرب في تلوث الشواطئ الساحلية نتيجة انتقاله لمسافات بعيدة بفعل التيارات البحرية وحركة المد والجزر، كما تتجمع بعض أجزائه على شكل كرات صغيرة سوداء تعيق حركة الزوارق وعمليات الصيد بالشباك، وتفسد جمال الشواطئ الرملية وتتلف الأصداف البحرية والشعاب المرجانية؛ مؤثرة على السياحة في تلك المناطق.

5- يختلط جزء صغير من النفط بالماء مكونا مستحلب يختلط بالماء الأكثر عمقا، ويركز الملوثات الأخرى كالمبيدات وبقايا المنظفات الصناعية والعناصر الثقيلة والمركبات الهيدروكربونية، فتزيد من آثارها السامة، فتهلك اليرقات والبويضات، مما يؤدي إلى هلاك الحياة البحرية إما جوعا وإما تسمما.

6- المركبات النفطية الأكثر ثباتا تنتقل عن طريق السلسلة الغذائية، وتخزن في كبد ودهون الحيوانات البحرية، وهذه لها آثار بعيدة المدى، والتي لا تظهر على الجنس البشري إلّا بعد عدة سنوات.

* * *

تأثير التلوث البترولي

أولا : تلوث الهواء :

من المعروف أن المراحل التصنيعية لتكرير النفط ينتج عنها العديد من الملوثات الجوية التي تؤثر في صحة العاملين المتعرضين لها مباشرة، كما ينتج عن حرق النفط توليد كميات كبيرة من الأدخنة والغازات الضارة، مثل: أكاسيد الكربون، وثاني أكسيد الكبريت، وأكاسيد النيتروجين، وبالتالي يزيد تركيز المواد الملوثة في الجو عن الحد المسموح به، ويشكل خطرا كبيرا، ومن هذه الغازات:

1- غازات ثاني وثالث أكسيد الكبريت:

تعتبر أكاسيد الكبريت من ملوثات الهواء الجوي الخطرة بسبب طبيعتها السامة، وأثرها الحامضي الضار، ويؤدي انتشارها في الهواء الجوي إلى ظاهرة الأمطار الحامضية، والتي أدت إلى تلف مساحات كبيرة من الغابات والمزروعات في شمال أوروبا وكندا، وكذلك في بعض المناطق المجاورة لمصانع الأسمدة الكبريتية في مصر وبعض البلدان العربية، وتتكون الغازات الكبريتية نتيجة لاحتراق المركبات التي تحتوي على ذرات الكبريت.

2- غاز كبريتيد الهيدروجين:

يُعد أيضا من الملوثات الخطيرة جدا بسبب آثاره السامة بالإضافة إلى رائحته الكريهة والنفاذة (رائحة البيض الفاسد) والتي تؤذي حاسة الشم وتبطل حساسيتها بعد فترة، كذلك تأثيره الحامضي بالإضافة إلى أنه عند احتراقه يتحول إلى أكاسيد الكبريت.

3- غازات أكاسيد النيتروجين:

وتنتج أكاسيد النيتروجين نتيجة احتراق أي مركب عضوي أو أي وقود يحتوي على النيتروجين، بالإضافة إلى أنه ينتج عند احتراق الوقود في الهواء الجوي، وخاصة كلما ارتفعت درجة حرارة اللهب وزادت نسبة الهواء الزائد.

4- غازات أكاسيد الكربون:

وتتمثل في غاز أول أكسيد الكربون، وثاني أكسيد الكربون، وينتج غاز أول أكسيد الكربون نتيجة الاحتراق غير الكامل، وهو من الغازات شديدة السمية على الإنسان

والحيوان حيث يتحد مع هيموجلوبين الدم مكونا مركبا شديد الثبات يسمى (كربوكسي- هيموجلوبين) يعوق الدم من امتصاص الأكسجين ونقله لخلايا الجسم مما قد يؤدي إلى الوفاة في حالات التسمم الشديد. أما غاز ثاني أكسيد الكربون فتأثيره الضار أقل من أول أكسيد الكربون ولكنه يؤدي إلى تلوث البيئة وارتفاع درجة الحرارة على سطح الكرة الأرضية.

5- الجزيئات الصلبة المتطايرة في الجو:

وأهم هذه المكونات هي رقائق وحبيبات الفحم البترولي.

6- الغازات والأبخرة الهيدروكربونية:

وتنتج هذه الغازات إما نتيجة للتسرب من أجهزة النقل أوالخزانات، وإما أثناء تداول وإنتاج البترول الخام في مراحله المختلفة، وتؤدي إلى حدوث الانفجارات في حالة وصول نسبتها في الهواء الجوي إلى الحد الأدنى للانفجار.

ويجب التنويه هنا إلى أنه سبق الحديث عن هذه الغازات بنوع من التفصيل في الباب الثالث عند الحديث عن تلوث الهواء بالغازات.

ثانيا : تلوث المياه :

يعد تلوث مياه البحار والمحيطات بالنفط من أخطر الملوثات وأكثرها شيوعا في الوقت الذي تعد فيه البحار والمحيطات هما الثروة الطبيعية الكبرى في حياة البشر، والمشكلات المتعلقة بتلوث مياه البحار والمحيطات ظهرت منذ اكتشاف النفط وامتدت خلال جميع مراحل الإنتاج من النقل والتكرير والتصنيع وغير ذلك. ولقد أدت الزيادة المستمرة في كل هذه الأنشطة إلى ظهور كميات متزايدة من الملوثات النفطية بالبحار والمحيطات، وقد تبين أن مياه البحار والمحيطات تستهدف بالتلوث بعدة ملايين من الأطنان من النفط كل عام خاصة وأن معظم المصانع والمصافي البتروكيميائية مقامة بمحاذاة الشواطئ؛ الأمر الذي بات يهدد وينذر بمشكلات بيئية خطيرة تؤثر على التوازن البيئي في البحر واليابسة على حدّ سواء.

ويُعد الزيوت البترولية من أخطر الملوثات المائية؛ وذلك لأنه يصعب التحكم في التلوث البحري أو منع انتشاره، نظرا لقدرتها على الانتشار السريع؛ لأنه عائم ومتحرك، يتحكم فيه اتجاه الرياح وعوامل المد والجزر وشدة الأمواج، وبذلك تصعب السيطرة عليه بل تنتقل الملوثات من المنطقة الملوثة إلى مناطق أخرى إما بطريق مباشر أو بطريق غير مباشر عن طريق الأسماك الملوثة.

ومن المعلوم أن الزيت أخف وزنا من الماء؛ لذلك فإنه يطفو على سطح ماء البحر وتتصاعد كثير من الأبخرة المختلفة من بقعة الزيت عند تعرضها لأشعة الشمس، وتدفع التيارات الهوائية هذه الأبخرة إلى مسافات طويلة مما يزيد من خطورتها . إن □ انتشار بقعة الزيت على سطح الماء يؤدي أيضا إلى منع التبادل الغازي بين الهواء والماء، فتمنع ذوبان الأكسجين في مياه البحر مما يؤثر على التوازن الغازي للأحياء البحرية، سواء أكانت نباتية أو حيوانية، بالإضافة إلى أن بقعة الزيت تحول دون وصول الضوء إلى الأحياء المائية فتعيق عمليات التمثيل الضوئي، والتي تعتبر المصدر الرئيسي للأكسجين والتنقية الذاتية للماء مما يؤدي إلى موت كثير من الكائنات البحرية واختلال في السلسلة الغذائية للكائنات الحية.

كما تحتوي المياه المستخدمة في صناعة واستخراج البترول أيضا على مركبات عضوية مثل الفينولات والكحولات والمركبات الأروماتية والدهون والزيوت، وغير العضوية مثل: الفلزات، وكذلك على الأيونات السالبة (الأيونات) كبريت / نترات/ كربونات / كلوريدات، وهذه المركبات بعضها سام جدا، وبعضها له تأثير سلبي على المياه والكائنات البحرية؛ لأنه يذوب في الماء، والبعض الآخر له تأثير طويل المدى.

والبحار والمحيطات تعتبر ثروة طبيعية كبرى في حياة البشرية، لاسيما أنها تغطي ما يزيد عن ثلثي مساحة الكرة الأرضية تقريبا ولها استخدامات مختلفة كبيرة ومتنوعة تتضمن الاستخدامات التقليدية، مثل: إنتاج الأغذية ومصدر الطاقة في الوطن العربي. ففي الوطن العربي أصبحت مشكلة التلوث للشواطئ والبحار تسبب خطرا داهما على النشاط البشري والاقتصادي، بل أصبح يؤرق المهتمين بشئون البيئة حيث إن أكثر من نصف السكان العرب يعيشون على امتداد المناطق الساحلية والبحرية وهم بذلك يعتمدون على مياه البحر في مجالات السياحة والاصطياف وتحلية مياه البحر نتيجة لندرة المياه العذبة بالإضافة إلى استخدام البحر كمصدر للغذاء واستخراج بعض المعادن، وتُعد البحار التي يطل عليها الوطن العربي (البحر المتوسط، البحر الأحمر، الخليج العربي) أكثر البحار تلوثا؛ وذلك لأنها بحار شبه مغلقة حيث إن مياهها لا تتجدد إلا بعد حوالي مائة سنة أو يزيد، بالإضافة إلى كثافة حركة الملاحة واستخدام هذه البحار كمستودعات للملوثات الأخرى مثل القمامة ومياه الصرف الصحي.

ثالثا : تلوث التربة :

يمكن تعريف تلوث التربة على أنه أي تغيير في الأرض يجعلها غير صالحة للاستعمال المفيد، وهذا التلوث ناتج من تصريف فضلات كيميائية صلبة أو سائلة بدون معالجة بصورة مباشرة أو غير مباشرة أو حتى غازية بصورة غير مباشرة (الأكاسيد التي تتحول إلى الأمطار الحامضية)، وهذا يؤثر على نوعية التربة ويجعلها غير صالحة للزراعة.

والمخلفات البترولية الصلبة غالبا تحتوي على حوالي 75% هيدروكربونات (برافين - شمع)، 13% ماء، 12% ترسبات ترابية. ويتم جمع المخلفات الصلبة خاصة من أماكن التكرير، وذلك عند عمل صيانة للخزانات وتنظيف أحواض الفصل والترسيب والخزانات الأخرى المستعملة في تصنيع وفصل وتكرير المنتجات النفطية ، وبعد تجمع هذه الترسبات يتم استخدامها في تعبيد الطرق الزراعية الترابية من قبل الجهات المختصة أو من قبل المزارعين أو قد يتم التخلص منها بحرقها أو إعدامها.

رابعا : التلوث بالمعادن الثقيلة:

وتعد من الملوثات النفطية الخطرة، وتعرف المعادن الثقيلة بأنها تلك العناصر التي تزيد كثافتها على خمسة أضعاف كثافة الماء ($5mg/cm^3$) ، وهذه المعادن لها تأثيرات سلبية على البيئة كما تؤثر على صحة الإنسان والحيوان والنبات. ولقد وجد أن الزيت الخام يحتوي على نسب بدرجات متفاوتة من الزرنيخ والفاناديوم والرصاص، فضلا على أنه يتم إضافة رابع إثيل الرصاص إلى البنزين لرفع الرقم الأوكتيني له، ولهذه المعادن آثار ضارة كثيرة. وقد تحدثنا في الباب الثاني من هذا الكتاب عن التلوث بالمعادن الثقيلة وعن مصادرها وآثارها بالتفصيل.

* * *

طرق معالجة التلوث البترولي

Treatment of crippled oil

تنظيف الشواطئ من الزيت عملية صعبة ومعقدة للغاية، إضافة إلى أنها في حاجة إلى وقت طويل وتكلفة عالية، بالإضافة إلى أن معالجة التلوث النفطي للبيئة الساحلية والبحرية يختلف من منطقة إلى أخرى ومن شهر إلى آخر ويعتمد على عوامل كثيرة ومتشابكة، كما أنه يمكن في بعض الحالات الاستعانة بأكثر من طريقة أو أسلوب لمعالجة التلوث النفطي في النطاق الساحلي أو البحري، وهناك الكثير من الوسائل المتبعة في إزالة بقعة الزيت، ويمكن تقسيمها إلى الآتي:

1- طـرق كيميائيـة:

(أ) المستحلبات الناشرة : Emulsifier dispersant

يمكن الإسراع بالعملية الطبيعية لاستحلاب وتشتت الزيت في الماء بمعالجته بمواد كيميائية تفتت الزيت إلى جزيئات متناهية الصغر، ويلزم أن توجد طاقة كافية للإثارة حتى يمكن استحلاب وانتشار قطرات الزيت بحيث تفشل في التجمع والالتحام مرة ثانية، ويتم رش المستحلب على بقعة الزيت خلال رشاشات قوية، كما تتم الإثارة بواسطة مضخات هوائية، وفي النهاية يتم انتشار بقعة الزيت على مساحة أكبر الأمر الذي يسهل تحليله بفعل البكتريا الموجودة في البحر.

وقد استخدمت الناشرات في حادثة توري كانيون (1967)، وكان لهذه الناشرات تأثير أكثر سمية من الزيت على الكائنات البحرية، ولذلك فإنه يوجد الآن قيود شديدة في استخدام هذه المواد في كثير من الدول، ويشترط لاستخدام هذه الطريقة أن تستخدم مع البترول الخام وليس المنتجات البترولية، وأن يزيد عمق الماء عن 500 قدم، ولا تستخدم بالقرب من الشواطئ، أو في مياه بها تجمعات أسماك بكميات كبيرة، أو فيها رياح وتأثيرات بحرية قوية.

وقد ظهر حديثا كثير من المنتجات الناشرة، ولكن يجب توخي الحذر في استخدامها إلا إذا تأكد أن الأثر السام لمخلوط الزيت: المادة المستحلبة أقل من الزيت منفردا، أو حتى على الأقل مساوية له.

وهذه الناشرات قد تكون أنواع معينة من المذيبات أو المنظفات الصناعية والمساحيق عالية الكثافة أو بعض أنواع من الرمال الناعمة. وتستخدم هذه الناشرات رشا على بقعة الزيت (على سطح البقعة النفطية) في البحر مما يسهل الالتصاق بها، أو تقوم بتفتيتها ثم تحويلها إلى ما يشابه المستحلب فينتشر في الماء ويذوب فيه ويتسرب إلى القاع نتيجة ارتفاع كثافته، ويعتبر هذا علاجا ظاهريّا للمشكلة؛ لأن هذه الطريقة تتطلب كميات كبيرة من المنظفات والمذيبات تساوي أحيانا كمية البترول المراد التخلص منه، بالاضافة إلى أن استخدام قدر كبير من المنظفات الصناعية يضيف الكثير من التلوث العام لمياه البحر والبيئة؛ وذلك لأن وصول المواد المستخدمة في التنظيف وجزيئات النفط بعد تفتيتها إلى قاع البحر يسبب إبادة للأسماك والديدان والقواقع الرملية التي تعيش فيها. وبذلك تعتبر هذه الطريقة زيادة في تعقيد مشكلة التلوث وليس حلا نهائيّا لها.

(ب) المواد الماصة : Sucking agents

وهي مواد كيميائية لها قابلية للامتصاص وطرد الماء مثل بودرة الفلين والفحم ونشارة الخشب ، وتتشابه المواد الماصة مع المواد الغامرة فى الخواص ولكنها لا تغمر في القاع بل تبقى فوق السطح فيسهل بعد ذلك جمعها وإزالتها، ومن أهم هذه المواد القش الذي يمتص خمسة أمثال وزنه، ومنها رغوي مركب البولي يورثيان (Poly Urethane) وتمتص 30 ضعف حجمها ويمكن عصرها واسخدامها مرة أخرى.

(ج) الحرق : Burning

وفي هذه الطريقة تستخدم مواد كيميائية متنوعة تساعد على اشتعال النفط، وهذه المواد تتفاعل مع الماء لينتج هيدروجين وحرارة، وتستخدم معها أحيانا شرائط ماصة تقوم بشرب الماء بداخلها للمساعدة على الاحتراق فينتج عن هذه الطريقة، تلوث الجو نتيجة عدم اكتمال اشتعال الخام وينتشر غاز أول أكسيد الكربون، وأحيانا يحدث انطفاء بسبب الأمواج، وتسبب نواتج الاحتراق تلوث للبيئة، وقد استخدمت طريقة الحرق للحد من التلوث الزيتي في حادثة توري كانيون التي تتمثل في احتراق طبقة الزيت باللهب بعد حصرها وإضرام النيران فيها بالرغم من أنها ليست صالحة في جميع الأحوال، ولا يستحب استخدامها لخطورتها على البيئة وتلوث الهواء فيها وتسبب أضررا بالغة لكثير من الكائنات الحية.

(د) مواد مكونة للجيلي: **Gelling agents**

هي مواد كيميائية تغطي الزيت وتحوله من سائل إلى مادة جيلاتينية، ويمكن رش هـذه المـواد عـلى بقعة الزيت بحيث تكون ما يشبه السجادة وبالتالي يسهل جمعها وإزالتها .

وإن كنا نرى أن استعمال بعض المواد الكيميائية في معالجة بقعة الزيت لها تأثير ضار على الحيوانات البحرية ربما يفوق تأثير الزيت نفسه، وخاصة تلك التى تكون مستحلبات نظرا لثباتهـا، وذلـك لأن معظـم هذه المركبات عبارة عن مشتتات (Emulsifiers)، وهـذه المركبـات لهـا تـأثيرات ضـارة هـي الأخـرى عـلى الحياة البحرية. ولذلك فإن أفضل طريقة لمكافحة تلوث ما هي منع هذا التلوث أو الحد منـه طبقـا لمبـدأ الوقاية خير من العلاج.

2- طـرق فيـزيائيـة :

أ- التغطيس : Clinking

تتمثل هذه الطريقة في توزيع أو نشر مادة محبة للزيت مثل الرمل المغطى بالإستياريت عـلى بقعـة الزيت، حيث تقوم بحمل الزيت قاع البحر، كما يمكن استخدام الطباشير لأن لـه قابليـة للامتصـاص وطـرد الماء ويمتزج بالخام ويغوص به، ويستخدم حوالي 150 طن من هذه المواد لكل ألف برميل من الخام.

(ب) جاذبات لزيت البترول:

وتظهر فاعلية هذه الجاذبات بمجرد رشها على البقع الزيتية، حيث إنها تمـتص بقـع الزيـت وتجذبـه إليها كما يجذب المغناطيس الحديد. وتستخدم هـذه الطريقـة للسرعة في معالجـة التلـوث فـور حدوثـه، فعنصر الزمن مهم جدا في الحفاظ على حياة الكائنات الحية البحرية في المناطق المعرضة للتلوث.

(ج) شفط الزيت المتسرب :

شفط الزيت المتسرب إلى مياه البحر بواسطة مضخات إلى خزانات على الشاطئ أو على ظهر السـفن ثم إعادة فصل النفط عن الماء.

(د) إقامة الحواجز:

تتم إقامة الحـواجز العائمـة فـوق سـطح المـاء باسـتخدام أجهـزة خاصـة مـع الاسـتعانة بالجرافـات والكانسات لحصر بقع الزيت العائمة ومنع انتشارها. وهذه الطريقة تساعد على

زيادة سمك طبقة الزيت وتقليل المساحة التي تغطيها، وبذلك يمكن امتصاصه تدريجيّا وشفطه بواسطة مضخات إلى خزانات على الشاطئ أو على ظهر السفن ثم إعادة فصل النفط من الماء، وهذه التقنية تستغرق وقتا طويلا قد تتعرض أثناءه البقع النفطية لعوامل المناخ والتيارات البحرية حيث تتشتت وتتحطم بفعل الضوء مما يزيد صعوبة عملية المكافحة.

(هـ) تنظيف الشاطئ : Beach cleaning

تستخدم الطرق السابقة عند ظهور بقعة الزيت داخل البحر، أما إذا فشلت هذه الطرق في السيطرة أو الحد من تحرك بقعة الزيت فإنه قد يصل الزيت إلى الشاطئ، وفي هذه الحالة لابد من تنظيف الشاطئ تماما. وإذا تواجدت كميات كبيرة من الزيت على الشاطئ فيمكن ضخه في خزانات وبالتالي يقلل من فرص التلوث، وقد تظل بعد ذلك كميات من الزيت على الشاطئ قليلة. وتعتمد مدى دقة التنظيف على قيمة موقع الشاطئ، فالأماكن السياحية لها أولوية خاصة.

(و) عدم اتخاذ أي إجراء : Do nothing

قد يكون ضمن الاحتمالات المطروحة ترك بقعة الزيت في البحر كما هي تنتشر طبيعيًا، وهذا ما حدث بالفعل حيث أمكن التخلص طبيعيًا من 20-30 ألف طن من الزيوت البترولية في الشمال وذلك بعد انفجار حقل إيكوفسك وذلك دون أن تصل إلى الشاطئ.

3- طرق بيولوجية : (المحللات البيولوجية -Biology Degradation)

تعتمد هذه الطريقة على استخدام أنواع خاصة من الخمائر والبكتريا تساعد على سرعة التحلل البيولوجي لطبقة الزيت الخام، وتحدث هذه العملية طبيعيًا ولكن بدرجة أقل، كما تساعد درجة الحرارة على زيادة هذا التحلل. وطريقة المعالجة البيولوجية التي تستخدم أنواعا من البكتريا في مقدورها استخلاص الملوثات التي ارتبطت بالتربة أو الماء ويتعذر جرفها أو فصلها، كما أن بإمكانها تحويل مادة كيميائية ضارة إلى مادة غير ضارة بل مفيدة. والبكتريا قادرة على تجزئة العديد من الملوثات الموجودة في التربة والماء، حيث تقوم البكتريا بتحليل المواد الهيدروكربونية "مخلفات الزيوت النفطية" إلى جزيئات أصغر وأقل وزنا مما يقلل من خطورتها وتلوثها لسهولة ذوبانها أو امتزاجها بالماء ولكن أعدادها القليلة طبيعيًا تجعلها أقل كفاءة في معالجة التلوث.

وقد استخدم علماء الهندسة الوراثية تقنياتهم في تخليق أنواع معينة من البكتريا لها القدرة على تحمل سمية المواد النفطية، ويتم ذلك عن طريق تهجين أكثر من نوع من أنواع البكتريا الموجودة في الطبيعة وإحداث عدد كبير من التبادل بين جيناتها المختلفة للوصول إلى الصفات المطلوبة وإنتاج نوع جديد من البكتريا لا وجود لها في الطبيعة لها القدرة على استعمال النفط كغذاء، حيث تقوم البكتريا بتكسير المركبات البترولية الثقيلة إلى مركبات أقل كثافة وذات وزن جزيئي صغير، وهذا يتطلب وجود عنصر الأكسجين مع الإنزيمات التي تفرزها البكتريا لتتم عملية التمثيل كاملة حيث يستخدم الكائن الحي الدقيق عنصر الكربون الموجود في البترول كمصدر للغذاء والنمو والتكاثر في ظروف بيئية مناسبة. بالإضافة إلى عنصري الكربون والأكسجين فإن البكتريا تحتاج إلى عناصر أخرى ولكن بكميات ضئيلة جدا مثل النيتروجين والفسفور والكالسيوم والماغنيسيوم والزنك والحديد والصوديوم والكبريت والنيكل، وقد تحتوي بعض البيئات على هذه العناصر أو قد تضاف كعناصر غذائية للبكتريا.

لقد استطاعت تقنية الجينات من عزل وتنقية وتعديل لبعض أنواع من البكتريا التي تعيش في مخلفات وشحوم البترول ومعدة الحيتان للاستفادة من قدرتها على التهام وتحليل جزيئات المركبات المعقدة في البترول الخام وتحويلها إلى مواد كبريتية يمكن استخدامها كغذاء للأسماك والحيوانات البحرية، وهو ما يعني تحقيق هدف آخر هو القضاء على بقع التلوث البترولي في صورته الخام.

وتتم عملية التخلص من البقع الزيتية بواسطة هذا النوع من البكتريا عن طريق استخدام المنظفات الصناعية أولا حيث تُكوِّن مع طبقة الزيت مستحلبا على درجة عالية من الثبات ينتشر تدريجيًا في مياه البحر، فيتم بذلك تخفيف تركيز الزيت، حيث تستطيع البكتريا أن تقوم بتحليل المخلفات البترولية وبالتالي تختفي بقعة الزيت في مدة زمنية قصيرة وقد استُخْدِمَت هذه الطريقة على نطاق واسع، كما توجد بعض الدراسات والأبحاث للاستفادة من القدرة على عمل طفرات من هذه البكتريا لها القدرة على مهاجمة الكبريت دون مهاجمة المكونات الأخرى من الزيت الخام للبترول، وهذا بالطبع يؤدي إلى رفع سعر البترول الخالي من الكبريت؛ لأن الكبريت يتحول مع آلة الاحتراق الداخلي إلى أكاسيد كبريتية تتحول في وجود الماء إلى أحماض تؤدي لتلف هذه الآلات في السيارات وكافة مركبات النقل، فضلا عن وجود هذه الأكاسيد في عوادم السيارات مسببة تلوث بيئي خطير.

وقد استخدمت هذه الطريقة لمعالجة مشكلة بحيرات النفط التي خلفتها حرب الخليج الثانية وحققت نتائج جيدة. ولكن لهذه الطريقة مساوئها ، إذ لو تسربت هذه الكائنات الدقيقة (البكتريا) بطريقة ما إلى أي حقل نفطي- خصوصا إذا كان بالقريب من استخدامها- فإنها تؤدي إلى كارثة حقيقة لا يمكن تحمل تبعاتها؛ لأن النتيجة المتوقعة هي فناء النفط في هذا الحقل، بالإضافة إلى بطء آليتها في حالة الكوارث النفطية الكبيرة، كما أن هذه الأحياء لها آثار جانبية ضارة تتمثل في استهلاكها لكميات كبيرة من الأكسجين أثناء قيامها بعملية التحليل، وهو ما يؤدي إلى اختناق الأحياء المائية الأخرى الموجودة تحت البقع النفطية.

* * *

طرق مكافحة التلوث البترولــي

بعد أن تناولنا أهم مصادر التلوث النفطي وبعض أخطاره وطرق المعالجة بأنواعها، نتحدث عن أهم طرق مكافحة التلوث البترولي مع الأخذ في الاعتبار أنه يمكن استخدام طريقة أو أكثر معا لمكافحة التلوث النفطي في النطاق الساحلي والبحري، وأهم الطرق المستخدمة هي :

1- إقامة الحواجز العائمة لمحاصرة البقعة النفطيـة للحيلولـة دون انتشار أو منع انتشارها بفعل الأمواج والرياح والتيارات البحرية.

2- ضرورة الحصول على تصاريح خاصة لإلقاء النفايات النفطيـة مـع وجـوب إعلام برنامج الأمـم المتحدة للبيئة بكافة هذه التصاريح.

3- استخدام طرق حديثة لمعالجة مخلفات الحفـر البـري وخاصـة الوحـل وذلك بجمع المخلفـات ومزجها بمواد تعمل على تثبيتها كيميائيًا وفيزيائيًا مما يقلل من آثارها.

4- وضع برامج لمراقبة وفحص نوعية مياه البحر والرواسب والكائنـات البحريـة الحيـة الموجـودة في المنطقة، وكذلك تبادل الخبرات بين بلدان العالم المختلفة وإنشاء وتدعيم المراكز الإقليميـة لمكافحـة تلوث النفط، خاصة في البحار شبه المغلقة مثل الخليج العربي وغيره.

5- التشدد في مراقبة السفن التي لا تستوفي مقاييس السلامة، وخير مثال على ذلك اعتـزام الاتحـاد الأوروبي على منع السفن التي يزيد عمرها عن 15 سـنة مـن دخـول مـواني بلـدان الاتحـاد الأوروبي ونشرـ لائحة سوداء بهذه السفن كل ستة أشهر، ويجدر الإشارة هنا إلى أن الاتحاد الأوروبي استنكر اسـتعمال الأعلام الأجنبية على ناقلات النفط التي تستأجرها شركات أوروبية لأسباب حربية.

6- أما في منطقة البحر الأحمر وخليج عدن فقد وافقت عـام 1982 م سـتة مـن دول المنطقـة عـلى الاتفاقية الإقليمية لحماية بيئة البحر وخليج عدن وعلى بروتوكول مكافحة التلوث بالنفط، وفي عـام 1995 م أعلن عن قيام الهيئة الإقليمية للمحافظة على بيئة البحر الأحمر وخلـيج عـدن، وفي عـام 1998 م تـم التوقيع على وثيقة لتنفيذ برنامج العمل الإستراتيجي للبحر الأحمر وخليج عدن.

7- شفط النفط المتسرب لمياه البحر بواسطة مضخات إلى خزانات على الشاطئ أو على ظهر السفن ثم إعادة فصل النفط عن الماء.

8- رش مواد ماصة على البقع النفطية حتى تتشبع بالنفط ثم استعادته منها، مثل: الصوف الزجاجي، وترش هذه المواد من قوارب صغيرة ثم يتم جمعها بواسطة شبكات رقيقة وتنتقل حيث يمكن التخلص منها إما حرقا في أفران خاصة أو يتم استخلاص النفط الموجود فيها ويعاد استعماله من جديد.

9- تُعد المكافحة الطبيعية أو البيولوجية إحدى وسائل مقاومة التلوث البحري لبقع النفط حيث يتم استخدام أنواع من البكتريا التي تقوم بتحليل هذه المواد الهيدروكربونية من مخلفات الزيوت النفطية إلى جزيئات أصغر منها وزنا وتركيبا وأقل خطورة وتلوثا؛ لسهولة ذوبانها في الماء، أي يمكن مكافحة التلوث النفطي بواسطة البكتريا التي تستطيع تحويل البقع النفطية إلى قطرات دقيقة جدا في الماء.

10- توصل علماء الهندسة الوراثية إلى تخليق أنواع من البكتريا لها القدرة على تحمل سمية هذه المواد النفطية وتحويلها إلى مادة غذائية لها، وقد تم ذلك عن طريق تهجين أكثر من نوع من أنواع البكتريا الموجودة في الطبيعة، وإحداث عدد كبير من التبادل بين جيناتها المختلفة للوصول إلى الصفات المطلوبة، وإنتاج أنوع جديدة من البكتريا التي لا وجود لها في الطبيعة لها القدرة على استعمال النفط كغذاء، وقد استخدمت هذه الطريقة على نطاق واسع لمعالجة مشكلة بحيرات النفط التي خلفتها حرب الخليج الثانية وحققت نتائج مدهشة.

11- استخدام أجهزة الحزام الناقل الفني، حيث يمدد حزاما معدنيّا عبر طبقة النفط اللزجة فيلتصق النفط بالحزام، ويمكن التخلص منها لاحقا، إلّا أن استخدام المواد الكيميائية في تجميع النفط كما مر في بعض الطرق السابقة قد يزيد المشكلة سوءا، لأنه يساهم في تسمم مياهه المعلقة، وآثار هذه المواد على البيئة البحرية أسوء من آثار النفط عليها، ولذلك فإن الأفضل منها استعمال الطرق الميكانيكية.

12- حرق البقعة النفطية الملوثة باللهب، حيث يعتمد الإنسان إلى حصر هذه البقعة وإضرام النيران فيها بالرغم من أن طريقة الإحراق هذه ليست مثالية وغير مرغوبة في كل الأحوال.

13- تنظيف الشواطئ بجرف كميات كبيرة من الرمال والتخلص منها بعيدا عن شاطئ البحر.

14- محاصرة التلوث البحري باستخدام أجهزة ومعدات خاصة مع الاستعانة بالجرافات والكانسات، ولكن هذه التقنية تستغرق وقتا طويلا تتعرض أثناءه هذه البقع النفطية لعوامل المناخ والتيارات البحرية؛ حيث تتشتت وتتحطم بفعل الضوء مما يزيد من صعوبة عملية المكافحة.

15- إن الطريقة الكيميائية الاستحلابية لعلاج تلك المشكلة باستخدام أنواع معينة من المذيبات والمنظفات الصناعية أو المساحيق عالية الكثافة والتي تتم برشها على سطح البقع النفطية في البحار الملوثة للالتصاق بها، ومن ثم تحويلها بعد تفتيتها إلى ما يشبه المستحلب، فتنتشر في الماء أو تذوب فيه أو تترسب في القاع، ويعتبر هذا الأخير علاجا ظاهريًا للمشكلة؛ لأن وصول تلك المواد إلى قاع البحر يسبب إبادة الأسماك والقواقع. وبذلك تعتبر هذه الطريقة زيادة في تعقيد مشكلة التلوث وليست حلا نهائيًا لها.

* * *

طرق الحماية من التلوث النفطي

يعتبر **تلوث النفط** جرس إنذار كبير وخطير لما هو حاصل في المنطقة العربية، ولذلك فإنه يجب حماية البيئة من باب الوقاية خير من العلاج، ومن أجل ذلك يجب أن تنتبه الجهات المسئولة حرصا منها على أرواح المواطنين وسلامتهم، على أن تعمل بالتالي:

1- إبعاد هذه المصانع عن التجمعات السكانية من أجل الحفاظ على أرواح الناس وسلامتهم، أو على الأقل العمل على تخفيض ما تنتجه هذه المصانع من الملوثات.

2- العمل على زيادة الرقابة الحكومية على هذه المصانع.

3- القيام بدراسات ميدانية وفقا للمنهج العلمي للوقوف قدما على هذه المشاكل أولا بأول، ومحاولة علاجها رحمة بالناس ورحمة بالبشرية، مع الحرص على مسألة الحيادية في الجهات التي تدرس هذه الخروقات لضمان عدم مجاملة الشركات العاملة في البلاد.

4- زيادة المسطحات الخضراء مع الأخذ بعين الاعتبار أن ما ينفق لزيادة المسطحات الخضراء قليل في مقابل ما تتعرض له هذه المناطق من أخطار.

5- زيادة معاشات العاملين والمواطنين المجاورين لهذه المخاطر زيادة مجزية بمسمى بدل خطر.

6- إيجاد الضمان الصحي لكل مواطن يسكن قريب من هذه المناطق الصناعية وعدم اقتصارها على العاملين في هذه الشركات الصناعية فقط.

7- يعد موضوع التلوث البترولي من أهم مسئوليات الجهات المدافعة عن حقوق الإنسان .

8- لابد أن يكون للمؤسسات العلمية والمراكز البحثية، وبالذات المتخصصة منها، دور فعال وإيجابي، فعلى سبيل المثال نجح مركز بحوث البترول التابع لوزارة البحث العلمي في مصر إلى التوصل لمادة جديدة تساعد في تشتيت بقع الزيت الخام الملوثة لمياه البحار والمحيطات، والمتسربة من ناقلات أو خطوط البترول، بالإضافة إلى عدة مواد أخرى منها مادة **استحلابية** تستخدم في فصل الماء المصاحب لزيت النفط المستخرج من باطن الأرض ويستخدمها أيضا قطاع البترول المصري.

ويمكن الإشارة هنا إلى أن البقعة الزيتية التي تسربت من النقالة الكويتية "الصامدون" قد أمكن التحكم بها من خلال المواد المصرية الجديدة التي ينتجها معهد البترول، وإنقاذ مياه قناة السويس والمياه المواجهة لميناء بورسعيد البحري، حيث كانت البقعة تتحرك تجاه سواحل المدينة، وكان يمكن أن تحدث خسائر كبيرة بالمنتجعات والقرى السياحية.

ومن الجدير بالذكر أيضا أن معهد البترول يزود هيئة قناة السويس بحوالي 40 طن من المواد المشتته للبقع الزيتية، والتي أمكن الاعتماد عليها بنجاح في التخلص من بعض الملوثات البترولية لمياه البحر المتوسط والمجرى الملاحي لقناة السويس.

9- يمكن القضاء على التلوث البترولي في البحار عن طريق إذابة الزيت في الماء، وذلك بطريقة التحلل الميكروبي للزيت عن طريق تغذية البكتريا ببعض المواد مثل المولاس والسكروز والجلوكوز، والتي تحتوي على مواد كيميائية مثل بوليمرات والقلويات وبعض المواد التي لها نشاط سطحي، أي تنقص من قوة التوتر السطحي بين الماء والزيت، وهذه الطريقة تتيح استغلال مخلفات القصب الرخيصة من المولاس في القضاء على التلوث البحري، خاصة التلوث بزيت البترول لما يسببه من أضرار على البيئة البحرية.

* * *

الفصـل الخامـس

التلـوث بالأسـمـدة الكيميـائيـة

Pollution by Chemical Fertilizers

منذ القدم كان الإنسان يعتمد على السماد البلدي (مخلفات الحيوان وبقايا النبات) والمعروف حاليا بالأسمدة العضوية لتحسين التربة وزيادة خصوبتها، وعندما لجأ الإنسان للزراعة الكثيفة لسد احتياجاته من المواد الغذائية- حدث انخفاض مستمر للعناصر الغذائية الموجودة في التربة، وأصبحت الأسمدة العضوية غير كافية لمعالجة هذا الانخفاض المستمر للعناصر الغذائية؛ لذلك كان لابد من إيجاد وسيلة جديدة وفعالة للحفاظ على خصوبة التربة، وأصبح من الضروري اللجوء إلى الأسمدة الكيميائية، وبالرغم من الفائدة العظيمة لهذه الأسمدة في تحسين خصوبة التربة وجودة إنتاج المحاصيل الزراعية المختلفة، إلّا أنّ لها تأثيرات بيئية سيئة وخطيرة؛ بسبب احتوائها على أنواع من السموم الكيميائية والعناصر الثقيلة، مثل: الكوبلت والكروم والنحاس والمنجنيز والنيكل والرصاص والزنك وغيرهم.

ويعد التلوث بالأسمدة الكيميائية أحد الملوثات الكيميائية الخطرة التي تحدث تغيرا سلبيّا في البيئة في حالة استخدامها بطرق غير صحيحة، ويمكن لهذه التغييرات أن تؤثر بشكل مباشر أو غير مباشر في البيئة المحيطة، وذلك عن طريق الطعام والهواء والماء والمنتجات الزراعية المختلفة، وما يترتب عليها من أضرار تصيب الإنسان والحيوان.

1- تأثير الأسمـدة على التربة :

- إن استخدام الأسمدة الكيميائية أو العضوية أو المعدنية لزيادة خصوبة التربة، وكذلك لزيادة الإنتاج الزراعي حاليا- تعتبر ضرورة لقيام الزراعة الناجحة لتعويض فقر التربة وتوفير أفضل الظروف المناسبة لنمو النباتات، ولكل نوع من أنواع التربة قابلية محدودة لقبول أنواع معينة من الأسمدة الكيميائية، حسب الظروف الجغرافية الطبيعية ونوعية المحاصيل ومدى حاجتها إلى العناصر الكيميائية.

- إن استخدام الأسمدة الزراعية بالطرق الصحيحة، وكيفية إضافتها للأرض باتباع

خطوات أساسية- يؤدى ذلك إلى تحسين التربة الزراعية، وبالتالي تحسن البيئة؛ لأن الأسمدة والبيئة تجمعهما علاقات متبادلة؛ حيث تعمل الأسمدة عند إضافتها بالأسلوب الأمثل وبالطرق الصحيحة على تنقية الهواء وتقليل التعرية وزيادة المحصول الزراعي، وكذلك تقليل تلوث المياه.

- تكمن خطورة الأسمدة إذا زادت نسبتها إلى درجة تتجاوز المدى الطبيعي لتركيز هذه المواد في التربة، أو تم استخدامها بشكل غير صحيح، فعندها يحدث تلوث التربة بالأسمدة الكيميائية، وهذا يؤدى إلى حدوث خلل بالبيئة وتلوث التربة والنبات، وكذلك الجو. ولذلك فالتحكم في كمية ونوع وموعد إضافة مثل هذه الأسمدة- من الأمور الضرورية لحماية التربة والمزروعات والبيئة على حدٍّ سواء.

2- تلوث التربة بالأسمدة الكيميائية:

تؤثر الأسمدة على التربة بطرق مختلفة كالتالي:

1- تغير في الرقم الهيدروجيني للتربة (حموضة التربة - pH) بالزيادة أو الانخفاض، وكلاهما غير مرغوب فيه؛ لأن الزيادة في الرقم الهيدروجيني (pH) ضارة بالأرض، أما خفض الرقم الهيدروجيني فقد يصبح مشكلة في الأراضي ذات التنظيم الضعيف- إذا لم تتخذ تدابير لخفض الرقم الهيدروجيني (التأثير الحامضي) قبل أن يؤثر على حركة المغذيات والأحياء بالتربة. ولا يوجد شك أن أحياء التربة تتأثر بالرقم الهيدروجيني، ويحدث ذلك نتيجة الإضافات الخاطئة للأسمدة، مثلما يحدث نتيجة إضافة الأسمدة الحامضية أو القاعدية أو التمليح بصورة غير صحيحة.

2- الإفراط في إضافة الأسمدة يؤدي إلى تجمع المواد السامة في الأرض خصوصا العناصر الثقيلة؛ حيث يؤدي إضافة معدلات عالية من الأسمدة إلى تجمعات غير مرغوب فيها من العناصر الثقيلة. ومن أمثلة ذلك: زيادة هذه العناصر الناتجة عن استخدام أسمدة الفضلات دون اعتبار لمحتواها من الأملاح الناتجة عن إضافتها إلى الكمبوزيت. وتكمن المشكلة في مدى مقاومة التربة للمواد الضارة أو زيادة العناصر، خاصة إذا كانت الإضافة ليست للتسميد، بقدر ما هي للتخلص من الفضلات.

3- تأثير الأسمدة الكيميائية وخاصة المعدنية ذات تأثير سلبي على أحياء التربة، وهذا

يعتبر دليلا على الأثر غير الحيوي لهذه الأسمدة.

4- من المعروف أنه كلما ازداد ذوبان السماد الكيميائي - كلما زاد ضغطه الأسموزي المتوقع، لـذلك فإن الأسمدة الذائبة تزيد من ملحية التربة، وبناء عليه، فإنه لا ينصح بإضافة السماد ملامسا لجذور النبات أو البذور أو البادرات.

5- التلوث الهيدروبيولوجي، والمقصود به تلوث المياه بأملاح النترات والبوتاسيوم والفوسفات، ومـا يترتب على ذلك من نمو غزير لكثير من النباتات المائية، وخاصة الأعشـاب والنباتات الضارة التـي تمتـص كميات كبيرة من الأكسجين وتشكل خطرا على حياة الأسماك، وتعرقل الجريان الطبيعي للمياه، مما يعطـي فرصة لنمو وتكاثر الكائنات الحية الدقيقة.

6- في بعض المناطق الزراعية الواسعة تستخدم الطائرات لرش الأسمدة عـلى الحقـول، فتساعد مثـل هذه العمليات على تلوث الهواء بتلك المواد.

7- تشير بعض الدراسات إلى أن جزءا كبيرا من الأسمدة الكيميائية المضافة إلى التربة يدخل على شكل ملوثات إلى المياه الجارية، ويترتب على ذلك أضرار بالغـة بالنسبة لنوعيـة المياه، وبالتـالي صـحة الإنسـان والحيوان.

8- يمكن اعتبار العنصر البشري أحد العوامـل الأساسية لإحداث خلـل في التـوازن البيئـي مـن جراء العمليات التالية:

ا- زيادة إضافة الفضلات الحيوانية عما هو مطلوب، مما يـؤثر عـلى وضع الكائنـات الحيـة الدقيقـة والنترات في التربة.

ب- حرق الوقود البترولي مما يؤثر سلبا على التربة والنبات؛ نتيجة لتساقط أبخرة الحرق على النبـات والتربة فضلا عن زيادة أكاسيد النيتروجين في الجو.

ج- زيادة رطوبة الأرض وفقد النيتروجين إلى البحيرات والأنهار نتيجة لطرق الري والزراعة الخاطئة.

د- إنتاج الأسمدة النيتروجينية باستخدام النيتروجين الجوي.

وسنتعـرض إلى بعض الآثار السيئة من جراء الاستخدام السيئ للأسمدة بأنواعها المختلفة كالتالي:

3- الآثار السلبية للأسمدة العضوية:

بالنسبة لاستخدام الأسمدة العضوية، والتي تستعمل بكميات كبيرة من قبل المزارعين- فهي، بطبيعة الحال، أقل خطرا من الأسمدة الكيميائية، فهي تحتوي على نسبة كبيرة من المواد العضوية الضرورية لتغذية النبات، وتساعد على تحسين تركيب التربة، حيث توجد أنواع من النباتات تعتمد على الأزوت الذي يتحرر من المادة العضوية، ولكن لا تخلو من المشاكل إذا استخدمت بكميات تزيد عن حاجة التربة والنبات. فمثلا، عند إضافة السماد العضوي للتربة بكميات زائدة فوق حاجة النبات- فإن جزءا منه يمتص بواسطة النبات، والجزء الآخر يبقى في التربة، وقد يفقد النيتروجين عن طريق تطايره من الأراضي القاعدية أوالأراضي سيئة التهوية على شكل غاز إلى الهواء الجوي.

وتكمن خطورة هذا النوع من الأسمدة في أنه يؤدي إلى زيادة كبيرة في النشاط البكتيري والميكروبات الموجودة في التربة، والتي تنتقل بدورها مباشرة من التربة إلى الإنسان مسببة له بعض الأمراض؛ كمرض التيتانوس، وحالات التسمم المعروفة باسم (Botulism)، ومرض الغنقرينا (Eangrena) الغازي، ومجموعة أخرى من الأمراض التي تصيب الجهاز الهضمي، مع العلم بأن التربة هي المكان الملائم لتكاثر مختلف أنواع الحشرات الضارة، وخاصة الذباب الذي ترتبط دورة حياته بالتربة الملوثة.

ولحماية التربة من التلوث بالأسمدة العضوية فهي بسيطة، وفي استطاعة المزارعين، عن طريق استعمال الكمية اللازمة من الأسمدة، بحيث تكفي حاجة المحصول في الأوقات المحددة، مع اتباع الطرق السليمة عند التسميد.

4- الآثار السلبية للمخلفات العضوية المعالجة :

توجد بعض المخلفات العضوية المعالجة وخاصة تلك التي تنتج من معالجة مياه الصرف الصحي، حيث تمر بمعالجة كيميائية وبيولوجية، والناتج النهائي المتحصل عليه بعد المعالجة والمسمى بالحمأة- يحتوي على مواد عضوية وأخرى غير عضوية.

وأهم العناصر غير العضوية التي تحتوي عليها هي:

الزئبق، الكروم، الخارصين، النحاس، الرصاص، الكادميوم، المنجنيز، النيكل، البورون، النيتروجين، الفوسفور، البوتاسيوم، الكبريت، الكلور (Zn, Cr, Hg Cu, Pb ,

), Cd, Mn, Ni, B, N, P, k, S, CL.، كما تحتوي أيضا على كميات كبيرة من العناصر الصغرى والسامة.

وتحتوي الحمأة على كميات كبيرة من عناصر الخارصين والنحاس والنيكل والكادميوم والزئبق والرصاص، وهذه العناصر قد تكون سامة للنبات، علما بأن صلاحية أي عنصر للنبات يتوقف على عديد من العوامل، منها: الرقم الهيدروجيني (درجة الحموضة) للتربة، ومحتوى التربة من المادة، ونوع وكميات معادن الطين، والسعة التبادلية الكاتيونية للتربة، وغير ذلك.

أما المواد العضوية فهي مخلوط معقد يتكون من:

1- مكونات مهضومة (digested) مقاومة للتحلل اللاهوائي.

2- خلايا كائنات دقيقة حية وميتة.

3- مركبات تم تخليقها بواسطة الكائنات الحية الدقيقة خلال عملية الهضم .

والمكون العضوي الناتج من الحمأة يكون عادة غنيًا بعناصر النيتروجين والفسفور والكبريت، وتتراوح نسبة الكربون إلى النيتروجين (C:N) في الحمأة المهضومة بين 12-7 ، وبمتوسط 10، ومحتوى الحمأة من النيتروجين الصالح للنبات في صورة أمونيا ونترات (NO_3 ، NH_3) يكون منخفضا؛ نتيجة المعالجة البيولوجية التي تعمل على ثبات النيتروجين العضوي.

- بعض مخاطر إضافة المخلفات العضوية:

1- تلوث المجاري المائية والبحيرات بالمواد العضوية:

عند وصول المخلفات العضوية إلى المجاري المائية، سواء بطرق مباشرة أو غير مباشرة، بواسطة الجريان السطحي والغسيل- يحدث التلوث البيئي مغيّرا صفات وخواص الماء، شاملة زيادة تركيز العناصر الغذائية بها والروائح الكريهة مما يسبب تلوثها بالطفيليات.

ويتم تقويم المخلفات العضوية من ناحية مقدرتها على التلوث عن طريق تقدير الأكسجين الحيوي المستهلك [Biological Oxygen Demand (BOD)]، والأكسجين الكيميائي المستهلك [Chemical Oxygen Demand (COD)].

والأكسجين الحيوي المستهلك (BOD) هو كمية الأكسجين المستهلكة، بواسطة الكائنات الحية الدقيقة، خلال عملية أكسدة المادة العضوية في فترة خمسة أيام، ويعتبر مقياس للمواد القابلة للأكسدة، أما الأكسجين الكيميائي المستهلك (COD) فهو عبارة عن قياس المواد العضوية الكلية المؤكسدة، ويقدر عن طريق أكسدة المواد العضوية باستخدام ثنائي كرومات البوتاسيوم وحمض الكبريتيك، وهذا المقياس يستخدم بصورة أقل من BOD . وعموما تعتبر المخلفات الحيوانية ذات قيمة BOD عالية نسبيّا، بينما حمأة المخلفات الحيوانات المعالجة معالجة صحيحة -لها قيمة BOD منخفضة في ماء الجريان السطحي، وهذا يتوقف على مدى التخفيف وتحلل المواد العضوية في الماء.

2- زيادة تركيز العناصر الثقيلة السامة في التربة:

يمكن أن تؤدي الإضافات المتتالية من المخلفات العضوية، وخاصة الحمأة إلى التربة، ولفترة طويلة، إلى تجمع العناصر الثقيلة في التربة وزيادة تركيزها إلى مستويات قد تكون سامة للنبات، وبالتالي للحيوان والإنسان.

وأكثر العناصر الثقيلة السامة نسبة هي النحاس، الكادميوم، النيكل، الخارصين (Zn، Ni، Cd، Cu)، ويعتبر الكادميوم بصفة خاصة أكثرها سمية للإنسان والحيوان، ولذلك يجب الحرص على تجنب دخوله إلى السلسلة الغذائية إلا في الحدود الآمنة، وكثير من العناصر في الحمأة تكون مرتبطة بالمادة العضوية، ويحدث لها تحرر عند تحللها في التربة، وتصبح صالحة للامتصاص بواسطة النبات.

وتعتبر محاصيل الخضروات أقل المحاصيل مقاومة؛ لزيادة تركيز العناصر الثقيلة في التربة، في حين أن المحاصيل الحقلية تعتبر مقاومة نسبيّا، بينما تكون محاصيل الأعلاف أكثرها مقاومة، وإن كانت درجة المقاومة تختلف من محصول لآخر، ولذلك فإن استخدام الحمأة في الزراعة لمدى طويل سوف يضع قيودا على نوع المحصول الواجب زراعته.

3- زيادة تركيز العناصر الغذائية في المياه السطحية والجوفية :

عند إضافة معدلات عالية من الحمأة ومخلفات الحيوانات إلى التربة -يمكن أن يؤدي إلى زيادة تركيز العناصر الغذائية في المياه السطحية والجوفية؛ فعند إضافة 40 طن من السماد الحيواني سنويّا إلى التربة- يعني إضافة 540 kg نيتروجين للهكتار، وهذا المقدار يمتص

النبات جزءا ضئيلا منه فقط، أما الجزء المتبقي فيتعرض للغسيل من التربة، وينتقل إلى الماء الأرضي، ومنه إلى الآبار أوالأنهار أوالبحيرات. أما إضافة 10 % كمادة صلبة من الحمأة المعالجة لاهوائيًا إلى الهكتار- سوف يضيف الكميات التالية من العناصر الغذائية:

هذه الكمية يحدث لها نترتة سريعة NH₄-N	252-280	Kg / ha
نيتروجين عضوي N	336	kg / ha
فسفور P	200-336	kg / ha
بوتاسيوم K	45-90	kg / ha

وحيث إن تلوث المجاري المائية بالنيتروجين يحدث بدرجة كبيرة عند إلقاء المخلفات العضوية والحمأة في المجاري المائية، ويزداد التلوث بشدة بزيادة المعدلات التي يتم التخلص منها.

4- زيادة نسبة الأملاح الذائبة:

تحتوي مخلفات الحيوانات والحمأة على أملاح غير عضوية ذائبة، مثل: البوتاسيوم والصوديوم والكالسيوم والماغنيسيوم، ولذلك فإضافة معدلات عالية من هذه المخلفات (المخلفات الحيوانية والحمأة) إلى التربة- يؤدي إلى زيادة نسبة الأملاح في التربة، وتزيد في أراضي المناطق الجافة عنها في أراضي المناطق الرطبة ؛ لأن كمية الأملاح المضافة إلى التربة تزيد عن كمية الأملاح المغسولة من التربة بواسطة الأمطار، والنتيجة هي تراكم الأملاح بهذه الأراضي.

وبصفة عامة، يمكن خفض مخاطر تجمع الأملاح الذائبة في التربة، نتيجة إضافة المخلفات العضوية الحيوانية، عن طريق خفض المحتوى الملحي لأغذية الحيوانات.

5- التأثير على الملوثات الحيوية:

تعد الطفيليات من الملوثات الحيوية التي تصيب الإنسان والحيوان، والحقيقة أن الطفيليات تموت عند أكسدة الحمأة بيولوجيًا، أو عندما تخزن مخلفات الحيوانات في أحواض؛ كالبحيرات (Lagoon) ، ولذلك فإن الحمأة المؤكسدة ومخلفات الحيوانات المخزنة- لا تمثل أخطارا صحية من ناحية **الطفيليات** عند إضافتها للتربة.

أما من حيث البكتريا، فتعتبر البكتريا Escherichia coli من الملوثات الحيوية، وإن كانت تتواجد طبيعيًا في أمعاء الفقاريات، أما النوعان Streptococci, Escherichia فيستخدمان للدلالة على حدوث التلوث، وللتعرف على الكائنات الحية الدقيقة المسببة للمرض، والتي يحتمل تواجدها. ولقد تم التعرف على أكثر من 70 نوعا من الفيروسات في الحمأة غير المعالجة، والتي غالبا ما توجد في براز الإنسان، وثبت حاليا أن فيروسا واحدا كافٍ لنقل المرض.

ويوجد أيضا في الحمأة غير المعالجة أنواعا عديدة من البكتريا المسببة للأمراض، ولكن بتركيزات منخفضة، ولذلك فقد تم استخدام البكتريا من نوع Coli للتعرف على مدى تلوث الوسط بالبكتريا الممرضة، ويمكن توضيح أعداد البكتريا (Coli) والفيروسات المحتمل تواجدهما في الحمأة غير المعالجة، من خلال الأرقام التالية:

a)- 1×10^6 -- 100×10^6 (CMPN / 100 m l) coli form

b)- 200 -- 7000 (PFU/ L)

وتستخدم هذه الوحدات لقياس تركيز الفيروس

a- M.P.N. = Most probable Number العدد الأكثر احتمالا

b- P.F.U. = Plaque-Forming unit وحدة تشكيل اللوحة

كما توجد في الحمأة غير المعالجة: الديدان الممرضة، أو البروتزرز، ويعتبر البيض الخاص بهما مشكلة لصعوبة التخلص منه. ولتعظيم الاستفادة من المخلفات العضوية- فإنه يجب اتباع الاقتراحات التالية:

6- اقتراحات بشأن استخدام الحمأة والمخلفات الحيوانية في الزراعة:

1- معالجة مياه الصرف الصحي بالأساليب العلمية الحديثة ومراقبة محتواها من العناصر الصغرى؛ وذلك لخفض تركيز العناصر الصغرى والأملاح في المنتجات الزراعية المعالجة بها.

2- يجب استخدام معدلات إضافة آمنة لمياه الصرف الصحي والحمأة والمخلفات العضوية؛ لأن ذلك سوف يشجع على استخدامها، كما يجب أن تكون معدلات الإضافة المقترحة مبنية على حقائق ونتائج عملية، تؤكد الاستخدام الآمن للحمأة، بدلا من أن تكون مبنية فقط على مبدأ التخلص من تأثير المخلفات الضارة على البيئة.

3- تحسين خواص وصفات المنتجات الزراعية المنتجة تحت نظام استخدام الحمأة والمخلفات الحيوانية؛ لتنافس خواص وصفات المنتجات الزراعية الناتجة تحت نظام الأسمدة الكيميائية، وهذا يستلزم نظام مراقبة جيدا للأغذية الزراعية.

4- تطوير نظم إدارة جديدة تؤدى إلى عدم تأخير تجهيز الأرض في المزارع التي تستخدم مياه الصرف الصحي والحمأة- من شأنه أن يعمل على إقبال المزارعين على استخدامه.

5- الآثار السلبية للأسمدة الفوسفاتية:

تستخدم الأسمدة الفوسفاتية في إخصاب التربة الزراعية، وعادة ما يبقى جزء منها في التربة الزراعية، وهذا يسبب كثيرا من الأضرار المتنوعة، وأهمها:

1- أنها تكون مركبات غير ذائبة مع كثير من العناصر الهامة الموجودة بالتربة الزراعية، مثل: الكالسيوم والحديد، فكل من فوسفات الحديد وفوسفات الكالسيوم لا تذوب في الماء، ويترتب على ذلك عدم قدرة الجذور على امتصاص هذه المعادن، وبذلك تظهر أعراض نقصها على النبات.

2- تعتبر مركبات الفوسفات من أهم المركبات التي تسبب تلوث المياه، وتؤدي زيادة نسبتها إلى الإضرار بحياة كثير من الكائنات الحية، التي تعيش في مختلف المجاري المائية، وتتفاوت نسبة مركبات الفوسفات التي تحملها مياه الصرف حسب مقدار الأسمدة الفوسفاتية المستخدمة ونوعها.

3- زيادة نسبة مركبات الفوسفات لها عواقب وخيمة سامة للإنسان والحيوان، كذلك إضافة الأسمدة الفوسفاتية بكميات زائدة عن الحد اللازم للنبات- يؤدي إلى حدوث ضرر بالتربة؛ وذلك لأن الأسمدة الفوسفاتية المضافة تكون نسبة الاستفادة منها لا تتعدى 15 – 20 % ، وقد تصل في بعض الأحيان إلى 30% في الأراضي المتعادلة والحمضية، ومع استمرار إضافة الأسمدة الفوسفاتية عاما بعد عام- يحدث تراكم للفوسفات وما بها من شوائب

معدنية، وأخطرها (الكروم - النيكل - الكادميوم - الرصاص).

- ويتضح من ذلك أنه من الضروري أن يكون هناك اتزان بين كمية الأسمدة المضافة وحاجة النبات لها؛ حتى لا تؤدي الكميات الزائدة منها إلى إحداث أضرار بالبيئة المحيطة.

6- الآثار السلبية للأسمدة النيتروجينية :

يعد المصدر الرئيسي للنيتروجين في التربة هو الأسمدة النيتروجينية، وتشمل الأسمدة الأمونيومية واليوريا والأسمدة النتراتية والأسمدة المخلوطة، بالإضافة إلى الأسمدة العضوية الطبيعية. وبالرغم من الفائدة العظيمة لهذه الأسمدة وخاصة الكيميائية على إنتاجية المحاصيل المختلفة وتحسين التربة- إلا أن لها تأثيرات بيئية سيئة؛ بسبب احتوائها على العناصر الثقيلة، مثل: (الكوبلت - الكروم - النحاس - المنجنيز - النيكل - الرصاص - الزنك). والمشكلة الكبرى مع الأسمدة النيتروجينية هي وجود شوائب غير مرغوب فيها بنسبة عالية، وما يحدث من أضرار من جراء الإسراف في إضافة اليوريا، وتراكم مشتق البيوريت الضار في التربة، كما سيأتي الحديث عن ذلك في موضعه.

ونتيجة الاستخدام المتزايد للأسمدة النيتروجينية، فإن تلوث المياه السطحية والمياه الجوفية أصبح أمرا خطيرا، لابد من مواجهته، فالأسمدة الامونيومية تتعرض للأكسدة، وتتحول إلى نترات، وتصبح عرضة للغسيل والفقد، وذلك في خلال 4 أسابيع من المعاملة، ويكفي أن يعرف القارىء أن حوالي 2 مليون طن من السماد تذهب إلى مياه الصرف سنويًا مما يسبب تلوث المياه. وأيضا التسميد بالأسمدة النتراتية يؤدي إلى فقد جزء كبير منها عن طريق الغسيل، والنترات المفقودة من التربة عن طريق الغسيل تؤدى إلى تلوث المياه الجوفية والسطحية بالنترات، وتتوقف كمية النترات المغسولة من قطاع التربة على عدة عوامل أهمها:

1- كمية النترات في التربة.

2- نوع التربة.

3- نظام الزراعة.

4- كمية المياه المتخللة للتربة.

وبوجه عام يكون الفقد أكبر ما يمكن في الأراضي الرملية عنه في الأراضي الطينية، كما يكون الفقد قليلا في الأراضي المزروعة بالأعلاف (حشائش)، وكبيرا عند زراعة محاصيل ذات موسم نمو قصير. وعموما توجد علاقة قوية بين كمية النترات القابلة للغسيل في التربة، ونظم إضافة النيتروجين كسماد إلى التربة.

1- مصادر النيتروجين:

بالإضافة إلى الأسمدة الكيميائية المحتوية على نيتروجين، فإن الأسمدة العضوية (مخلفات الحيوانات) والحمأة تعتبر من المصادر الطبيعية للنيتروجين في التربة، ويتوقف محتوى السماد العضوي من النيتروجين على تركيب أعلاف الحيوانات، ونوع الحيوان، وكيفية عمل وتخزين السماد الطبيعي.

وبوجه عام، فإن السماد العضوي الناتج من الدواجن يحتوي على نسبة N % 4 -2 ، بينما السماد الناتج من الأبقار والخنازير يحتوي على N% 0.6 ، وفي السنة الأولى من إضافة الأسمدة الناتجة من مخلفات الحيوانات إلى التربة --- يصبح تركيز النيتروجين فيها حوالي 30% ، وهو صالح للامتصاص بواسطة النبات، وتحتوي الحمأة الناتجة من الصرف الصحي على 20-60 g N / kg ، أغلبه في صورة عضوية، لذلك فإن إضافة معدلات كبيرة من الحمأة إلى الأراضي الزراعية يمكن أن يؤدي إلى تلوث المياه الجوفية والسطحية بالنترات.

2- أنواع الأسمدة النيتروجينة والأضرار الناتجة من سوء استخدامها:

يمكن تلخيص أهم مركبات النيتروجين المضافة كسماد إلى التربة أو الموجودة في التربة، مع ذكر الأضرار الناتجة من الاستخدام السَّيِّئ لها كالآتي:

1- النترات:

أ- تعتبر مركبات النترات أحد صور النيتروجين المستخدمة في تغذية النبات، ولكن الإسراف في استخدامها يؤدي إلى زيادة نسبة النترات في التربة، وبالتالي في النبات وكذلك المياه، ومن الجدير بالذكر أن وجود النترات أو أحد أملاحها بتركيز أعلى من 20 جزء في المليون (20 ppm) - تصبح ضارة جدًا بصحة الإنسان؛ لأنها تتحول في الجهاز الهضمي إلى نيتريت، وهذا بدوره يتحد مع هيموجلوبين الدم ليعطي مركب ميتاموجلوبين الذي يسبب زرقة الأطفال.

ب - زيادة تركيز النترات أعلى من3 أجزاء في المليون (3 ppm) في البحيرات والأنهار- يـؤدي إلى حالـة التشبع الغذائي للطحالب والنباتات المائيـة، مما يؤدي إلى اختلال مستوى الأكسجين الذائب، ويـؤدي ذلـك إلى تغير طعم المياه ورائحتها؛ نتيجة زيادة كثافة الطحالب، مما يزيد من تكلفة تنقية المياه.

ج - تتجمع مركبات النترات بمستويات ملحوظة في أنسـجة بعـض النباتـات وبالتـالي تصـل إلى جسـم الإنسان عن طريق تناول هذه النباتات .

وتقوم النباتات بامتصاص أيون النترات من التربة ضمن المحاليـل التـي تمتصها مـن التربـة ، وتكـون سرعة امتصاص النبات لأيون النترات من التربة أعلى من السرعة التي يحـول بهـا النبـات هـذه النـترات إلى المركبات الحيوية مما يؤدي إلى وجود فائض من مركبات النترات تخزن في مناطق خاصة بالنبات.

2- اليـوريـا:

أ - الإسراف في استخدام سماد اليوريا ينتج عنه تراكم مشتق البيوريت الضار في التربة.

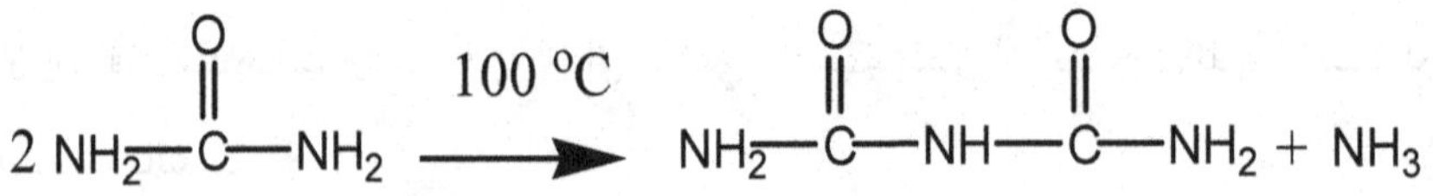

يوريا **بيوريت** **أمونيا**

ب - اليوريا وسلفات الأمونيوم تتحول في خلال أربعة أسابيع من المعاملة إلى نترات، مـما يجعلها عرضة للفقد بالغسيل، وتذهب إلى مياه الصرف، وتسبب تلوث المياه، فضلا عن وجـود النترات بمعدلات عالية في بعض النباتات، مثل: الذرة والسبانخ والخس.

3 - أكاسيد النيتروجين :

1- هناك مصدر آخر للتلوث من متبقيات الأسمدة النيتروجينية؛ نتيجة لعملية تكسر- النـترات التـي تنتج عنها أكاسيد النيتروجين المختلفـة، مثـل: NO، NO_2، كـما تبعـث هـذه الأكاسـيد؛ نتيجـة لعديـد مـن الأنشطة الإنسانية، ومن التسميد الزراعي الكثيف.

2- ويعتبر وجود أكسيد النيتروز (NO) بتركيزات منخفضة على سطح الأرض غير ضار، لكن الأمر يختلف في طبقات الجو العليا؛ حيث يؤثر على طبقة الأوزون، ويساهم في تدمير طبقة الأوزون؛ نتيجة لسلسلة من التفاعلات الآتية :

$$NO + O_3 \longrightarrow NO_2 + O_2$$

$$NO_2 + O \longrightarrow NO + O_2 \qquad \text{u. v}$$

$$O_2 + O \longrightarrow O_3$$

كشفت بعض الأبحاث العلمية أن كميات غاز أكسيد النيتروز، التي تنتج من التحولات البيولوجية بفعل البكتريا والكائنات الدقيقة الأخرى- تفوق بكثير ما ينتج بفعل النشاط الإنساني، وتتفاوت شدة تأثير غاز أكسيد النيتروجين على صحة الإنسان بصفة خاصة من تهيج العيون وبطانة الجيوب الأنفية إلى احتقان رئوي والتهاب بالقصبة الهوائية، تبعا لنسبة التركيز الملوث، والفترة الزمنية للتعرض لهذا الغاز، وسبب التأثير الضار لهذا الغاز أنه يتحول إلى حمض النيتروز، وفي بعض الأحيان إلى حمض النيتريك المخفف الذي يؤثر على أنسجة الرئة، ويسبب تهيج بطانتها وتليفها.

ولقد ثبت أن أكاسيد النيتروجين كلها لها تأثير ضار على قدرة الإنسان على الإحساس والإدراك، خصوصا حاسة الشم والقدرة على التأقلم مع التغيرات الضوئية. ولقد حددت منظمة الصحة العالمية الحدود المسموح بها، كأقصى تركيز يسمح بالتعرض له، بحوالي210 جزء البليون (210 PPb) من أكاسيد النيتروجين في الساعة الواحدة، أو 80 جزء البليون (80ppb) في اليوم.

- سمية النيتريت على الإنسان:

حيث إن معظم الأسمدة النيتروجينية تتحول غالبا إلى نيتريت- لذلك فإنه يجب الحديث عن سمية النيتريت؛ وذلك بسبب تأثير أيون النيتريت المباشر في الدم، حيث يغير من طبيعته، ويمنعه من القيام بوظيفته الرئيسية الخاصة بنقل الأكسجين من الرئتين إلى جميع خلايا الجسم.

ويتم ذلك عادة عندما يختزل أيون النيتريت في الدم إلى أيون النيتروزيل.

$$NO_2 + (H) \longrightarrow NO^{(+)} + OH$$

أيون النيتروزيل

ويؤدي أيون النيتروزيل إلى أكسدة ذرات الحديد ثنائية التكافؤ (Fe^{+2})، الموجودة بالهيموجلوبين إلى حديد ثلاثي (Fe^{+3})، وتؤدى هذه العملية إلى منع ارتباط الأكسجين بالحديد ثلاثي التكافؤ، وبذلك يفشل الهيموجلوبين في نقل الأكسجين إلى خلايا الجسم. وهو ما يطلق عليه بتسمم الدم، وهى حالة خطيرة تسبب موت الخلايا، وبالتالي موت الكائن الحي.

$$Fe^{+2} + NO^{+} \longrightarrow Fe^{+3} + NO$$

ويطلق على الهيموجلوبين المحتوي على ذرة حديد ثلاثية التكافؤ اسم ميثيموجلوبين (methemoglobin) ، ولا يوجد هذا النوع في دم الإنسان السليم إلا بكمية ضئيلة، لا تتجاوز 0.8 % على أكثر تقدير. ويؤدي هذا التحول في تركيب الهيموجلوبين إلى حدوث نقص شديد في الأكسجين في جميع خلايا الجسم، أي حدوث نقص كفاءة الجهاز التنفسي في قدرته على تبادل الأكسجين، خاصة في الأطفال الرضع وكبار السن أيضا.

ويتم التفاعل بين أيون النتريت وبين هيموجلوبين الدم على خطوتين، الأولى: تكوين مركب معقد بين الهيموجلوبين الحامل للأكسجين وأيون النيتريت، والخطوة الثانية يتم فيها انحلال هذا المركب إلى methemoglobin وأيون النيتريت، وبذلك يستهلك الأكسجين الذي يحمله هيموجلوبين الدم بواسطة أيون النيتريت حيث يتحول مرة أخرى إلى أيون النيتريت. وتظهر أعراض التسمم عندما تصل نسبة methemoglobin إلى نسبة 10% من الوزن الكلي للهيموجلوبين، وعندما تصل النسبة إلى 20% تسبب بعض الاضطرابات في النبض وفي التنفس. وتحدث الوفاة إذا وصلت النسبة إلى 70%.

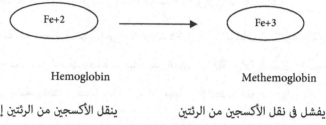

Hemoglobin　　　　　Methemoglobin

ينقل الأكسجين من الرئتين إلى خلايا الجسم بطريقة طبيعية لاحتوائه على Fe^{+2}　　　　يفشل فى نقل الأكسجين من الرئتين إلى خلايا الجسم لاحتوائه على Fe^{+3}

ولقد أثبتت الدراسات العلمية أن تلوث مياه الشرب بأيون النيتريت يسبب تسمم الدم، وظهور أعراض لبعض الأمراض الأخرى، مثل: ارتفاع ضغط الدم وبعض أمراض الحساسية فضلا عن بعض أنواع السرطانات، ويرجع ذلك إلى أن أيون النيتريت يتحد مع بعض المركبات الأمينية الموجودة في أجسام الكائنات الحية أو تتفاعل مع المركبات الأخرى الناتجة من تحلل أنواع من المبيدات، سواء في التربة أو مياه الشرب أو النبات أو الحيوان، وتنتج مركبات N- نيتروزو أمين (N- Nitroso amines)، وهي مركبات تعد ضمن الأسباب المؤدية إلى الإصابة بمرض السرطان وأورام المريء والبنكرياس والكبد والرئتين.

$$\text{(N- nitroso -amine)}R_2\,N\text{-}H \;+\; O\text{-}N{=}O \longrightarrow R_2N\text{-}NO \;+\; OH$$

- نيتروزو أمين　　　أيون نتريت　　　أمين ثانوى

كما تسبب مركبات N - النيتروزو في معدة الإنسان؛ نتيجة لنشاط بعض أنواع البكتريا، تحول النيتريت إلى مركب هيدروكسي الأمين (هيدروكسيل أمين)، وهذه هي المركبات المسببة للطفرات الجينية، وهي أخطر ما تكون على الأجنة في الأرحام .

ومن ذلك يتضح أنه يجب عدم الإسراف في تناول الخضروات: المحتوية على النترات الموجودة في أوراقها وجذورها، ومن هذه الخضروات البنجر والخس والكرنب والسبانخ وغيرها، ويجب أيضا أخذ الحذر من وجود النترات في مياه الشرب، وقد يمكن التخلص من بعض هذه النترات بتخفيفها بمياه أخرى خالية من النترات، أو بمساعدة بعض أنواع البكتريا، أو بالتقطير، ولكن أيسر طريقة للتخلص من النترات، وأعلاها فاعلية، هي ألا نسرف في استخدام مركبات النترات، أو الأسمدة النيتروجينية كمخصبات زراعية، فهذه المخصبات وما يتبقى منها في التربة- هو الذى يصل إلى مياه الشرب، ويزيد من نسبة النترات فيها.

7 - الآثار السلبيـة للأسمـدة المعدنيـة:

- تعد الأسمدة المعدنية هي المصدر الرئيسي للملوثات غير العضوية في التربة الزراعية .

- المركبات الكيميائية غير العضوية تلوث التربة؛ لأنه عند دخول هذه المركبات إلى التربة تصبح جزءا منها، وبالتالي تؤثر على جميع صور الحياة. وهذه المركبات غير العضوية تكون سامة للإنسان والحيوان عند تواجدها في التربة بتراكيز عالية، وتختلف سُمية هذه المركبات تبعا لنوع العنصر الموجود بها.

- وقد أوضحت بعض الدراسات العلمية أن إضافة الأسمدة الفوسفاتية تضيف كميات متزايدة من الكادميوم والفلور للتربة.

- كما أن استخدام المخلفات العضوية بعد تخمرها أو معالجتها يؤدي إلى تراكم تركيزات المعادن الثقيلة في التربة.

- ومن مصادر التلوث بالمعادن الثقيلة أيضا هي الكيميائيات الزراعية، مثل: المبيدات ومشتقات المجاري؛ حيث تضيف إلى رصيد المعادن الثقيلة بالتربة كميات متزايدة سنويّا بحسب نوع المادة الملوثة وطبيعتها.

- استخدام مياة المجاري في الري بعد معالجتها؛ نظرا لقلة المياه العذبة، وخاصة مع التوسع الزراعي في الأراضي الصحراوية الجديدة، وكان ذلك في بداية الأمر لا يسبب أية مشكلة، إلا أن تكرار استخدام هذه المياه أدى إلى زيادة محتوى التربة من العناصر الثقيلة، ومن المؤسف أن هذه العناصر تتركز في المجموع الجذري والخضري والثمري للنباتات المزروعة.

- ولقد أثبتت العديد من الدراسات أن التربة تتأثر بالإضافات المستمرة لمخلفات المجاري، سواء أكانت صلبة أو سائلة في مجال الزراعة.

ولذلك فقد تم وضع الكثير من الإرشادات الواجب اتباعها والمستويات القياسية اللازمة؛ حتى يمكن استخدامها بأمان، وضمان عدم زيادة مستويات المعادن الثقيلة في التربة والبيئة عن حدود الأمان، منها الآتي:

1- المحتوى الكلي الأساسي للتربة من المعادن الثقيلة.

2- الكميات الكلية من العنصر المضاف بالنسبة للعناصر الثقيلة الأخرى.

3- الحمل التراكمي الكلي للعناصر الثقيلة.

4- القيود التي يجب وضعها في الحسبان للجرعة المسموح بها للعناصر الثقيلة.

5- قيمة معامل السمية لكل عنصر من العناصر النادرة بالنسبة للنباتات النامية.

6- النسب بين العناصر المتداخلة (الأثر المتبادل والتنافس).

7- خواص التربة الكيميائية من درجة الحموضة (PH) ، نسبة الكربونات - محتوى المادة العضوية والطين والرطوبة.

8- الموازنة بين المدخلات والمخرجات في البيئة المحلية.

9- مدى حساسية وشدة تأثير النبات بمستويات العناصر الثقيلة.

يختلف تلوث التربة بالمعادن الثقيلة اختلافا واسعا؛ ويرجع ذلك إلى الاختلاف في طبيعة التربة ونوعها ونوع النباتات النامية عليها وظروف النمو وعوامله المختلفة، ويستخدم مصطلح مقاومة التربة للتلوث بالعناصر الثقيلة الذي يرتبط بالمستويات الحرجة للملوثات المعدنية (غير العضوية)، والتي تظهر تأثيرا سامّا على النباتات والبيئة عموما، وهناك علاقة قوية بين هذا العامل والسعة التبادلية للتربة. ومقاومة التربة للتلوث تزيد بزيادة نسبة الطين وقلة الحموضة وزيادة المادة العضوية وتقل كثيرا في الأراضي الرملية الحمضية، وقد تتراكم كميات عالية من العناصر الثقيلة في التربة الرملية المتعادلة، ويكون تأثيرها أقل على البيئة، ولكن يحدث عدم اتزان كيميائي في مثل هذه التربة، مما يؤثر سلبا على الأنشطة الحيوية فيها.

لقد أصبحت مشكلة تلوث التربة الزراعية من أهم المشاكل في الوقت الحاضر، وسوف تستمر في المستقبل زيادة احتمالية تلوث التربة الزراعية؛ نتيجة لزيادة النشاطات الإنسانية المختلفة، ولقد تعدى الأمر نطاق العناصر الصغرى؛ حيث وصل الأمر إلى إضافة أحماض النيتريك والكبريتيك والفسفوريك والهيدروكلوريك لمياه الري؛ بهدف التسميد.

والتأثيرات الجانبية الضارة والخطيرة لهذه المركبات معروفة على المزروعات والتربة والبيئة. وبسبب الآثار السيئة للأسمدة المعدنية خاصة، والأسمدة المصنعة عامة، زادت الآراء في العصر الحالي التي تنادي بعدم استخدام هذه الأنواع من الأسمدة إلا في حدود

وضوابط عالية، والتركيز على ما يعرف بالزراعة العضوية أي استخدام الأسمدة البلدية.

8 - مصادر العناصر الصغرى السامة في التربة:

يمكن تقسيم العناصر الصغرى السامة في التربة إلى:

1- **مصادر طبيعية** : Natural Sources

وتتمثل هذه المصادر في طبيعة القشرة الأرضية المكونة لمادة الأصل والتي تتم فيها الزراعة.

2- **مصادر ناتجة عن النشاط الإنساني:** Anthropogenic Sources

على الرغم من وجود العناصر الصغرى والسامة في الصخور الأصلية، التي تكونت منها التربة، ولكن المصادر الرئيسية لهذه الملوثات في التربة يكون عن طريق النشاط الإنساني. ومن بين هذه المصادر المواد الكيميائية المستخدمة في الزراعة، حيث تعتبر الممارسات الزراعية الخاطئة من أهم مصادر تلوث التربة بالعناصر السامة، والتي تؤدي إلى زيادة تركيز هذه العناصر فيها، خاصة الأراضي التي تستخدم في الزراعة المكثفة.

والمصادر الرئيسية الناتجة من الممارسات الزراعية الخاطئة والسيئة تشمل:

- الشوائب الموجودة في الأسمدة، مثل: الكادميوم، الكروم، الفاناديوم، اليورينيوم، الرصاص، الموليبيدينيوم، الخارصين، (Cd, Cr, V, U, Pb, Mo, Zn).

- الأسمدة الطبيعية المعالجة من المخلفات والمسماة بالكمبوست (Composite)، وهي تحتوي على بعض العناصر، مثل: الخارصين، الرصاص، النيكل، النحاس، الكادميوم، (Zn, Pb, Ni, Cu, Cd) .

- أسمدة طبيعية ناتجة من مخلفات الخنازير والدواجن، وهي تحتوي على الخارصين، النحاس، الأرزينات، (Zn, Cu, As).

- مياه الصرف الصحي، وهي تحتوي على عناصر كثيرة، وأشهر هذه العناصر الخارصين، الرصاص، النيكل، النحاس، الكادميوم، (Zn, Pb, Ni, Cu, Cd).

9- سلوك العناصر الثقيلة الموجودة في المخلفات العضوية المضافة للتربة:

1- النحاس - Cu

يعتبر النحاس من العناصر قليلة الحركة في التربة ذات درجة حموضة (قيمة رقم هيدروجيني- PH) قريبة من المتعادلة؛ وذلك لقابليته للامتصاص على غرويات التربة، ويؤدي ذلك إلى تجمع النحاس على السطح في التربة الملوثة وعدم انتقاله إلى أسفل. أما في التربة القاعدية فإنه يكون معقدات النحاس الذائبة، ويؤدي ذلك إلى زيادة ذائبية النحاس الكلي، وبالتالي تصبح حركة النحاس في هذه التربة عالية، والنحاس الذائب في التربة القاعدية يكون على صورة معقـدات عضوية (Cu^{+2} Organic Complex). وحيـث إن النحاس عنصر سام (Phytotoxic) ونظرا لوجوده بكميات كبيرة في المخلفات، مثل: المجاري -فيجب الحـد من إضافة هذه المخلفات إلى التربة وتنقيتها، علما بأن المدى المسموح به لتركيز النحاس في التربة يكون في حدود 6.8 جزءا في المليون (6.8 ppm).

2- الكادميوم - Cd

إن أهم ما يميز حركة الكادميوم في التربة عن العناصر الثقيلة الأخرى- هو تنوع مركباتـه مـن حيـث خاصية الذوبان، فمنها ما هو ذائب تماما؛ كالنترات، والكبريتات، والكلوريدات، وجميع هذه الصيغ يتواجد فيها الكادميوم عند قيم منخفضة للرقم هيدروجيني (PH) أقل من 6 ؛ ويعزى ذلك إلى ضعف امتصاصه على مادة الأرض العضوية ومعادن الطين والأكاسيد عند درجات PH أقل من 6، ومنها ما هـو غـير ذائب؛ كالكبريتيدات، والفوسفات، والهيدروكسيدات، ويلاحظ أن ذائبية هذه المركبات تـزداد بزيادة الحامضية (قيمة منخفضة للرقم هيدروجيني) أي عند قيم PH أقل من 6 ، أما عند PH أعلى من 7 - فإن الكادميوم يمكن أن يترسب على صورة $CdCO_3$ ، كما يعمل فوسفات الكادميوم على خفض ذائبية العنصر- وبوجه عام فإن أيونات الكادميوم تتحرك في التربة عندما تكون قيم PH منخفضة أقل مـن 6 ، وأن حركـة وصلاحية الكادميوم في التربة المتعادلة والقاعدية تكون منخفضة.

وفي التربة المغلقة نجد أن ذائبية كبريتيد الكادميوم (CdS) المتكـون ضعيفة ممـا يـؤدي إلى ضـعف حركة عنصر الكادميوم. أما في التربة جيدة التهوية والملوثة بالكادميوم يمكن للنبات امتصاص مستويات عالية من الكادميوم، في حين أن غمر هذه التربة بالماء وزراعتها بالأرز،

مثلا، يؤدي إلى خفض امتصاص المحصول للكادميوم. وعموما فإن زيادة تركيز الكادميوم في التربة عن 0.5mg / Kg - يعد دلالة على تلوث التربة بالكادميوم.

ومن المصادر التي تؤدى إلى تلوث التربة بعنصر الكادميوم استخدام الأسمدة الفوسفاتية ذات المحتوى العالي من الكادميوم، فضلا عن إضافة مخلفات الصرف الصحي. ويعتبر هذا العنصر شديدا في سميته للنبات والحيوان على حدٍّ سواء؛ ولذلك فإن هذا العنصر يجب أن يدرس بعناية شديدة، وخاصة إذا ما أخذ في الاعتبار إضافة مخلفات المجاري إلى التربة والمزروعات المأكولة. وبالرغم من ضآلة كمية الكادميوم التي تصل إلى جسم الإنسان إلا أن هذه الكمية الصغيرة تبقى في الجسم زمنا طويلا؛ لأن فترة عمر النصف البيولوجية للكادميوم- طويلة نسبيًا وهذا يعني أن الكادميوم له قابلية للتراكم داخل الجسم، والمدى المسموح به لتركيز الكاديوم في التربة- 0.06 جزء في المليون (0.06 ppm).

3- النيكل - Ni

أعراض سمية النيكل على النباتات تظهر في التربة الحمضية المتكون من السربنتين والصخور القاعدية، ووجود مستويات عالية من المادة العضوية في التربة الغنية بالنيكل- يمكن أن تزيد من ذائبية النيكل، وذلك عن طريق تكوين معقدات عضوية، وذلك عند درجات حموضة عالية (PH)، ويعتبر النيكل من العناصر شديدة السُمية، وتبلغ سُميته أضعاف سُمية النحاس، ويتواجد النيكل في مخلفات الصرف الصحي بمستويات عالية، وقد يصل إلى مستويات سامة للنبات عند إضافة هذه المخلفات إلى التربة. والمدى المسموح به لتركيز عنصر النيكل في التربة 4.55 جزء في المليون (4.55 ppm).

4- الخارصين - الزنك - Zn

إذا احتوت التربة على مستويات عالية من الخارصين فإن ذلك يؤدي إلى ترسيب **الخارصين**، ويكون على صورة أكاسيد وهيدروكسيدات وكربونات، وهذه المركبات تخفض من ذائبية الزنك، وخاصة عند درجات حموضة أقل من أو تساوي 6 (**$pH \leq 6$**)، وتظهر سمية الخارصين للنبات في التربة الحمضية خاصة عند إضافة المخلفات التي تحتوي على عنصر الخارصين إلى هذه التربة. والمدى المسموح به لتركيز عنصر الزنك في التربة 125-17 جزءا في المليون (17-125ppm).

10- تخليق مركبات مسببة للسرطان

ينتج من نشاط بعض الكائنـات الحيـة الدقيقـة في التربـة عـلى المخلفـات العضـوية بعـض المركبـات العضوية الفلزية ذات تـأثير سـام أو المسـببة للسرطـان، وهـذه المركبـات تشـمل ميثيـل الزئبـق (methyl mercury) ، ثنائي ميثيل الزرنيخ (dimethyl arsine) ، ثنـائي ميثيـل السـيلينيوم (dimethyl selenide) ، نيتروزو أمين (nitroso amine). وهـذه المركبـات لا تتواجـد في الأراضي الزراعيـة تحـت الظـروف العاديـة، ولكنها تتكون في الأراضي الملوثة بفعل أنواع معينة من البكتريا، ويمكن الإشارة إلى كـل نـوع مـن المركبـات السابق ذكره في إيجاز، كالتالي:

1- ميثيل الزئبق - Methyl Mercury

يعد التخلص من مياه الصرف الصناعي المحتوية على عنصر الزئبق في المجـاري المائيـة أحـد الاسـباب التي تؤدي إلى تكوين مركب ميثيل الزئبـق{methyl mercury- (CH_3Hg)} مـن خـلال النشـاط الميكـروبي، وهذه المركبات السامة تتجمع في الأسماك التي تستهلك بواسطة الإنسان، ويمكن أن يؤدي ذلك إلى أمـراض خطيرة للإنسان، ولقد تم رصد حالات وفاة نتيجة التسمم بميثيل الزئبق.

كما أن الرسوبيات في قاع كثير من البحيرات والمجاري المائية ثبـت تلوثهـا بـالزئبق، والتحـول البطـيء لـذلك العنصرـ عـلى صـورة ميثيـل- أمـر محتمـل عـلى المـدى القريـب. ومصـادر تلـوث الأراضي الزراعيـة بعنصرالزئبق بسبب المبيدات والمخلفات العضوية- مثل: الحمأة الناتجة من الصرف الصحي.

2 - ثنائي ميثيل الزرنيخ - Dimethyl Arsine

يلقى عنصر الزرنيخ اهتماما بيئيّـا كبـيرا؛ نتيجـة اسـتخدامه في تصـنيع المبيـدات ومـواد رش الأوراق، وأيضا لسميته الشديدة للإنسان. وتكمن المشكلة في عنصر الزرنيخ في أنه يتحـول إلى ثنـائي ميثيـل الـزرنيخ بواسطة الكائنات الحية الدقيقة اللاهوائية، وهذا المركب له قدرة عالية على التجمع في الأسماك، ومـن ثـم الانتقال إلى الإنسان مسببا أمراضا خطيرة، فضلا عن التسمم، وميكانيكية تكون ثنائي ميثيل الـزرنيخ- تشـبه إلى حد كبير تلك الخاصة بالزئبق.

3- ثنائي ميثيل السيلينيوم - **Dimethyl selenide**

تتعرض الصور الأنيونية للسيلينيوم إلى النشاط الميكروبي، وتتحول إلى ثنائي ميثيل السيلينيوم، ونتيجة لخاصية التجمع الحيوى للسيلينيوم فإن النباتات النامية في أراضٍ ذات محتوى عالٍ من السيلينيوم- تعمل على تجميع السيلنيوم في أجزائها بتركيزات تكون سامة للحيوانات، يتكون ثنائي ميثيل السيلينيوم في الأراضى الملوثة بالسيلنيوم، وهناك مؤخرا بعض الاراء العلمية عن أن هذه الصورة لمركب السيلينيوم (ثنائي ميثيل السيلينيوم - dimethyl selenide) يمكن أن تفقد في الأراضي بالتطاير.

4 - نيتروزو أمين - **Nitroso amines**

يتكون النيتروزو أمين السام عن طريق التفاعل الكيميائي بين الأمينات الثانوية (R_2NH) والنيتريت (NO_2)؛ شريطة تواجد هذين المركبين في نفس الوقت ، ولقد سبق الحديث عنها في سمية النيتريت. ويعتبر أيون النيتريت المطلوب لإتمام التفاعل- مركبا وسيطا، ينتج خلال التحولات البيوكيميائية للنيتروجين ونادرا ما يتواجد في الأراضي في صورته الأيونية، إلا أن تجمع أو تكوين هذا المركب في بعض المواقع- أمر وارد ومحتمل، حينما يحدث تنشيط للبكتريا المؤكسدة للنيتريت (نيتروباكتر) بواسطة الأمونيا الحرة.

ولقد أوضحت بعض الدراسات أن تكوين ثنائي ميثيل أمين (dimethyl amine) وثنائي إيثيل أمين (diethyl amine)، يحدث عند تفاعل بعض المبيدات مع مكونات الأراضي، وهذا بدوره يمكن أن يؤدي إلى تكوين نيتروز أمين إلا أنه لا يوجد إثبات قاطع حتى الآن على تكوين نيتروزو أمين في الأراضي طبيعيًا.

11- معالجة الأراضي الملوثة باستخدام النباتات phytoremediation

تعرف هذه المعالجة (phytoremediation) بأنها التقنية التي تستخدم النباتات الخضراء لمعالجة الأراضي الملوثة بالمواد الكيميائية والمواد المشعة. وتوجد العديد من العمليات الأساسية التي يمكن عن طريقها استخدام النباتات لمعالجة الأراضي والمياه الملوثة.

ومن هذه العمليات:

1- عمليات عزل الملوثات Containment Processes

وتنقسم هذه العمليات إلى:

أ- التثبيت بواسطة النباتات   Phyto Stabilization

ويتم فيها استخدام النباتات المقاومة للملوثات لغرض التثبيت الميكانيكي للتربة الملوثة؛ وذلك لمنع انتقال حبيبات التربة الملوثة بواسطة عوامل التعرية والهواء إلى البيئات الأخرى، بالإضافة إلى أن غسيل الملوثات يقل بشدة؛ نتيجة لارتفاع معدل التبخر الناتج من التربة المزروعة بالمقارنة بالتربة غير المزروعة.

ب- تقييد الحركة بواسطة النباتات   Phyto immobilization

وهي استخدام النباتات لتقييد حركة وانتقال الملوثات الذائبة في التربة، وسنتحدث عن هذا النوع بعد ذلك بنوع من التفصيل.

2- عمليات إزالة الملوثات   Removal Processes

وتنقسم هذه العمليات إلى الآتي:

أ- عمليات الاستخلاص بواسطة النباتات   phytoextraction processes

وهي عمليات استخلاص المكونات العضوية والمعدنية من التربة عن طريق الامتصاص بواسطة النباتات وانتقالها إلى المجموع الخضري للنبات.

ب- عمليات التحلل بواسطة النباتات   phytodegradation

وهي عمليات تحلل المواد العضوية بواسطة النباتات بمساعدة الميكروبات في منطقة الجذور.

ج- عمليات التطاير بواسطة النباتات   phytovolatalization

وتتم عن طريق إنزيمات متخصصة، يمكنها أن تحلل العناصر، وتعمل على تطايرها في نظام التربة - النبات والميكروبات.

3- عمليات مقاومة النبات للملوثات المعدنية

Metallic Resistance Processes

وتعتمد هذه العملية على مقاومة النبات لتأثير بعض العناصر، مثل: النحاس-الكادميوم-الخارصين (Zn , Cd ,Cu)، ويقاوم النبات التأثيرات السامة لهذه العناصر كما يلي:

أ- مقاومة النبات لعنصر النحاس
Cupper Resistance

زيادة تركيز النحاس الحر Cu^{++} في خلايا النباتات يؤدي إلى تلف جميع العمليات الحيوية التي يقوم بها النبات من خلال الأكسدة والتبادل الأيوني، ويعتقد أن تكوين مخلب مع عنصر النحاس (phytochelation) تلعب دورا كبيرا في مقاومة النباتات لزيادة تركيز النحاس في الخلايا.

ب- مقاومة النبات لعنصر الزنك
Zinc Resistance

يمكن للنبات أن يتحمل التركيزات العالية في الزنك عن طريق خلب الزنك الحر بواسطة الأحماض العضوية وتجميعها في الفجوات داخل خلايا النباتات.

ج- مقاومة النبات لعنصر الكادميوم
Cadmium Resistance

تقوم النباتات بتخليق بعض المركبات لها القدرة على تكوين مخلب أو متراكب (phytochelation) مع عنصر الكادميوم، مما يساعد النبات على مقاومة التركيزات العالية من الكادميوم، سواء أكانت هذه التركيزات موجودة أصلا في التربة أو مضافة عن طريق الأسمدة الكيميائية. وتتراوح نسبة الكادميوم المرتبط بالفيتوكلاتين (phytochelation) داخل النبات بين 19-59 % من الكادميوم الكلي، كما يمكن للنبات أن يقاوم الكادميوم بتجميعه في الفجوات العصارية للخلايا.

4 - مقاومة النبات للملوثات العضوية

Organic Resistance Processes

تختلف النباتات فيما بينها اختلافا كبيرا في درجة مقاومتها للملوثات العضوية؛ ولذلك فإن أهم متطلبات عملية اختيار النباتات لغرض معالجة الأراضي الملوثة- هو قدرة هذه النباتات على إنتاج مجموع خضري غزير في الأراضي الملوثة. وأحد الطرق التي تتبعها النباتات لزيادة مقاومتها للملوثات العضوية- هو تحويل الملوثات إلى صورة أقل سمية في منطقة الجذور، حيث تفرز جذور النباتات خليطا مكونا من السكريات والكحولات والفينولات والأحماض العضوية التي يتم استخدامها بواسطة ميكروبات التربة الموجودة في منطقة الجذور، لتحويل الملوثات العضوية إلى صورة أقل سمية.

وإزالة سمية الملوثات العضوية في منطقة الجذور، لا تكون فعالة بالنسبة لجميع المركبات، وقد يكون معدل تحول الملوثات العضوية إلى مركبات غير سامة- غير كافٍ لمنع امتصاص النبات لهذه المركبات؛ ولذلك فبعد امتصاص النبات لهذه الملوثات بواسطة الجذور- يتم انتقالها إلى السيقان، ثم تفقد بالتطاير، أو يتم تحويلها داخل خلايا العمليات الحيوية للنبات إلى مواد أقل سمية؛ ثم تخزينها في فجوات الخلايا.

هذه هي بعض الطرق المستخدمة في التخلص من الملوثات، حيث يقاوم النبات زيادة الملوثات العضوية، أو بعض المعادن في التربة. كما يقوم **بتثبيت** الملوثات؛ كالتالي:

5- تثبيت الملوثات بواسطة النباتات **Phyto Stabilization**

تعتمد هذه الطريقة على استخدام تكنولوجيا لمنع حركة وانتقال الملوثات العضوية وغير العضوية من التربة إلى المناطق المجاورة وإلى المياه الجوفية.

تعتمد تكنولوجيا الملوثات بواسطة النبات بالدرجة الأولى على مدى تحمل أنواع النباتات للملوثات. وأحد المتطلبات الأساسية لعملية تثبيت الملوثات بواسطة النباتات هو سرعة إنشاء غطاء نباتي، ويجب أن يتم ذلك بناء على انتقاء أنواع النباتات المتحملة لظروف ونوع الملوثات الموجودة في المنطقة المراد تثبيت الملوثات بها.

ومن البدهي إنشاء غطاء نباتي سريع لابد وأن يعتمد على زراعة نباتات حولية يتم تحويلها تدريجيا إلى زراعة أصناف مستديمة، ويستحسن أن تكون حشائش؛ وذلك لأن لها مميزات كبيرة في عملية تثبيت الملوثات. وأيضا يوجد بعض أنواع من الأشجار قادرة على النمو في الأراضي ضعيفة الخصوبة ذات البناء الرديء؛ ولأن معدل النتح في هذه الأشجار يكون عاليا- فإن الأشجار في هذه الحالة تعمل كحاجز، يمنع غسيل الملوثات وانتقالها إلى المياه الجوفية، كما أن امتداد جذور الأشجار إلى أسفل عدة أمتار- يعمل على تثبيت الملوثات، ويمنع انتقالها .

مميزات هذه الطريقة :

إنشاء الغطاء النباتي في الأراضي الملوثة له مميزات عديدة، منها: إضافة مواد عضوية طبيعية للتربة، وتحسين البناء، وحماية التربة من عوامل التعرية، وزيادة نشاط الكائنات الحية الدقيقة، وبالأخص تثبيت النيتروجين بواسطة الاكتينومسينات والبكتريا التكافلية/ وما

يتبعه من إمداد النباتات باحتياجاتها من النيتروجين. وعملية تثبيت الملوثات تعتبر إستراتيجية، ليس الهدف منها إزالة الملوثات من التربة، وإنما تعمل على عزل الملوثات لفترة؛ حتى يمكن تطوير تكنولوجيا إزالة الملوثات، واستخدامها بعد ذلك في هذا الموقع لإزالة الملوثات منه نهائيًا.

12- تقييد حركة الملوثات بواسطة النباتات phytoimmobilization

تعرف هذه العملية phytoimmobilization بأنها التكنولوجيا التي تهدف إلى تقييد حركة الملوثات في منطقة الجذور.

وتعتمد ميكانيكية تقييد النباتات لحركة الملوثات في التربة على الآتي:

1- ادمصاص وامتصاص الجذور للملوثات.

2- مساعدة النباتات في ترسيب وتكوين مركبات ضعيفة الذوبان.

3- تغيير خواص التربة التي تؤثر على حركة الملوثات .

4- تثبيت الملوثات بواسطة الميكروبات أي زيادة النشاط الميكروبي، مما يؤدي إلى تقييد حركة الملوثات بواسطة الميكروبات، من خلال الادمصاص والامتصاص- أو تخليق الميكروبات لمركبات قليلة الحركة، وينتج عن ذلك أن تصبح الملوثات جزءا من دبال التربة.

وفيما يلي نورد الميكانيكيات التي يستخدمها النبات لتقييد حركة الملوثات العضوية وغير العضوية.

أولا : تقييد حركة الملوثات غير العضوية بواسطة النبات :

- ميكانيكية تقييد الملوثات غير العضوية تشمل الامتصاص بواسطة الجذور، وتفاعلات الأكسدة والاختزال مثل: اختزال (Cr^{+6}) السام إلى (Cr^{+3}) غير الذائب.

- أيضا تكوين مركبات فوسفاتية قليلة الذوبان في منطقة الجذور يمكن أن يؤدي إلى تقييد حركة بعض العناصر السامة، مثل: الرصاص، ويجب التنويه أن خفض انتقال الملوثات غير العضوية من الجذور إلى السيقان تعتبر مهمَّة جدًا في عملية تقييد حركة الملوثات، وذلك لمنع انتقال الملوثات ودخولها إلى السلسلة الغذائية.

ثانيا : تقييد حركة الملوثات العضوية :

تقييد حركة الملوثات العضوية في التربة بواسطة النباتات يشمل أيضا الامتصاص

بواسطة الجذور والتثبيت الميكروبي، ويمكن القـول بـأن اسـتخدام النباتـات لتقييـد حركـة الملوثـات العضوية في التربة- يطبق أساسا مع الملوثات العضوية التي تكون مركبات قليلة الذوبان، أو المركبات التـي تدمص بقوة على سطوح معادن الطين .

وقد أثبتت بعض الدراسات أن تطبيق هذه التكنولوجيا (phytoimmobilization) في بعـض المواقـع الملوثة، مثل: المناطق المضاف إليها الحمأة باستخدام بعض النباتات المقاومة للملوثات العضوية- قد أمكـن تقييد حركتها.

ثالثا : إزالة الملوثات العضوية بواسطة النباتات:

قد أمكن إثبات قدرة النباتات على إزالة الملوثات العضوية مـن التربـة عـن طريـق التطـاير، فمثلا: أظهرت الأبحاث العلمية قدرة نبات poplarhybrids على امتصاص وأكسدة كميـات كبيرة مـن الملوثـات، وأيضـا أكـثر مـن 10% مـن الملوثـات المضـاف إلـى التربـة- يمكن تطايرهـا مـن خـلال أوراق نبـات Pinus taedal) Loblolly pine).

وبناء على ما تقدم يمكن القول بأن موضوع الأسمدة من الأمـور الحيويـة والهامـة في العصر- الحـالي؛ لأنها ترتبط بالزراعة، ولها تأثير مباشر، أو غير مباشر، على صحة الإنسان، بالإضـافة إلى الأهميـة الاقتصـادية المترتبة عليها.

ويمكن الاستنتاج أن أسباب التلوث بالأسمدة الكيميائية الآتي:

1- الاستعمال السيئ يؤثر سلبا على الإنتاج الزراعي.

2- لكل نوع معين من الأسمدة طريقة إضافة محددة.

3- الاستعمال الخاطئ لأنواع محددة من الأسمدة، مثل: النـترات ومـا شـابها يكـون أحـد الأسـباب لأمراض خطيرة.

4- يجب مراعاة نوع النبات والتربة مع نوع السماد المستخدم.

5- استخدام الأساليب العلمية الحديثة لاستخدام الأسمدة العضوية الطبيعية لقلة أثرها الضار.

6- عدم الإفراط في استخدام الأسمدة الكيميائية المصنعة (أي يجب الاستخدام الأمثل لها).

* * *

الفصـل السـادس

التلـوث بالمبيـدات الكيميائيـة

Pollution by Chemical Pesticides

إننا في هذا الباب نناقش نوعا من الملوثات الكيميائية غاية في الخطورة، وهو موضوع من الأهمية بمكان؛ وذلك نظرا لأن خطره عام، وينتشر في كل مكان: في المنازل، في الشوارع، في المكاتب، في الحقول، في البحار، في المحيطات، في الهواء، في التربة، ويوجد في كل مكان على وجه الأرض- ألا وهو التلوث بالمبيدات الكيميائية. والمبيدات عبارة عن مادة أو خليط من مواد كيميائية؛ تستخدم بهدف القضاء، أو إبعاد، أو التخفيف من تأثير الكائنات الحية التي تنافس الإنسان في غذائه وممتلكاته وصحته، أو حتى على الأقل الحد من تكاثرها وانتشارها.

والمبيدات بصفة عامة تصنف من المركبات الكيميائية السامة؛ وذلك لأنها تستخدم في قتل الكائنات الحية، مثل: الحشرات، والفطريات، والقوارض، وغيرهم. وتتواجد مخلفات المبيدات الثابتة (مثل: المبيدات الكلورينية العضوية، والمعادن الثقيلة) في: الهواء، والتربة، والنباتات، والأنهار، والبحار، وأجسام، اللافقاريات المائية، والأرضية، والأسماك، والطيور، والثدييات، والإنسان.

شكل يوضح أحد المزارعين في استخدامه لرش المبيدات على الأشجار دون استخدام وسائل وقائية

وللأسف الشديد أن المبيدات الثابتة تتفكك أو تنهار ببطء شديد جدًّا في التربة، وبذلك تظل مخلفاتها في التربة والهواء والنظام البيئي الشامل بكميات خطيرة.

وحيث إن الاستخدام الشائع للمبيدات يكون عن طريق رشها على المحاصيل الزراعية (بغية الحصول على إنتاج أفضل) ، لذلك فإن بقايا المبيدات المتناثرة في الهواء تصل إلى أماكن كثيرة نتيجة لتطايرها مع الرياح، ولهذه البقايا المتناثرة آثارها الخطيرة على الإنسان والبيئة. والنباتات المرشوشة بعد أن تجف أوراقها وفروعها وتموت- تجد طريقها للتربة مرة أخرى، حتى الآفات التي

تموت من جراء رش المبيدات- تجد طريقها مرة أخرى إلى التربة، فضلا عن أن الكميات التي تطايرت واستقرت في الغلاف الجوي- ستنزل مرة أخرى للتربة، ومنها إلى المياه الجوفية .

ومن أخطر أسباب التلوث بالمبيدات ذلك السلوك الخاطىء من بعض الناس بإلقاء بقايا المبيدات في الترع والمصارف والأنهار، وقد يتم حرقها في الهواء، وهنا تكون الطامة الكبرى. وشكل رقم (1) يوضح كيفية وصول المبيدات بالطرق المباشرة وغير المباشرة إلى الإنسان .

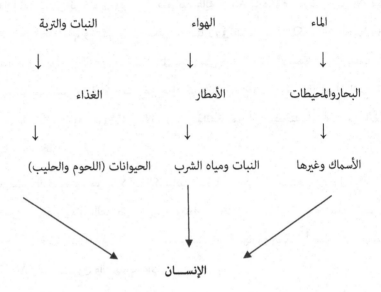

شكل رقم (1): يوضح كيفية وصول المبيدات بالطرق المباشرة وغير المباشرة إلى الإنسان

قد يعتقد كثير من الناس بأن المبيدات تزيد من الإنتاج الزراعي، وهذا الاعتقاد خاطئ ؛ حيث إن استخدام هذه المبيدات في مزارع خالية من الإصابة بالآفات لن تزيد المحصول بل على العكس، قد تؤدي أو تسبب أضرارا على النباتات كمّا ونوعًا، ولكن المقصود بزيادة الإنتاج عن طريق استخدام المبيدات - يرجع إلى تقليل الضرر والفقد الذي تحدثه الآفات.

وللمبيدات آثار ضارة مباشرة وغير مباشرة على البيئة، والصحة العامة، ويرجع التأثير غير المباشر إلى بقايا المبيدات في البيئة وبالتالي يكون لها تأثير تراكمي على صحة الإنسان ونمو الأسماك والكائنات الحية الأخرى. ونظرا لخطورة المبيدات وآثارها السيئة على البيئة بصفة عامة، وصحة الإنسان بصفة خاصة، فإنه يجب علينا استخدام مبدأ " فلسفة التعامل مع المبيدات"، وهو: "استعمال المبيد المناسب بالتركيز المناسب في التوقيت المناسب ضد الآفة المناسبة بالآلة المناسبة وبالسعر المناسب"؛ وذلك للحد من انتشار المبيدات، وبالتالي التقليل من آثارها السيئة.

أولا: مصادر تلوث البيئة بالمبيدات الكيميائية:

تتعدد مصادر تلوث البيئة في البلدان النامية المستوردة لتلك المبيدات، ويمكن حصر أهم مصادر تلوث البيئة بالمبيدات الكيميائية في النقاط التالية :

1- استخدام وتداول المبيدات عشوائيًا:

كثير من المزارعين يستخدمون المبيدات دون علم بنوع المبيد وتركيبيه ولا مدى خطورته، بالإضافة إلى ذلك فإنهم لا يلتزمون بالجرعة الموصى بها من قبل الشركات المنتجة للمبيدات، ويرجع ذلك إلى جهل بعض المزارعين بخطورة المبيد فضلا عن أن معظم المزارعين لايجيدون القراءة والكتابة. أما إذا اتبع المزارع التعليمات الموصى بها من قبل الشركات المنتجة للمبيدات، وكذلك توصيات مراكز الإرشاد الزراعي- فإن ذلك سيساعد في التقليل من عشوائية الاستخدام، علما بأن بعض المزارعين يتعمدون إضافة المزيد من المبيدات؛ لاعتقادهم الخاطيء أنه كلما زاد التركيز زاد التأثير والفاعلية في القضاء على الآفة، ولكنه لايعلم أنه بذلك يزيد من تلوث البيئة.

2- المبيدات المحظور استخدامها محليًا ودوليًا:

استخدام المبيدات المحظورة ظاهرة ذات شهرة ورواج كبير في البلدان النامية؛ حيث إن هذه البلدان تعتبر سوقا لتصريف تلك المركبات الكيميائية السامة من المبيدات المحظور استخدامها محليًا ودوليًا، بل من المبيدات الفاسدة التي تجاوزت مدة صلاحيتها، ومع أن البلاد العربية تقوم بتحريم تداول هذه المبيدات إلا أنَّ المنع والتحريم لا يكفي؛ فمازال الاتجار بها مستمرا، مما قد يترتب عليه في المستقبل أمراض مزمنة وغير متوقعة، أو قد تسبب حالات تسمم ووفاة بين مستخدميها، بالإضافة إلى الأضرار البالغة والمدمرة للبيئة.

3- الحالات الطارئة أو المفاجئة :

هي الحالات التي يتم فيها انتشار المبيدات في البيئة حال حدوث انفجار أو انتشار أو تسرب للمبيدات من مصانع إنتاجها ومراكز تخزينها، وكما أشارت بعض الدراسات إلى أن هناك حوادث حدثت بالفعل، وخير مثال على ذلك: ما حدث في عام 1976م، في مدينة سيفوس (Sevose) الإيطالية، وذلك إثر عمليات التصنيع غير السليمة (تصنيع مادة 5،4،2 ثلاثي كلورفينول، TCP)، حيث أدت تلك الحوادث إلى تحرر مادة (8،7،3،2 رباعي كلورو داي بنزو ديوكسين، TCDD) في الهواء، مما تطلب الأمر إلى تهجير أهالي المنطقة بكاملها وبذل جهود كبيرة للسيطرة على التلوث. ونتيجة لمثل هذه الحوادث

(الملوثات) يتعرض الكثير من البشر للإصابة بالعاهات المختلفة والأمراض المزمنة؛ بسبب تسرب المواد السامة من تلك المصانع المنتجة للمبيدات.

4- المبيدات القديمة:

المبيدات القديمة، مثل: مبيدات مكافحة الجراد الصحراوي، والتي بقيت بعض الكميات منها بدون استخدام؛ وذلك نظرا لانحسار حالة الجراد الصحراوي في المنطقة العربية، إضافة إلى وجود أنواع أخرى من المبيدات المختلفة، دخلت البلاد عبر مشاريع ثنائية أو مساعدات أو عينات للتجارب، مما جعلها مصدرا ملوثا؛ نتيجة لمرور فترة زمنية طويلة دون أن تستخدم أو تعدم، مما أدى إلى تحلل البراميل التي تحتويها بفعل موادها الكيميائية النشطة، وتكمن خطورتها في حال تخزينها في مستودعات غير ملائمة وغير مراقبة فنيّا؛ حيث تعتبر هذه المبيدات أحد مصادر التلوث، وخاصة إذا تسربت إلى التربة بفعل الجاذبية الأرضية، مما يخشى أن تصل إلى المخزون الجوفي للمياه في هذه المنطقة وتلوثها.

ثانيا: أثر المبيدات الكيميائية على البيئة:

تصنف المبيدات الكيميائية من المركبات السامة؛ وذلك لأنها ذات تأثير فعال وضار على الوظائف الحيوية للكائنات الحية بمختلف أنواعها، وخاصة الضارة منها، مثل: الحشرات وغيرها. ولكن الاستخدام السيئ والمفرط لهذه المبيدات أدى إلى انتشار تأثيرها على جميع مكونات البيئة، بل على الإنسان نفسه، فمثلا: تشير الإحصائيات على مستوى العالم إلى أنه في عام 1992م تسببت المبيدات في حالات التسمم لما يقرب من 25 مليون شخص في الدول النامية، يموت منهم ما يقرب من 20 ألف شخص سنويّا. وحالات التسمم يرجع منشؤها إلى ثلاثة أسباب، هي:

1- انتشار هذه المواد وسهولة الحصول عليها من غير مصادرها الرسمية.

2- استهلاك الأغذية عقب المعالجة بها مباشرة دون مراقبة.

3- التعرض لأجوائها أثناء استخدامها مهنيّا بطريقة غير صحيحة.

إن إنتشار المبيدات وسهولة الحصول عليها أصبح أمرا معترفا به، لدرجة أنها أصبحت توجد وبكثرة في المنازل، بحيث يمكن القول بأنه لا يوجد بيت يخلو منها. والغريب في ذلك أنه أصبح من الأمور الطبيعية في البلاد العربية على كل ربة بيت أن تشتري مبيدات الحشرات

المنزلية لتكافح بها الحشرات المنزلية مثل الصراصير، والذباب، والبعوض، والفئران، دون أدنى حرص منها لخطورة ذلك، وقد ساهم في ذلك الإعلانات في الإعلام المرئي بصورة كبيرة.

وقد شاع استخدام العديد من هذه المبيدات (المبيدات الحشرية المنزلية) بصورة مختلفة، فمنها: ما يستخدم بالضغط على زر فتنساب المبيدات في صورة رذاذ في جميع أنحاء غرف المنزل، وبعضها الآخر يوجد على شكل أقراص توضع داخل جهاز يعمل بالكهرباء، حيث يتصاعد من تلك الأجهزة دخان ذو شكل دائري طوال الليل، يحمل الدخان السام الذي يعتقد أنه يوجه إلى البعوض أو الذباب، ولكن حقيقة الأمر عكس ذلك؛ حيث أصبح سُمّا يستنشقه الأطفال والكبار قبل وصوله إلى البعوض، فضلا عن أن جو الغرفة أصبح ملوثا بهذه المادة السامة.

إن التعرض لمتبقيات تلك المبيدات تسبب التهابا وحساسية في الأغشية المبطنة للجهاز التنفسي- للأفراد المعرضين لذلك السم، وقد يتطور ذلك إلى حدوث تغيرات في أنسجة الخلايا التي قد تتحول إلى سرطان في نشاط الخلايا المبطنة للجدار أو في الغدد المخاطية نفسها، وخاصة عند التعرض المستمر لمثل هذه السموم بتراكيز عالية.

وبصفة عامة، فإن سمية المبيدات تتعلق مباشرة بصفات المبيد الفيزيائية والكيميائية، وخصوصا تطايره وانحلاله وثباته؛ وذلك لأن تطايره يساعد على دخوله إلى الجسم عن طريق الرئة، وخاصة في وقت الحر. وسمية هذه المبيدات تنشأ عن عدة أسباب، منها ما يلي:

1- أن بعض المبيدات لها قابلية للانحلال في الشحميات، الأمر الذي يسهل دخولها من خلال البشرة.

2- تمركز بعض المبيدات في الأنسجة الغنية بالشحوم، وخاصة الجهاز العصبي.

3- ثبات بعض المبيدات يؤدي إلى استمرار الخطر فترة طويلة.

4- وصول بقايا المبيدات إلى الأغذية أو معالجتها بالمبيد، ثم تناولها بعد ذلك مباشرة، ويستوجب ذلك حجب النبات أو الغذاء عن الاستهلاك لمدة معينة منعا لتعرض المستهلك للتسمم.

5- تعمل درجة الحرارة المرتفعة، وخاصة أثناء النهار في فصل الصيف، على زيادة خطر التسمم بالمبيدات الحشرية؛ ولذلك فإنه يجب عند وضع المواصفات الخاصة باستعمال المبيدات- أخذ هذه الملاحظة بعين الاعتبار.

6- يتم إنتاج المبيدات في صورة سموم مركزة وبأعلى نقاوة ممكنة، حيث تعتبر قوته مجازا 100% ، ثم يحضر من هذه المبيدات المركزة مستحضرات مختلفة جاهزة للاستعمال المباشر بعد تخفيفها وإضافة مواد أخرى إليها. ومن الغريب أن الشركات المنتجة لهذه المستحضرات لا يصرحون عن سميتها، بل يتحدثون عن سمية المادة النقية فقط، رغم أنه من المفروض أن يحددوا سمية المستحضر؛ لأنه في بعض المستحضرات تكون سمية المواد المضافة أشد سمية من المركب الفعال.

وتؤثر المبيدات على البيئة عن طريق المسارات التالية:

يمكن إجمال أهم هذه المسارات على النحو التالي:

1- عمليات الرش :

تؤدي عمليات رش المبيد على النباتات باستخدام أجهزة الرش المختلفة إلى انتشار المبيد إلى مسافات طويلة تتجاوز كثيرا المناطق المراد رشها، حيث ينتشر رذاذ المبيد الناتج عن الرش في الهواء الجوي يوضح أحد المزارعين في رش المبيد على أشجار الفاكهة، كما يتسرب الرذاذ مع الغبار أو الأمطار على النباتات والتربة، ومن ثمّ إلى الماء، وقد يتأكسد المبيد المترسب بفعل أشعة الشمس والحرارة في وجود الأكسجين. أما مستخدمو آلة الرش الظهرية فإنهم يتعرضون لأضعاف الكمية التي يتعرض لها غيرهم في حالة استعمال آلة الرش المتطورة حديثا، أما بعد الرش فإن الإنسان المستهلك يتعرض للمبيد المترسب بنسبة تصل إلى 95% من خلال التغذية على النباتات واللحوم الملوثة، وبنسبة 5% عن طريق مياه الشرب.

2- بقايا المبيدات :

إن ما يتساقط من رذاذ على أسطح النباتات سرعان ما يسقط جزء منه على التربة؛ وبالعكس فإن ما يتساقط على سطح التربة عرضة للتطاير وتلويث سطح النباتات مرة أخرى، وفي كلتا الحالتين يتبخر جزء من الرذاذ ليلوث الهواء. ويعتمد تلويث الهواء بالمبيدات على الضغط البخاري للمبيد، ودرجة ذوبانه في الماء، ومقدرة التربة على الاحتفاظ به. وقد

يحدث تحلل كيميوضوئي بمعدلات مختلفة، ويرجع ذلك إلى معدلات تبخر المبيد، فكلما زادت مدة تعرضه للظروف الجوية - ساعد ذلك على التحلل الكيميوضوئي.

3 - تلوث البيئة المائية:

تتأثر البيئات المائية بالمبيدات من خلال تساقط رذاذ المبيدات وترسباته بفعل الأمطار ومياه الري ومياه الصرف، فتصل المبيدات إلى الأنهار أو المحيطات، وتؤثر على الكائنات الحية فيها؛ كالقشريات والأسماك والبلانكتونات الحيوانية وغيرها. تتأثر الكائنات المائية مباشرة بالمبيدات. وخاصة الحشرية منها، الأمر الذي أدى إلى انخفاض أعدادها، وهدد البعض الآخر بالانقراض. وحيث إن الأسماك تشكل جزءا رئيسا لغذاء الإنسان- فإنّ المبيدات تنتقل إلى الإنسان الذي هو على قمة الهرم الغذائي.

4 - تراكم المبيدات:

بعض المبيدات ذات أثر تراكمي، فعلى الرغم من أن المبيدات ذات آثار سامة تختلف باختلاف المبيد ونوعه- إلا أنه تزداد هذه الآثار السمية حدة مع تلك التي تتصف بصفة الأثر التراكمي، فعلى سبيل المثال: المبيدات الكلورية (التي يدخل الكلور في تركيبها الكيميائي)، والمبيدات الفوسفورية (التي يدخل مجموعة الفوسفات في تركيبها الكيميائي)- تسبب بعض الأمراض الخطيرة؛ كالتالي:

أ - مشتقات ميثوكسي كلورو البنزين:

تؤثر هذه المركبات في المخيخ وفي منطقة الحركة بقشرة الدماغ، كما تؤدي إلى اختلاف في نظم العضلة القلبية، وفي حدوث تجوف حول الخلايا العصبية للجهاز العصبي المركزي، كما أنها مسرطنة بصورة عامة؛ نتيجة لتراكمها في النسيج.

ب- مبيدات الحشرات الكلورية متعددة الحلقات: (ألدرين وداي ألدرين وأندرين):

ينتج عن تراكم هذه المركبات في الجسم اعتلالات متفرقة في كل من الجملة العصبية المركزية والدماغ والجهاز الكلوي والكبد، مؤدية لحدوث أضرار متعددة.

ج- المبيدات العضوية الفسفورية :

هذه المبيدات تدخل في بنيتها الكيميائية مجموعة الفوسفات، وهي تعد من أقوى

المثبطات لعمل إنزيم الكولين إستيراز؛ فهي ترتبط به وتحوله إلى إنزيم مفسفر غير قادر على تحليل مادة الأستيل كولين الموجودة في النهايات العصبية، مما يؤدي إلى حدوث ارتجافات وارتعاشات، تنتهي بالشلل؛ نتيجة لتراكم هذا النوع من المبيدات في الجسم.

د- المبيدات الكارباماتية:

هذه المبيدات تشبه المبيدات الفسفورية في تأثيراتها السُمّية، ولكن تختلف عنها في أن تأثيراتها أو تفاعلاتها عكسية.

و- المبيدات البايروتيدية:

هذه المبيدات ذات سمية منخفضة بالنسبة للإنسان وذوات الدم الحار، مقارنة مع الأنواع السابقة.

وسيأتي الحديث بعد ذلك عن كل نوع بالتفصيل.

مما سبق يتأكد لنا أن المبيدات الكيميائية من أهم ملوثات البيئة لتأثيرها الشامل على جميع مكونات البيئة الحية، بما في ذلك تأثيرها على التوازن البيئي الطبيعي. وتتوقف خطورة المبيدات على الإنسان والكائنات الحية الأخرى على طريقة تعرض الإنسان للمبيدات، كالاستنشاق أو التناقل عن طريق الفم (الأطعمة الملوثة) أو ملامسة الجلد وغيره. وأخطر هذه الطرق أثرا على الصحة ما كان عن طريق الاستنشاق؛ لأنها تمتص عن طريق الرئتين.

وبصفة عامة تتحكم ثلاثة عوامل رئيسة في حجم الضرر الناجم عن استخدام المبيدات، وهذه العوامل هي:

1- السُمّية Toxicity :

والمقصود بالسُمّية هنا هي قدرة المركب على إحداث الضرر.

2- التلوث Contamination :

وتعني الطريقة التي يدخل بها المركب إلى الجسم (طريقة تعرض الإنسان للمبيدات).

3- مدة التعرض Occupational Exposure :

وتمثل فترة التلامس أو زمن التعرض للمبيد.

ويمكن التعبير عن هذه العوامل بالمعادلة التالية :

مقدار الضرر = السُمّية × التلوث × زمن التعرض

ولتقليل هذا الضرر لأدنى حد ممكن، فإنه يمكن التحكم في خفض واحد أو أكثر من العوامل الرئيسة الثلاثة أو خفضها جميعا وهي السُمّية والتلوث وزمن التعرض، وإن كنّا نرى أن أخطر هذه العوامل الثلاث هو السُمّية؛ وذلك لأن التلوث وزمن التعرض ما هما إلا تبعا لهذا العامل؛ ولذلك فإننا في هذا الباب نتحدث عن المبيدات وسُمّيتها وآثارها على البيئة والصحة، بالإضافة إلى أسباب التلوث بهذه المبيدات.

ثالثا: ملوثات البيئة بالمبيدات الكيميائية :

ظهرت في السنوات الأخيرة بوضوح الآثار السيئة الناتجة عن الملوثات بأنواعها، خاصة الملوثات الكيميائية، كما ظهرت أيضا الأمراض الناجمة عن إلقاء النفايات الكيميائية والمواد المشعة والمعادن ومخلفات مصانع إنتاج المبيدات، وخاصة في دول العالم الثالث، والتي تعتبرها البلدان الصناعية الكبرى مدفنا لنفاياتها، وسوقا لسلعها. وقد أدى ذلك إلى تلوث خطير للغذاء الذي نتناوله، والماء الذي نشربه، والهواء الذي نتنفسه، والتربة التي نزرع فيها، ونأكل من خيراتها، إلى غير ذلك من مقومات الحياة الضرورية التي يمكن أن تتعرض للخطر.

ونستعرض فيما يلي تلوث الهواء والماء والغذاء والتربة بالمبيدات الكيميائية؛ كالتالي:

1- تلوث الهواء بالمبيدات:

يعتبر استخدام المبيدات الزراعية والحشرية أمرا ضروريًا لحماية المحاصيل الزراعية، وبالتالي زيادة الإنتاج وخفض كلفته، وأما على الصعيد العالمي، فإنها تساعد إلى حد كبير في التخفيف والحد من مشكلات المجاعة التي بدأت تزداد بكثرة، وخاصة في الدول النامية. وحيث إن معظم المبيدات تستخدم رشّا على المحاصيل الزراعية، فإن رذاذها يسبب تلوث الهواء، وتكون خطورتها على الإنسان أشد حينما يكون تأثيرها مباشرا عن طريق الجهاز التنفسي، فمثلا: بعض المبيدات الفسفورية العضوية تؤدي إلى السُمّية العصبية المتأخرة التي تنتهي بالشلل المزمن. وأحيانا يحدث التلوث بالمبيدات عن طريق الخطأ؛ كاستعمال الأطعمة الملوثة بالمبيدات، وتسبب هذه الحوادث أعراضا حادة، أشبه ما تكون بالتسمم الغذائي، وحسب آراء الكيميائيين والباحثين، فإنه إذا تعرض الإنسان لمتبقيات المبيدات الكيميائية أثناء

الاستهلاك اليومي- فإن ذلك يؤدي إلى مخاطر السُمِّية المزمنة والإصابة بالأمراض الخطيرة.

2- تلوث الماء بالمبيدات:

تعد المبيدات الكيميائية أحد الملوثات الكيميائية الخطرة للماء؛ لأنه ينشأ عنها تغير في خواص الماء الفيزيائية والكيميائية، وبالتالي تلف الماء، وجعله غير صالح.

وتصل المبيدات إلى المياه بطرق ووسائل عديدة، فمنها: رش أطوار البعوض والذباب وغيرهما من الحشرات الضارة التي تعيش بالماء، حيث ترش البرك والينابيع والمستنقعات والوديان والمسيلات الجارية بالمبيدات، منعا لتكاثر الحشرات وانتشارها، بالإضافة إلى الطريقة المستخدمة في غسيل متبقيات المبيدات من الأراضي الزراعية، والتي تصل إلى المياه عن طريق مياه الأمطار والسيول الموسمية إلى جانب صرف أو قذف مخلفات مبيدات المصانع في المصارف والأودية والأنهار.

وعلينا أن نتذكر أن الهواء والمطر يعتبران من المصادر المهمة في تلويث الماء بالمبيدات؛ حيث أشارت إحدى الدراسات إلى تقدير كمية المبيدات التي تسقط سنويًا في المحيط الأطلسي مع الغبار بنحو ثلثي طن.

تعد مجموعة المبيدات الكلورية العضوية من أخطر المبيدات الملوثة للماء؛ حيث إن لها مفعولا متبقيًا طويل الأمد بسبب ثباتها الكيميائي، كما أنها ذات تأثير واسع على عدد كبير من الكائنات الحية، ومنها الإنسان، ومن أشهر مبيدات هذه المجموعة: الـ **د.د.ت والدرين والأندرين**، وتصل هذه المبيدات إلى مياه البحار عن طريق المياه المتسربة من الأراضي الزراعية أو عن طريق الجو، ولكن ثبت أن أكثر كمية تصل عن طريق الجو، وذلك عن طريق استخدام الرش بالطائرات، حيث يفقد في الجو ما يزيد على 50% منها، لا يصل مفعولها إلى النباتات، ولكن تتسرب على هيئة جسيمات الأتربة مع الأمطار، فتلوث مياه البحار أو تتساقط على التربة، ومن ثمّ إلى المياه الجوفية. والمبيدات الكلورية لا تتحلل بسهولة، بل تبقى لفترة زمنية طويلة، وتتركز أساسا في المواد الدهنية، وبمرور الزمن يزداد تركيز هذه المواد في أجسام حيوانات البحر، ولذلك توجد في الأسماك والحيوانات البحرية كميات من هذه المبيدات، وعليهُ يمنع استعمال هذه المركبات التي لا تتحلل في المحيط الجوي بسهولة.

3- **تلوث التربة بالمبيدات :**

إنَّ استخدام المبيدات الكيميائية في الأراضي الزراعية يعد من أهم مشاكل تلوث التربة؛ لأنها تؤثر على خصوبتها، وتؤدي في النهاية إلى تلوثها بالمبيدات.

وتؤثر المبيدات الكيميائية داخل التربة على العديد من الكائنات الحية، فمثلا: نجد أن مبيدات الكاربمات تتحول في التربة إلى مركبات النيتروزو أمين (مركبات مسرطنة)، وهو يمتص بواسطة بعض النباتات، فعند تغذية الحيوان أو الإنسان على تلك النباتات، فإن النتيجة النهائية والحتمية للإنسان أو الحيوان- هو الإصابة بالسرطان.

ويتوقف بقاء وتراكم المبيد بالتربة على:

1- **نوع المبيد :**

تبقى مبيدات عديدة ثابتة في التربة دون تحلل لفترة تصل في بعض الأحيان إلى عشر- سنوات، مما يؤثر على خصوبة التربة، مثل: **د.د.ت والدرين والأندرين.**

2- **رطوبة ودرجة حرارة التربة.**

3- **نوع التربة.**

4- **نوع المحصول.**

5- **خدمة التربة من حرث وتقليب وغير ذلك.**

4- **تلوث الغذاء بالمبيدات:**

من المسلم به أن الأغذية هي أحد المكونات الأساسية لحياة الإنسان حياة سليمة وصحية، ولذلك فإن مشكلة تلوث الغذاء بالمبيدات من أخطر مشكلات التلوث التي تواجه الإنسان في العصر- الحالي؛ لأن الإنسان يتناول الغذاء بهدف الغذاء والاستشفاء والمحافظة على الصحة، فإذا بهذا الغذاء يتحول إلى مصدر من أخطر مصادر الداء، ويرجع ذلك كله إلى الاستخدام السيئ أو المفرط للمبيدات في المحافظة على إنتاج المحاصيل الزراعية المختلفة، حيث يتأثر الغذاء، سواء أكان نباتيًا، مثل: الفواكه، والخضراوات (التي تحتوي على كميات، ولو يسيرة من المبيدات)، أو كان هذا الغذاء حيوانيًا، مثل: اللحوم، والبيض؛ نتيجة لتغذية الحيوان على النباتات والأعلاف المعاملة بالمبيدات.

ويتوقف تأثير المبيد على الغذاء على العوامل التالية:

1- نوع الغذاء (مباشر أو غير مباشر).

2- نوع المبيد الكيميائي.

3- العوامل البيئية.

ويمكن توضيح التأثير غير المباشر للغذاء عن طريق تناول الحيوان غذاء ملوثا بالمبيدات؛ فإن الدهون الموجودة في لحم الحيوان تذيب بعض المبيدات، وخاصة الكلورنية؛ وذلك لميلها الشديد للذوبان في الليبيدات، وبالتالي فإن لحم الحيوان يحتوي على هذه السموم، وهذه السموم تنتقل بدورها إلى الإنسان عند تناوله لحوم الحيوانات التي تتغذى بغذاء ملوث بمثل هذه المبيدات مسببة له أمراضا خطيرة، مثل: السرطان (وخاصة في حالة مبيد الـ د.د.ت). كما يجب الانتباه والأخذ في الاعتبار أن الحليب أيضا يصبح ملوثا بهذه المبيدات، وهذا أخطر ما يكون على الأطفال والرضع؛ حيث إن الجهاز العصبي عند الرضع والأطفال حساس جدّا لتأثير المبيدات.

وأثبتت عدة دراسات وجود بقايا المبيدات على الخضراوات والفواكه، فمثلا: وجدت متبقيات لمبيد «الملاثيون» على الخس والخيار والكوسة والطماطم والبطاطا والتفاح الأمريكي والفرنسي في عدد كبير من العينات التي تم جمعها من أسواق عربية مختلفة، وكذلك وجود متبقيات لمبيد «كلورفوس» في السبانخ والخيار والطماطم، وكذلك تم اكتشاف بقايا لمبيد «الدايمويت» في عينات الكوسة.

وقد لوحظ خلال السنوات الأخيرة أن معظم حوادث التلوث بالمبيدات تحدث نتيجة لعدم اتباع التحذيرات الأولية عند استخدام تلك المواد والموجودة في النشرة الخاصة بكل مبيد؛ ولذلك فإنه من الضروري اتباع التعليمات والتحذيرات المبينة، والتي يتوجب اتخاذها عند استعمال تلك المبيدات (وخاصة في البلدان النامية)، بالإضافة إلى أنه يجب فرض رقابة مشددة على استيراد المبيدات الفاسدة أو التي انتهت مدة صلاحيتها، وقيام الهيئات العامة بوضع المقاييس والمعايير؛ للتأكد من نقاوة تلك المركبات، وبيان طرق استخدام كل مادة لها علاقة بتلوث الغذاء، وهذا يعد من الأمور الأساسية للوقاية من التلوث بتلك المبيدات.

ولتوضيح أثر المبيدات، فقد تم تقسيم المبيدات إما طبقا لمكان أثرها، أو لتأثيرها على نوع الآفة التي تصيب النبات.

رابعا: تقسيــم المبيـــدات:

1 - تقسيم المبيدات حسب مكان تأثيرها:

أ- مبيدات سامة للمعدة	Stomach poisons
ب- مبيدات سامة بالتلامس (الجلد)	Contact poisons
ج- مبيدات سامة بالرش	Fumigants

أ- مبيدات سامة للمعدة:

هذا النوع من المبيدات يستخدم لمقاومة الحشرات القارضة؛ ولذلك فإنه يصل إلى معدة الحشرات عن طريق الفم. أهم هذه المبيدات هي التي تحتوي على مركبات الزرنيخ والفلور. وفيما يلي نذكر بعض المبيدات التي لها تأثير سام على المعدة.

1- مركبات الزرنيخ (الأرزينات):

كان أول استخدام حقيقي للمواد الكيميائية كمبيدات حشرية- في أوائل الثلث الأخير من القرن التاسع عشر بالولايات المتحدة، حيث حُضِّر مبيدٌ عُرِفَ باسم أخضر باريس (Paris Green)، وهو عبارة عن أسيتو أرزينيت النحاس $Cu(CH_3COO)_2 . 3Cu (AsO_2)_2$}، وكان ذلك بهدف حماية محصول البطاطا بولاية كولورادو، وبعد ذلك تم استخدامه لحماية أشجار التفاح. ويرجع أثر الزرنيخ إلى أنه يتحد مع مجموعة [SH] للإنزيمات، مما يؤدي إلى تجلط كامل للبروتينات، وفيما يلي بعض مركبات الزرنيخ المستخدمة كمبيدات:

1- مركبات الأرزينيت (AsO_2) والأرزينيات ($AsO_4)^{3-}$)

وهذه المركبات قابلة للذوبان في الماء، وتستخدم كمبيدات لما تحققه من سمية شديدة للحشرات التي تنمو على النبات.

2- مركبات الرصاص الزرنخية، مثل: أرزينات الرصاص القاعدية:[$Pb_4 (OH) (AsO_4). H_2O$] ، وأرزينات الرصاص الحامضية ($Pb (OH) AsO_4$)، وأرزينات الرصاص [$Pb_3 (AsO_4)_2$].

3- أرزينات الكالسيوم $Ca_3(AsO_4)_2$ وأكسيد الزرنيخ (AsO_3).

4- مركبات الأنتيمون والزئبق والبورون والثاليوم والفوسفور الأصفر والفورمالدهيد.

2- مركبات الفلور :

أهم مركبات الفلور السامة للمعدة هي :

1- فلورو ألومينات الصوديوم Na_3AlF_6

2- فلورو سيليكات الصوديوم والباريوم Na_2SiF_6 & $BaSiF_6$

3- فلوريد الصوديوم NaF

وأخطر مركبات الفلور هو فلوريد الصوديوم؛ وذلك لأن:

أ - سميته عالية عن المركبات الأخرى.

ب - ذوبانيته المرتفعة في الماء عن المركبات الأخرى التي تذوب ببطء، مما يطيل من زمن فعاليتها.

ب- مبيدات سامة بالتلامس (الجلد) :

هذا النوع من المبيدات يؤثر عن طريق ملامسته للجلد؛ حيث يتسرب خلال الجلد، وبالتالي فهو يؤثر على الدورة الدموية والأعصاب، وهذا النوع من المبيدات يتضمن مركبات عضوية مخلقة، ومن أشهر أمثلتها ما يلي:

1- الهيدروكربونات المكلورة، مثل:

1- D. D. T.

[1.1 di (4 – chlorophenyl) 2, 2, 2, Tri chloro ethane] or [Dichloro, Di phenyl – Tri chloro ethane]

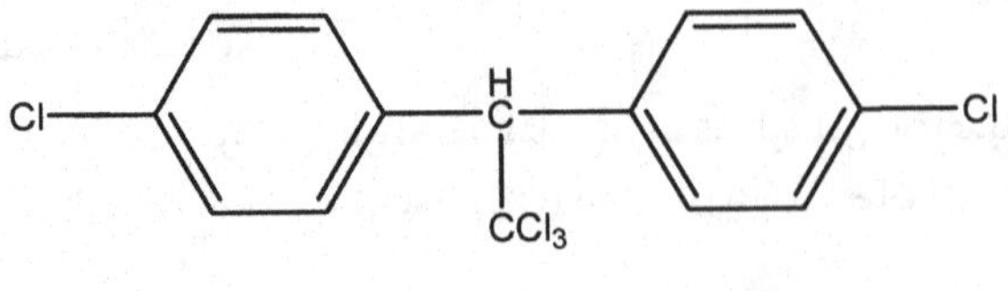

D. D. T

2- D. D. D.

[1.1 di (4 – chlorophenyl) 2, 2, Di chloro ethane]

or [Di chloro, Di phenyl – Di chloro ethane]

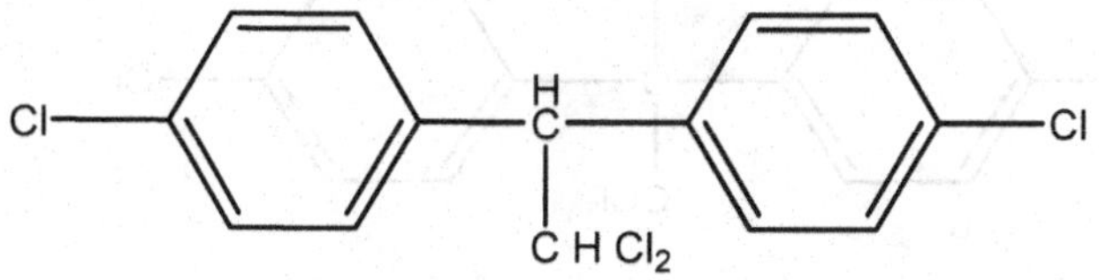

D.D.D

3- D. M. D.T.

[1.1 di (4 – methoxyphenyl) 2, 2, 2, Tri chloro ethane]

or [Di Methoxy Di phenyl – Tri chloro ethane]

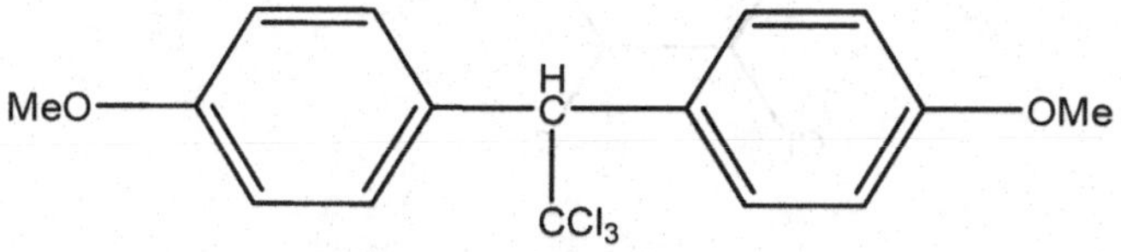

D. M. D. T

4- D. D. E.

[1.1 di (4 – chlorophenyl) 2, 2, Di chloro ethylene]

or [Dichloro Diphenyl Dichlro ethylenel]

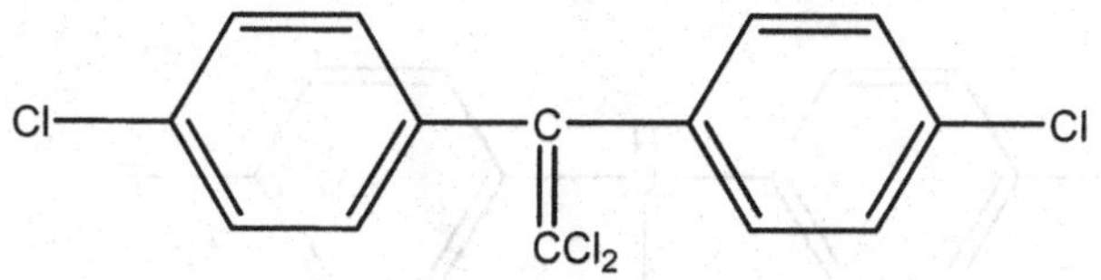

D. D. E.

5- D.D.T. E.

[1.1 di (4 – chlorophenyl) 2, 2, 2, Tri chloro ethanol]

or [Dichloro Diphenyl Trichlro ethanol]

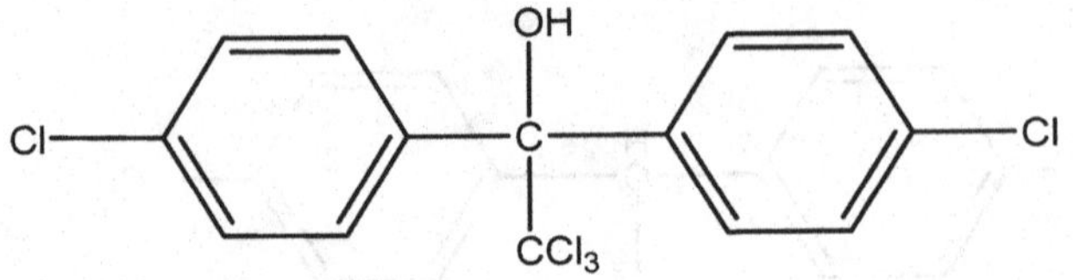

D. D. T. E

6- γ – B. H. C.

[γ - Hexa chloro cyclo hexane]

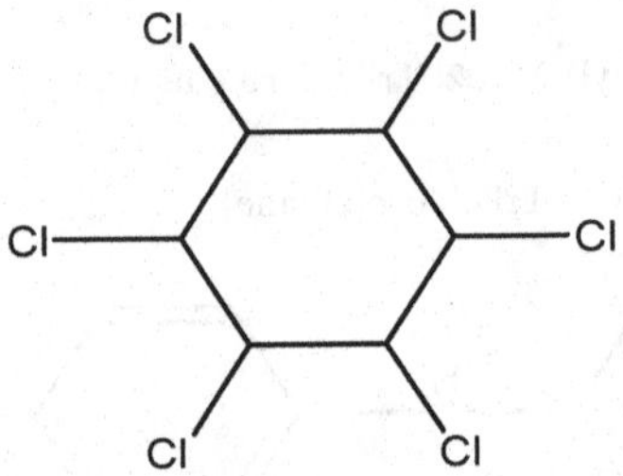

B. H. C
Hexa chloro cyclohexane.

7- Di Flouro D. D. T

[1.1 di (4 – folourophenyl) 2, 2, 2, Tri chloro ethane].

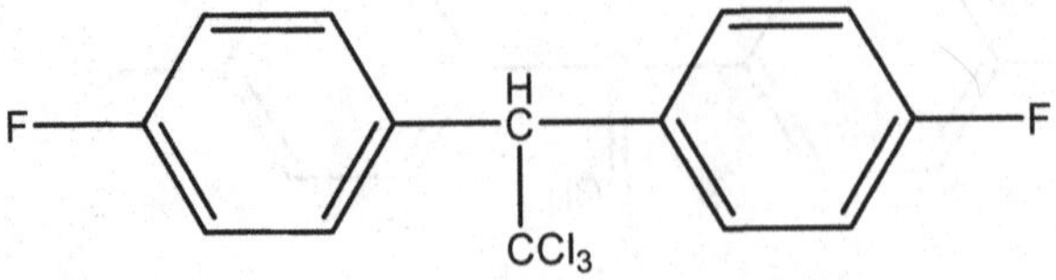

Diflouro D. D. T

وأكثر هذه المركبات انتشارا على مستوى العالم هوD.D.T ؛ حيث وجد أن له تأثيرا فتاكا على الحشرات، وقد تم اكتشافه بواسطة باول ملر (Paul Müller) عام 1939م، بالرغم من أنه قد تم تحضيره عام 1874م، وقد اسْتُخْدِمَ أثناء الحرب العالمية الثانية، وكان له أثر فعال في منع انتشار الأوبئه والأمراض، ولكن تبين بعد ذلك أن له آثارا خطيرة.

وفيما يلي نذكر بعض الآثار السيئة للمبيدات الهيدروكربونية المكلورة:

الآثار السيئة للمبيدات الهيدروكربونية المكلورة:

1- تمتاز هذه المركبات بثباتها الكيميائي، وطول فترة بقائها في البيئة وخاصة التربة، فمثلا: قد اكتشف مبيد (D.D.T)، وبكميات كبيرة في الخضر والفاكهة في العديد من الدول التي تستخدم هذا المركب فيها منذ فترة طويلة.

2- هذه المركبات لها تأثير سموم عصبية تؤثر على الجهاز العصبي المركزي والطرفي؛ حيث تحدث موتا أو شللا مؤقتا تبعا للتركيز المستخدم.

3- لها تأثيرات ضارة شديدة على الأسماك.

4- معظم مركبات هذه المجموعة عموما، وD.D.T خاصة، قادرةٌ على إحداث تأثيرات سرطانية.

2- المركبات العضوية الفوسفورية:

هذه المركبات لها سمية شديدة على الحشرات والإنسان على حدٍّ سواء، ولذلك لابد من اتخاذ الإجراءات الحذرة والصارمة عند استخدامها، ومن أمثلة هذه المركبات:

1- **T. E. P. P.**

Tetra Ethyl pyro phosphate

T. E. P. P.

2- **Malathion**

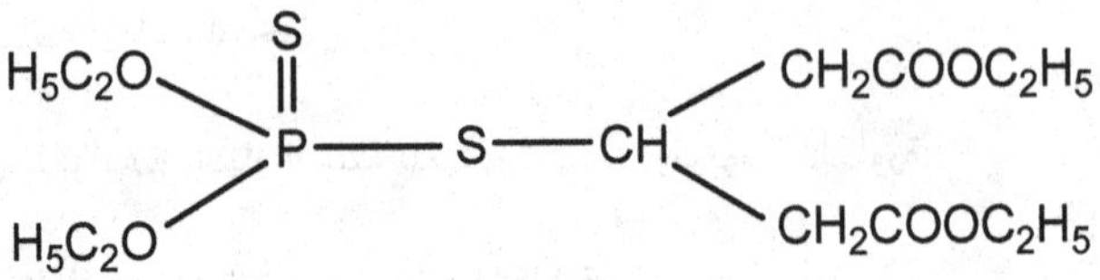

S
H_5C_2O
P
S
$CH_2COOC_2H_5$
H_5C_2O
$CH_2COOC_2H_5$

Malathion

3- **Parathion**

S
H_5C_2O
P
O
H_5C_2O

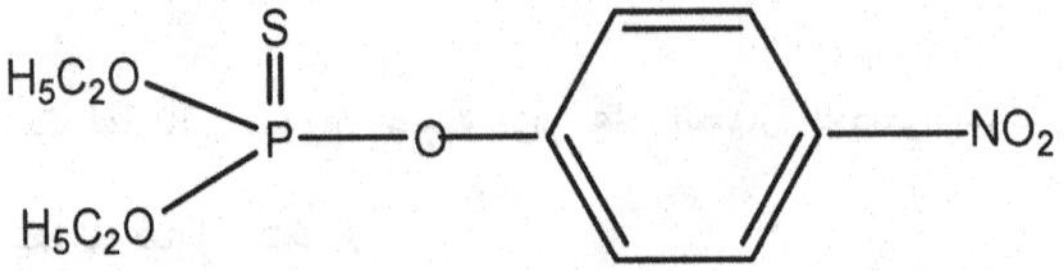

Parathion

4- **Shradan**

O
O
P
O
P

Sharadan

5- **Fenchlorphos**

S
H_5C_2O
P
O
H_5C_2O

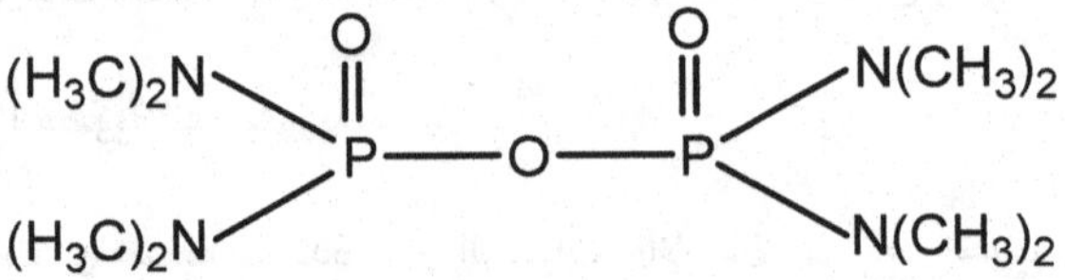

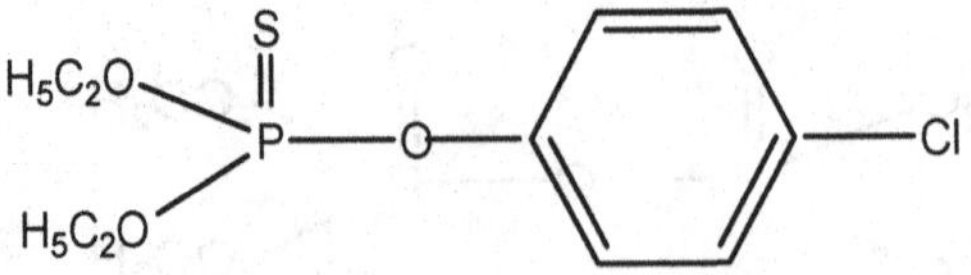

Fenchlorphos

3 - مركبات عضوية مخلقـة:

مثل: مركبات Carbamates، وهي تعتبر مركبات مشتقة من Carbamic acid، ومنها: Sevin

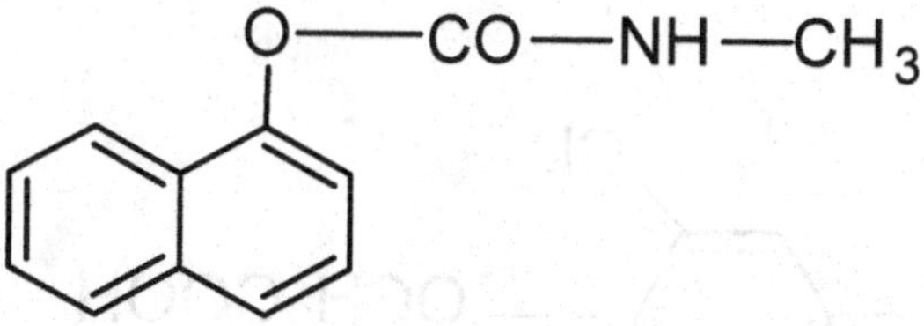

Sevin

ج- مبيدات الرش الطيارة :

تستخدم هذه الأنواع من المبيدات عادة في صورة غازية، ولذلك فهي قاتلة للحشرات والآفات عن طريق دخولها إلى الجهاز التنفسي، وهي عبارة عن مبيدات غازية أو أبخرة لسوائل أو حتى مواد صلبة يتم تسخينها. وتستخدم هذه الأنواع عادة في الأماكن المغلقة، مثل: المنازل، أو المصانع، أو حتى المصالح الحكومية.

ومن أهم هذه المبيدات:

1- غاز سيانيد الهيدروجين (HCN) الذي ينبعث من سيانيد الكالسيوم تحت تأثير الرطوبة.

2- مركبات CCl_4 & CH_3Br والنفثالين والنيكوتين.

3- أحماض كلوروفينوكسي، مثل:

1) - 2, 4, 5- T

2, 4, 5 Tri Chloro Phenoxy Acetic Acid

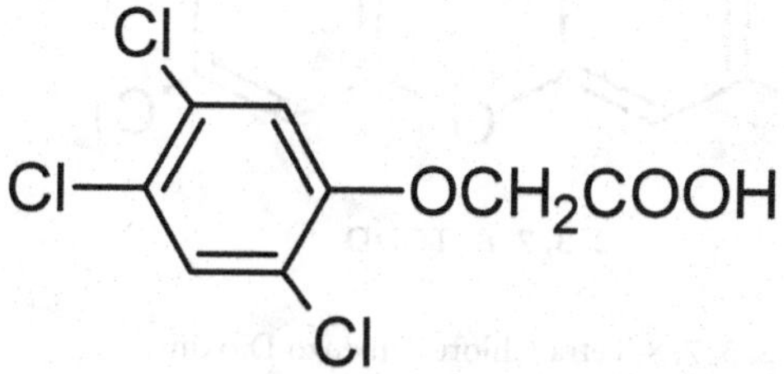

2) - **2, 4 - D**

2, 4 - dichloro phenoxy acetic acid

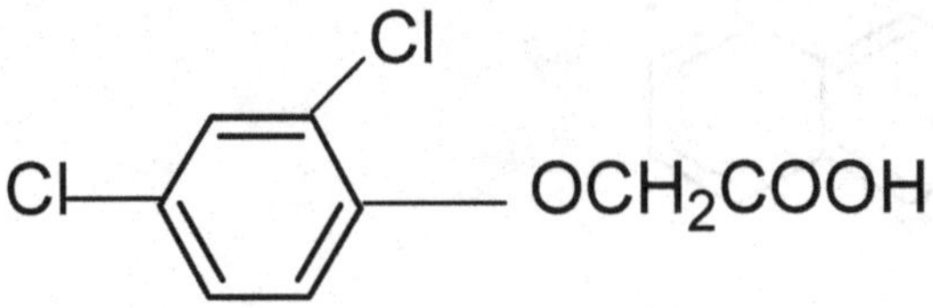

3) - **N.O.X.A.**

β- Naphthoxy acetic acid

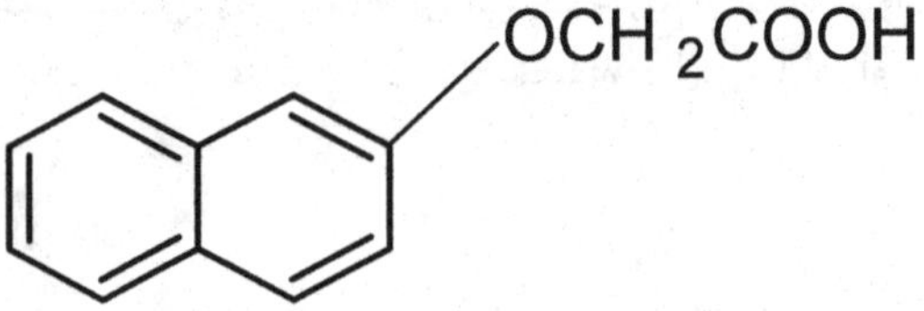

وقد استخدمت كميات هائلة من هذه المركبات، وخاصة المركبين (2,4,5-T & 2, 4-D) لرشها في الهند الصينية خلال حرب فيتنام؛ وذلك لنزع أوراق أشجار الغابات. وقد ثبت بالدراسة أن 2,4,5-T يسبب تشويه الأجنة الآدمية، وتبين أن ذلك يرجع إلى وجود كمية قليلة من مركب آخر يوجد مع 2,4,5-T أثناء تخليقه وهو TCDD، وهذا المركب شديد السمية؛ حيث يعد أقوى من السيانيد والستركنين وغاز الأعصاب.

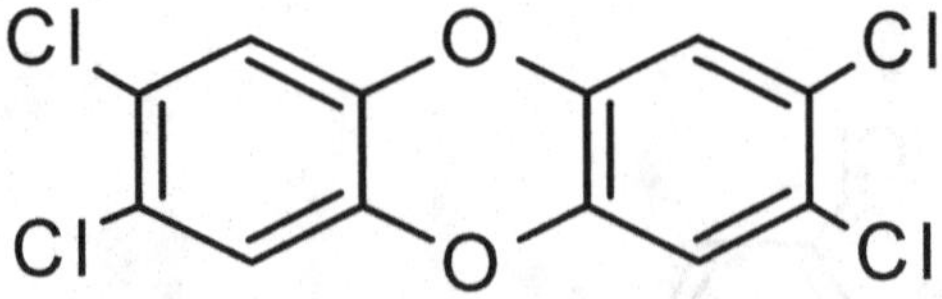

2, 3, 7, 8- TCDD

2, 3, 7, 8-Tetra Chloro Dibenzo Dioxin

وهذا المركب ثابت جدًا بيئيًا؛ حيث يبقى في البيئة، وينتقل خلال السلسلة الغذائية بسبب ذائبيته في الدهون، والكميات القليلة منه تسبب تشوهات في الجلد أو على الأقل، مرضا جلديًا إذا كانت كمياته أقل من أن تكون سامة أو قاتلة.

ولا ينسى التاريخ ما حدث في عام 1976م من انفجار مصنع المبيدات في سيفيسو (ايطاليا)، والذي أدى إلى انتشار كميات هائلة من الديوكسين (TCDD) إلى الجو، حيث كان هذا المصنع يقوم بتحضير 2,4,5 ثلاثي كلورو فينول، بغرض تحضير 2,4,5-T؛ طبقا لمعادلة التفاعل التالي:

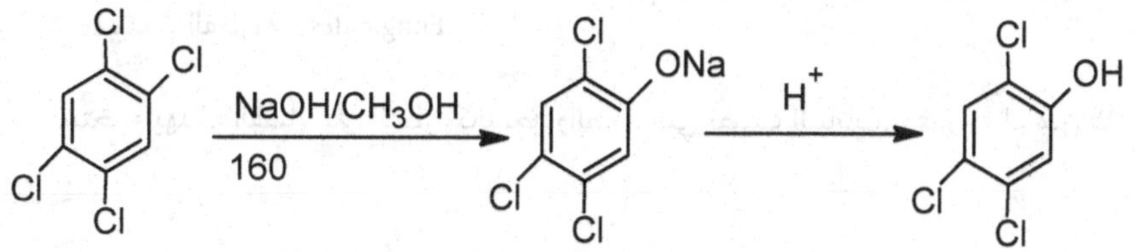

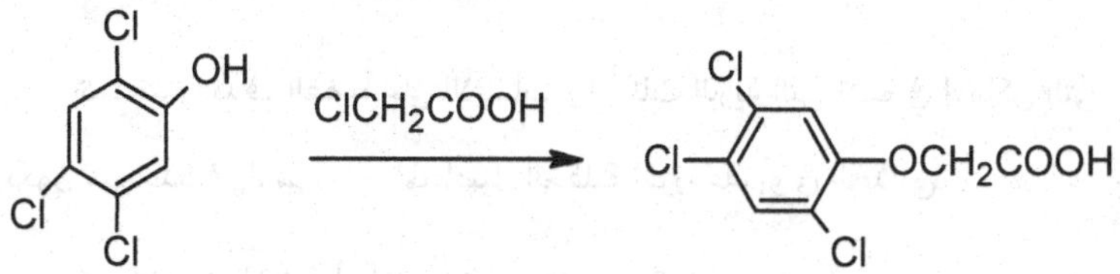

ولكن تم إنتاج TCDD أثناء التفاعل، ولذلك فإنه من الضروري جدًا ضبط ظروف التفاعل وخاصة درجة الحرارة بدقة بالغة، وإلا تكون TCDD في مخلوط التفاعل كالتالي:

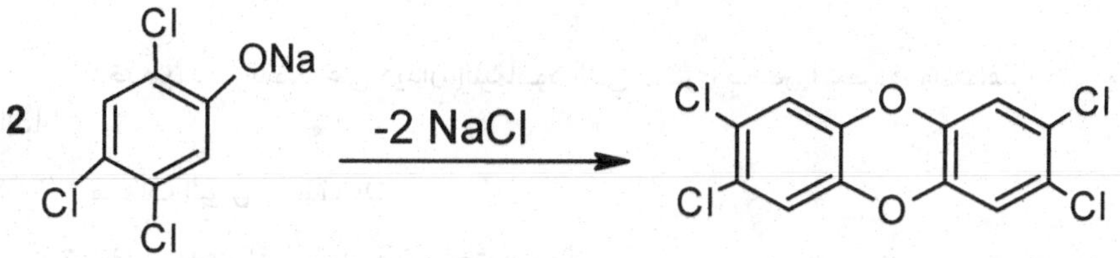

وبصفة عامة، فإن هذه المبيدات (مبيدات الرش) تسبب شللا في حركة الجهاز التنفسي، وقد يموت المصاب بالاختناق إذا لم يسعف فورا.

2- تقسيم المبيدات حسب الآفات:

يعد تقسيم المبيدات حسب نوع الآفة من أشهر أنواع التقسيمات، فمثلا: تسمى المبيدات المستخدمة في القضاء على الحشرات بالمبيدات الحشرية، والتي تستخدم في القضاء على

الأعشاب، تسمى بالمبيدات العشبية، وهكذا. ويمكن إجمالا ذكر أنواع المبيدات، مع توضيح الآفات التي تستخدم ضدها كالتالي:

أنواع المبيدات:

أنواع المبيدات السامة ووظائفها حسب (Office of Pesticide Programs, USA)

1- المبيدات الحشرية - Insecticides

تستخدم بهدف القضاء على الحشرات والمفصليات؛ كالعناكب وغيرهما.

2- المبيدات الفطرية - Fungicides

تستخدم بهدف القضاء على الفطر؛ كاللفحة والصدأ، التي تصيب النباتات، وغير ذلك من الأمراض الفطرية.

3- مبيدات الأعشاب - Herbicides

تستخدم بهدف القضاء على الأعشاب والنباتات البرية التي تنمو في الأماكن التي لا يرغب الإنسان أن تكون متواجدة فيها، سواء بين المحاصيل الحقلية المزروعة، أو في الحدائق.

4- المبيدات الغازية أو المبخرات - Fumigants

تستخدم بهدف القضاء على آفات التربة أو المباني.

5- مبيدات النيماتود - Nematoides

تستخدم بهدف القضاء على ديدان النيماتود التي لا ترى بالعين المجردة، والمتطفلة على جذور النباتات.

6- مبيدات البيض - Ovicides

تستخدم بهدف القضاء على بيض الحشرات والعثّ.

7- مبيدات السوسة أو القمل والبراغيث وما شابه - Miticides & Acaricides

تستخدم بهدف القضاء على الآفات المتطفلة على النبات والحيوان.

8- مبيدات القوارض - Rodenticides

تستخدم بهدف القضاء على الفئران والقوارض الأخرى.

9- مبيدات الرخويات - Molluscicides

تستخدم بهدف القضاء على الحلزون والقواقع الأخرى.

10- المبيدات الحيوية - Microbial Biocides ومبيدات الجراثيم Antimicrobial Pesticides

وكلاهما يستخدم بهدف القضاء على الكائنات الحية الدقيقة أو الجراثيم كالبكتيريا أو الفيروسات وغيرهما.

11- مواد طاردة - Repellents

تستخدم بهدف طرد الآفة، كالحشرات، مثل: البعوض، وبعض الطيور، مثل: العصافير.

12- الفيرمونات - Pheromones

هي مواد كيميائية حيوية تستخدم لتعطيل أسلوب التزاوج في الحشرات.

13- مبيدات الطحالب - Algaecides

تستخدم بهدف السيطرة على نمو الطحالب في البحيرات والقنوات وبرك السباحة وصهاريج المياه وغيرها من المرافق.

14- مبيدات الملوثات المعيقة - Antifouling Agents

هي عبارة عن مواد سامة تستخدم لقتل أو طرد الكائنات المتعلقة أو الملتصقة على الأسطح تحت المائية، كالتي توجد أسفل المراكب المائية أو القوارب.

كما يدخل ضمن مصطلح "المبيدات" المواد التالية :

1- منظمات النمو الحشرية - Insect Growth Regulators

هي عبارة عن مواد تعطل النمو وعملية نضج الحشرة من مرحله اليرقة إلى الحشرة الكاملة، أو غيرها من العمليات الحياتية للحشرات.

2- منظمات النمو النباتية - Plant Growth Regulator

هي مواد كيميائية تقوم بتغيير النمو والازهار أو تغيير في معدل تكاثر النبات، وكذلك

التي ترش على الأشجار لكي تسقط أوراقها أو نمواتها الخضرية لتسهيل عملية القطاف (Defoliants)، بالإضافة إلى المجففات (Desiccants) التي تقوم بمساعدة الأنسجة على الجفاف، مثل: قمم النباتات غير اللازمة (غير الضرورية بالنسبة للإنسان).

3- الجاذبات - Attractants

هي عبارة عن طعم أو لون أو رائحة تجذب الحشرات أو القوارض لإغرائها في دخول الشراك المجهز لها.

ويمكن توضيح معدلات استهلاك المبيدات وفقا لنوع الآفة من الجدول رقم (8).

جدول رقم (8) : يوضح معدلات إستهلاك المبيدات وفقا لنوع الآفة.

مبيدات الآفات	نسبة الاستهلاك (%)
مبيدات عشبية	43
مبيدات حشرية	35
مبيدات فطرية	19
مبيدات آفات الصحة العامة	3

ويتضح من هذا الجدول أن المبيدات العشبية هي أكثر مبيدات الآفات استهلاكا على مستوى العالم. ويمكن تقسيم المبيدات عموما إلى أربع مجموعات رئيسة وأما باقي الأنواع الأخرى السابق ذكرها، فهي تندرج تحت هذه الأنواع الأربع كالتالي:

أ- المبيدات الحشرية:

تحتل المبيدات الحشرية المكانة العليا في المبيدات، بالرغم من أن كثرة استعمالها تؤدي إلى مشاكل صحية خطيرة. ولاشك أن استخدام المبيدات الحشرية في مكافحة الحشرات له فوائده أيضا؛ لأنها تستخدم في مكافحة القوارض والجراثيم والقضاء على الحشرات المنزلية الناقلة لأمراض معدية للإنسان والحيوان، وبالرغم من فعالية هذه المبيدات الكيميائية وميزاتها الاقتصادية- فقد ظهر ضررها على صحة الإنسان والحيوان والتوازن الطبيعي للبيئة.

إن الاستخدام العشوائي للمبيدات الكيميائية الحشرية وغيرها أدى إلى خلل في التوازن البيئي الطبيعي؛ نتيجة للقضاء على مختلف الحشرات النافعة، مثل: المفترسات والطفيليات الحشرية والطيور والفطريات والجراثيم والفيروسات، وجميعها تعمل بقدر كبير في مجال المقاومة البيولوجية، وليس لها أي مضار بالكائنات والحيوانات المفيدة، ولا توجد منها خطورة على الإنسان أو ممتلكاته.

وعليه فإن الاستخدام المتزايد لتلك المبيدات سيؤدي على المدى الطويل إلى اختفاء الأعداء الحيوية من مفترسات ومتطفلات على الحشرات الزراعية وغيرها. وليست المشكلة في استعمال هذه المبيدات، ولكن تكمن المشكلة في كثرة استعمال هذه المبيدات أو الاستعمال المفرط والخاطئ، سواء أكان في المنزل أو الحقل أو في أماكن التجمع السكاني، مما أدى إلى زيادة خطورتها؛ نتيجة للخلل الذي أصاب التوازن البيئي الطبيعي.

ويمكن تقسيم المبيدات الحشرية إلى:

1- المركبات ذات الأثر الطبيعي:

المقصود بهذه المركبات هي التي يمكن استخلاصها طبيعيًا من النباتات، ولها أثر بيولوجي على الحشرات، لذلك استخدمت بعض المساحيق النباتية في مكافحة بعض الآفات قبل أن تعرف التركيبات الكيميائية، ومن هذه المركبات:

1- مركب البيرثرين الطبيعي المستخرج من زهور البيرثروم.

2- مركب الروتينون والروتينويدز المستخرج من جذر نبات الديرس.

3- مركب النيكوتين والألكالويدز المستخرجة من الدخان، ونظرا لأن هذه المركبات متطايرة فقد استخدمت مدخنة.

4- مركبات الأيزوبيوتيل أميدات غير مشبعة، وهي موجودة في العديد من نباتات العائلة المركبة واللفتية.

5- مركبات أخرى مستخرجة من نباتات الساباديللا والهيلبور، وكذلك نبات الريانيا.

يمكن تقسم المنتجات النباتية التي يمكن الاستفادة منها كمبيدات إلى:

1- سموم أولية، مثل: النيكوتين والتينون.

2- الزيوت الطيارة وأجزاؤها مثل زيت الصنوبر.

3- الزيوت الثابتة، مثل: بذرة القطن.

4- مواد احتياطية مثل دقيق قشر الجوز، البيرثيوم، الديريس، الهيللبيور، الكافور، التربنتين، وهي بعض منتجات النباتات الهامة التي استخدمت كمبيدات حشرية.

عيوب هذا النوع :

1- لا يمكن الاعتماد عليه كمصدر إستراتيجي لمكافحة الحشرات؛ لأن هذه النباتات تحتوي على كميات بسيطة جدّا من المواد الفعالة (0.1-2%).

2- يمكن إصابة هذه النباتات نفسها بآفات أخرى.

3- بعض هذه المركبات غير ثابت اتجاه الضوء والحرارة.

4- ارتفاع أسعارها مقارنة بالمركبات الكيميائية المصنعة.

بالرغم من هذه العيوب إلا أنه يمكن الاستفادة منها في:

أ- استخراج هذه المواد السامة ومحاكاتها وتصنيعها وإنتاجها على نطاق تجاري، ولذلك فهي وسيلة جيدة لمعرفة تركيبات جديدة ذات تأثيرات بيولوجية؛ كسموم، أو كمنشطات للسموم، أو مانعات تغذية، أو جاذبات جنسية، أو مواد هرمونية، وغيرها، مما يزيد من استخداماتها الزراعية والصحية والدوائية.

ب- وجود مركبات من أشباه القلويات السامة في معظمها؛ كالنيكوتين والبيرثرين.

ج- يمكن استعمالها مباشرة ضد الحشرات على حالة مسحوق دقيق للتعفير.

د - يمكن أن يستخلص منها بعض المواد السامة (الأوراق- الأزهار- الجذور).

هـ - تمتاز بكونها تعمل كسم بالملامسة.

و- قليلة الضرر على الحيوانات ذات الدم الحار.

ز- لا تسبب أضرارا للنباتات المعاملة.

ح- ازدياد أسعار المبيدات المصنعة حديثا.

خ- وجود مقاومة مستمرة للمبيدات من الحشرات التي تستخدم لإبادتها.

2- مركبات الكلور العضوية : Organo Chlorine Insecticides

تكون على شكل مسحوق لا يذوب في الماء، لكنه يذوب في المذيبات العضوية، وكذلك في الزيوت؛ ولذلك فهي تُختزن في الأنسجة الدهنية لجسم الكائن الحي المتسمم؛ لأن لها قابلية للذوبان في الدهون. تستعمل هذه المبيدات في القضاء على أنواع عديدة من الحشرات الزراعية والمنزلية كما تستعمل أيضا للقضاء على القمل الذي يصيب الإنسان، وكذلك بعض أنواع الحشرات التي تصيب الحيوانات، وهي تدخل جسم الإنسان عند استنشاقها مع الهواء خلال الجهاز التنفسي، وكذلك من الجهاز الهضمي عند تناول الأطعمة والأشربة الملوثة بها، وكذلك عن طريق الجلد عند سقوطها على أجزاء من الجسم، وخاصة عند المتعاملين معها، كعمال الرش والمكافحة.

التأثير السمي :

هذه المركبات ذات تأثير على المراكز العصبية في النخاع الشوكي والمراكز العصبية في قشرة المخ؛ حيث تعمل هذه المركبات على تحفيز الجهاز العصبي المركزي، مؤدية إلى زيادة حساسيته وزيادة ردود الفعل فيه.

وأشهر مركبات هذه المجموعة الآتي:

D.D.T -1

يعتبر من أهم المبيدات الحشرية التي استخدمت قديماً؛ لما تميز به من فعالية عالية في إبادة الحشرات (وخاصة أنثى البعوض الناقلة للملاريا). ويحضر D.D.T من مواد أولية رخيصة الثمن، وهي كلوروبنزين وثلاثي كلورو أسيتالدهيد في تفاعل محفز بحمض الكبريتيك طبقا للتفاعل التالي:

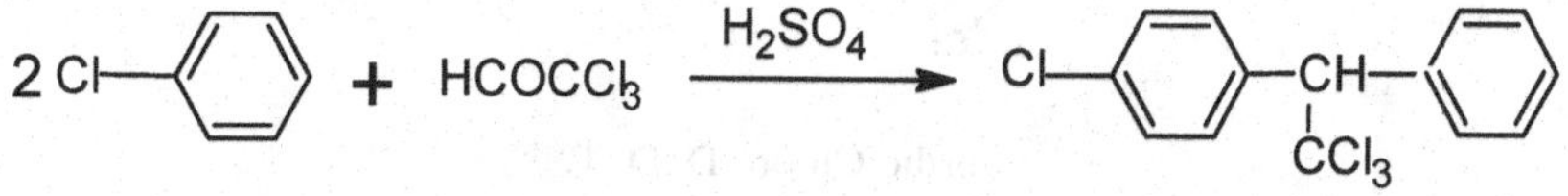

$$2\ Cl{-}\langle\ \rangle\ +\ HCOCCl_3\ \xrightarrow{H_2SO_4}\ Cl{-}\langle\ \rangle{-}\underset{\underset{CCl_3}{|}}{CH}{-}\langle\ \rangle$$

خصائصه :

1- يوجد D.D.T النقي على هيئة بلورات صلبة، درجة انصهارها 109 °C.

2- قابل للذوبان في المذيبات العضوية، وتزداد بارتفاع درجة حرارة المذيب.

3- شحيح الذوبان في الماء.

4- له ضغط بخاري قليل في درجة الحرارة العادية (10×2.5^{-4} N / m^2) .

5- يتميز بثباته الكيميائي، وعدم تفككه عند رشه في الحقول والمزارع، حتى ولو بكميات كبيرة، ولذلك فإن مفعوله الإبادي للحشرات يظل مؤثرا زمنا طويلا.

6-عند تعرضه للقواعد الكحولية يفقد جزئي HCl، ويتحول إلى D.D.E، وهذا المركب ثابت وغير سام، وقد يحدث ذلك في وجود مواد وسيطة في التربة.

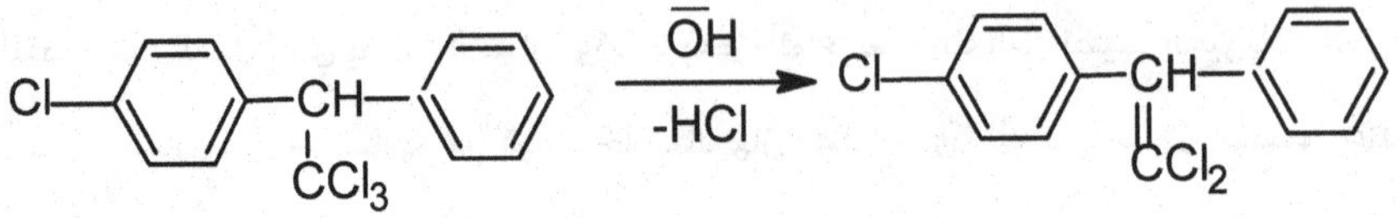

D.D.T D.D.E

وبمرور الزمن قد تشكلت سلالات حشرية (عن طريق الطفرات الورثية) لا يؤثرD.D.E عليها؛ لأنها تحول مبيد D.D.T في أجسامها إلى D.D.E ، وحيث إن سمية D.D.T تتعلق ببنيته الخاصة وشكله الفراغي، فقد تم تحضير مواد، لها نفس البنية المتناظرة مثل :

Deutro D. D. T

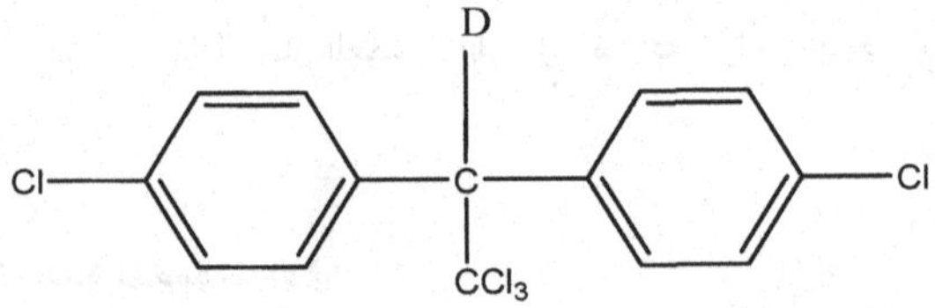

Deutro D. D. T

Ortho Chloro D.DT

ortho Chloro D. D. T.

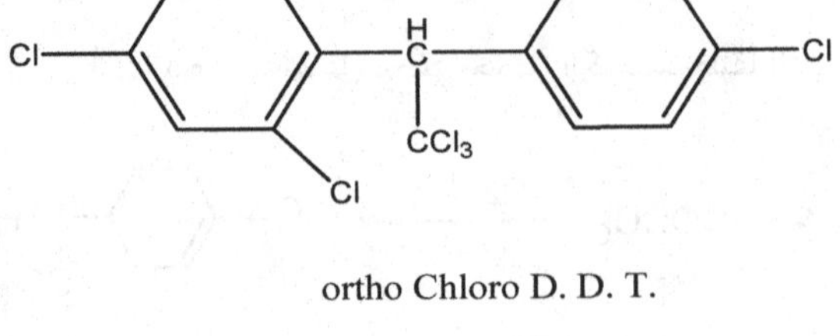

من أهم مميزات D.D.T أنه لا يؤثر على الكائنات الدقيقة في التربة، خاصة بكتريا تثبيت نيتروجين الهواء الجوي .

الآثار السيئة D.D.T ومشتقاته:

وقد تبين أن هناك آثارا خطيرة لهذه المجموعة، نذكر منها الآتي:

1- يقل البناء الضوئي في النباتات المائية ، ومع ذلك فإنه لا يؤثر على كمية الأكسجين في الجو، لكنه قد يؤثر على المصادر الغذائية للإنسان، حيث إن هذه الكائنات توجد في أسفل السلسلة الغذائية.

2- يؤثر الـ د.د.ت على تكاثر بعض الحيوانات، كالطيور البحرية عن طريق التأثير على هرمونات الجنس، مما يؤدي إلى أن تضع هذه الطيور بيضا رقيق القشرة، وقد أدى ذلك فعلا إلى نقص في تعداد بعض أجناس هذه الحيوانات إلى حد انقراض هذه الأجناس.

3- يوجد الـ د.د.ت في بعض أسماك البحار بكميات تقترب من الكميات التي تسبب قتلا جماعيًا لهذه الأسماك. ويعتبر تحريم أو منع استيراد مثل هذه المبيدات أمرا مهمًا لأن هـذه المبيدات لا تتحلل في المحيط الحيوي بسهولة.

2- ميثوكس كلورو د.د.ت   Methoxy Chloro D.D.T (D.M.D.T)

خصائصه :

1- عبارة عن مسحوق بلوري أبيض.

2- يذوب في الماء بدرجة أكبر من D.D.T .

3- يذوب في المذيبات العضوية.

4- لا يتراكم في الأنسجة الدهنية للحيوانات (لم يكتشف بعد هذا التراكم)، وبالتالي لا يلوث الحليب، ولذلك فهو يستخدم في إبادة حشرات علف المواشي.

5- يمتاز بمدى فاعلية واسعة إلى درجة كافية لإبادة الحشرات الضارة والنافعة معا (فهو يبيد النحل).

6- يتركز خاصة في الكبد، ولذلك يعزى إليه بعض الصفات المسرطنة.

3- ثنائي كلورو فينل ثنائي كلورو إيثان (D.D.D.E)

[Dichloro Diphenyl Dichloro Ethane]

وهـذا المركـب يعتبـر مـن متشـابهات D.D.T ، وكـذلك المركـب (D.D.T.E) Difluoro Diphenyl Trichlro Ethane تم تحضير هذه المركبات بغرض التغلب على الحشـرات ذات الطفـرات المقاومـة لمركـب D.D.T .

خصائص هذه المركبات :

1- تذوب في المذيبات العضوية.

2- شحيحة الذوبان في الماء، إلا أن الفلور أكثر ذوبانية من الكلور.

3- عبارة عن مركبات صلبة في صورة مسحوق أبيض.

4- يعتبر D.D.D أقل فعالية لمكافحة الحشرات بشكل عام من D.D.T ، ولكن Diflouro أكثر فعالية.

4- ثنائي كلورو ثنائي فينيل ثلاثي كلورو إيثانول (D.D.T. E)

Dichloro Diphenryl Trichloro Ethanol

خصائصه :

1- هذا المركب ضعيف السمية للحشرات (أو متوسط السمية)، ولكنه استخدم لمكافحة العناكب بنجاح (العنكبوت الأحمر والمن)، وخاصة بعد الإسراف في استخدام D.D.T .

2- مركب زيتي القوام قابل للذوبان في المذيبات العضوية.

3- قليل الذوبان في الماء، ولكن أعلى من D.D.T (لوجود مجموعة OH).

5- سداسي كلوروالهكسان الحلقي (γ BHC) γ-Hexa chloro cyclohexane

يحضر هذا المبيد نتيجة تفاعل غاز الكلور مع البنزين في وجود فوق الأكاسيد أو الأشعة فوق البنفسجية .

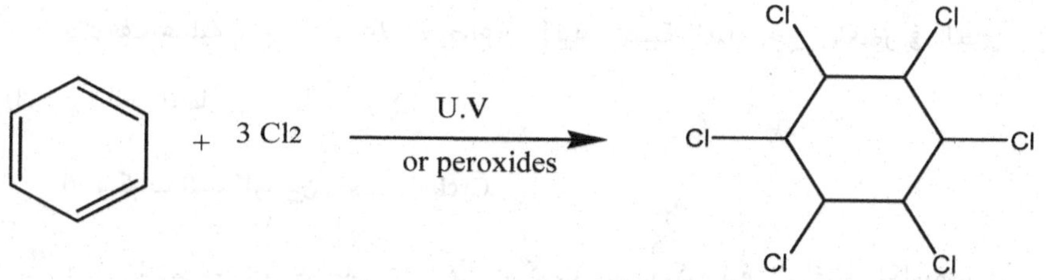

- وينتج من هذا التفاعل متشكلات مختلفة (ثمانية متشكلات) ويكون لواحد منها (BHC -

γ) أثر فعال كمبيد للحشرات.

– المركبات الثانوية يمكن استخدامها في تصنيع مركبات مفيدة، مثل: 5،4،2 ثلاثي كلورو الفينول، الذي يعتبر المادة الأولية لصناعة مبيد الأعشاب الشهيرة باسم 2، T -4,5.

خصائصه :

1- يوجد في صورة صلبة على هيئة مسحوق بلوري أبيض، قد يميل إلى البني.

2- يذوب في المذيبات العضوية.

3- شحيح الذوبان في الماء.

4- يستخدم للقضاء على الأعشاب والحشرات الضارة معا.

5- لا يستخدم للمحاصيل الجذرية؛ كالبطاطا، والجزر؛ لأنه يعطي المحصول طعما عفنا غير مستحب.

6- تكلفة إنتاجه منخفضة بسبب رخص المواد الأولية.

7- له تأثير سام على الحيوانات الثديية.

8- في بعض الأحيان يستخدم كمبيد تعقيم؛ نظرا لأنه أكثر تطايرا من D.D.T (ما يزيد على 100 مرة).

9- يتحلل في التربة أو في النباتات والحيوانات ليعطي مركبات عطرية.

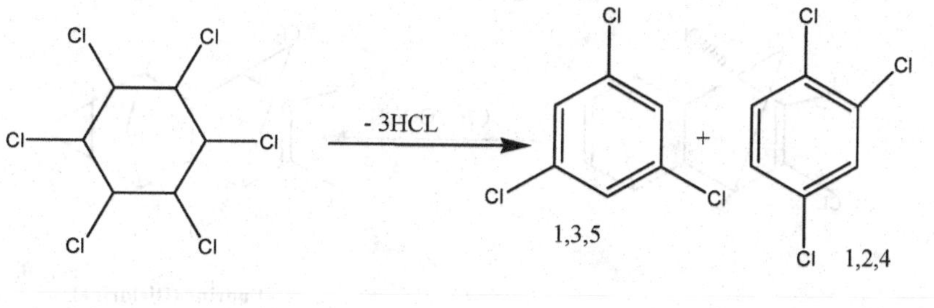

وتتوقف عملية نزع الكلور على الأوضاع الفراغية النسبية للهيدروجين والكلور في الجزيء الحلقي (الوضع ترانس أسهل في عملية الانتزاع).

6- مركبات السيكلودايين Cyclodienes

هذه المجموعة تحتوي على عدد من المركبات الهيدروكربونية الحلقية المكلورة، وهي مبيدة للحشرات، وتتميز بثبات تركيبها، وعدم تفككها خلال زمن طويل، محدثة تلوثا بيئيًا خطيرا وتحلُّلا في الخلايا الدهنية في الأنسجة الحيوانية، من أمثلة هذه المركبات:

أ- ألدرين - Aldrin

- سائل عنبري أسود لزج ذو رائحة صنوبرية مميزة، يحتوي على حوالي 60 % كلوردان، والباقي عبارة عن شوائب.

- يمكن تحضير هذا المبيد طبقا لتفاعل ديلز-الدر (Diels Alder) كالتالي:

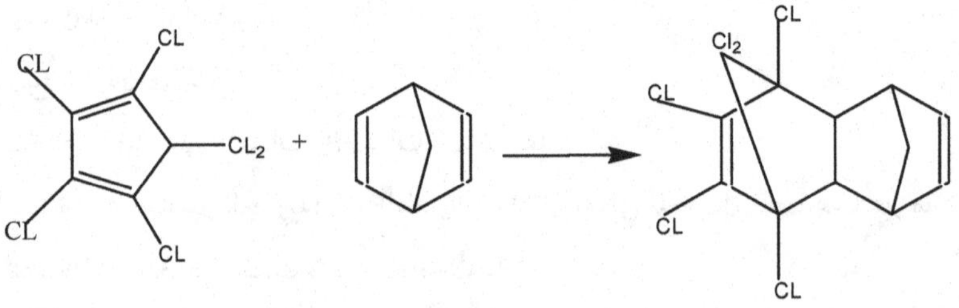

Aldrine

- يتم هذا التفاعل عند C ° 90 ، ويحصل عليه نقيًا بعد إعادة بلورته في الميثانول.

ب- إندرين Endrine

مبيد حشري قوي يحضر بفعل per acetic acid على ألدرين

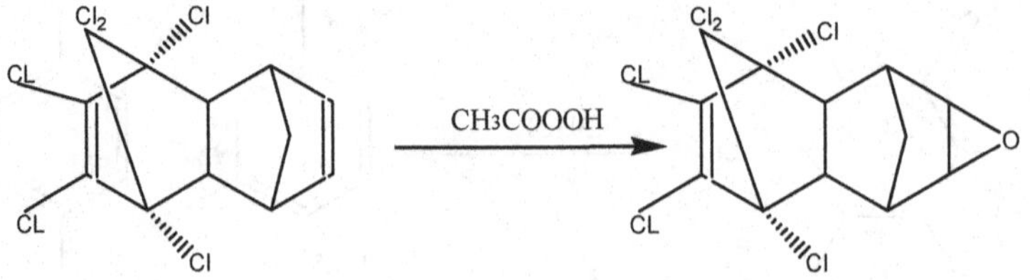

Endrine (Dieldrine)

ج- الكلوردان   chlordane

يحضر الكلوردان من تفاعل الدرين مع جزيء كلور حسب التفاعل التالي :

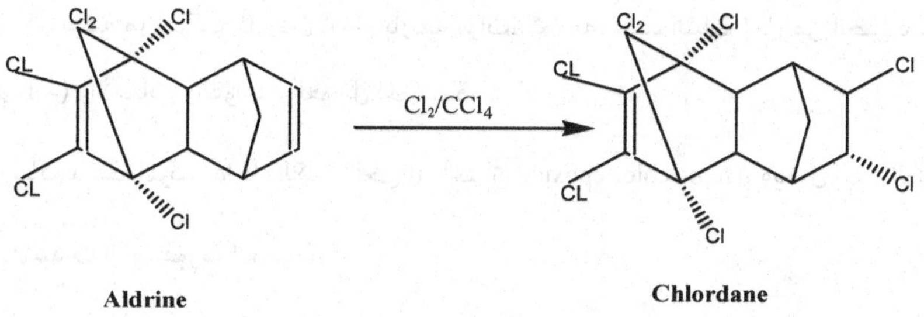

Aldrine

Cl_2/CCl_4

Chlordane

خصائص هذه المركبات :

1- قابله للذوبان في معظم المذيبات العضوية، وغير قابلة للذوبان في الماء.

2- تتأثر بدرجات الحرارة العالية والقلويات.

3- تتميز بقابلية للخلط مع العديد من المبيدات الحشرية.

4- مركبات سامة للثديات (خصوصا إندرين).

5- جميع هذه المركبات تسبب السرطان.

6- تستخدم هذه المركبات؛ كمعقمات للسماد والتربة الزراعية.

ب- هبتاكلور   Hepta chlor

ينتج مركب الهبتاكلور خلال عملية تخليق مركب كلوردان كما ينتج من العملية نفسها مركب الهكساكلور وتركيبه الكيميائي كالتالي:

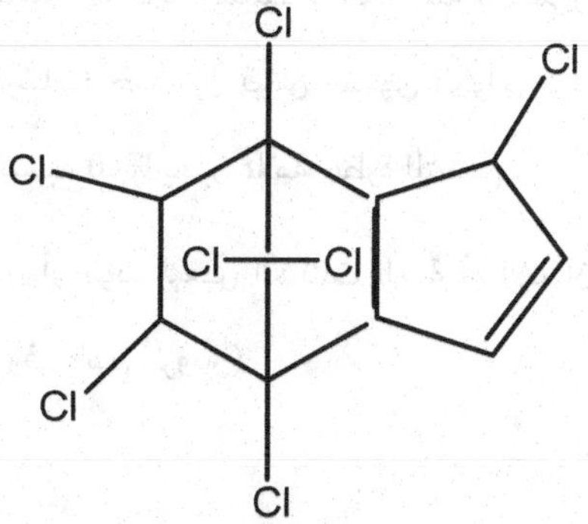

خصائصه :

1- مركب الهبتاكلور عبارة عن مادة صلبة بلورية بيضاء.

2- أكثر سمية من مركب كلوردان الخام بأربعة مرات، كما أنه شديد الثبات لكل من الحرارة (حتى درجة 160° م) والأحماض والقواعد والعوامل المؤكسدة.

3- يتأكسد هذا المركب داخل الكائن الحي إلى المشتق Hepta chlor epoxide، ويخزن بهذه الصورة.

3- المبيدات الفوسفورية العضوية:

تستعمل مركبات هذه المجموعة لإبادة الآفات الزراعية والأعشاب الضارة، ولإبادة الحشرات التي تؤذي الإنسان، وتستعمل أيضا للقضاء على القوارض والديدان الضارة. أغلب مركباتها سائلة، أو زيتية القوام، قاتمة اللون، تميل إلى الاسوداد، لها رائحة نفاذة وكريهة، تذوب في المذيبات العضوية، لكنها قابلة للذوبان في الماء.

الخصائص العامة لهذه المجموعة:

1- تتميز هذه المركبات باحتوائها على ذرة الفوسفور، ومعها أحد الهالوجينات أو النيتروجين وغيرها من الكبريت والأكسجين، وبعضها من روابط غير مشبعة.

2- هذه المركبات سريعة التحلل المائي، ويرتبط الوجود البيئي والسمية على هذه الخاصية.

3- مركبات الفسفور العضوية شديدة السمية، وخطورتها تكمن في تأثيرها على إنزيم الكولين إستيراز (choline esterase) الموجود في الجسم وتثبط عمله، ويحدث لها تمثيل تنشيطي أو هدمي في النبات أو الحيوانات أو الحشرات المعاملة بها. هذا التثبيط تزداد نسبته باستمرار التعرض لهذه المبيدات، وخاصة عند المتعاملين مع هذه المركبات؛ حيث إن قياس مستوى الكولين إستيراز في الدم- دليل لمعرفة درجة التسمم؛ فانخفاض نشاطها بنسبة 40% يعتبر علامة خطرة للتسمم .

4- تسبب حدوث شلل أو موت لبعض الكائنات الحية أو الإنسان (يمكن استخدام مضاد للتسمم لمركبات هذه المجموعة معروف باسم أتروبين).

5- ومبيدات الفوسفور تحدث ظاهرة التسمم العصبي المتأخر، ينتج عنه شلل نصفي في الأطراف الخلفية والأمامية (خاصة في الحيوانات الثديية).

- **من هذه المركبات :**

1- مبيد (.T. E. P. P) Tetra Ethyl Pyrro Phosphate

خصائصه:

1- يستخدم هذا المبيد كمادة مبيدة لحشرات المن التي تصيب الخضراوات والأشجار المثمرة، واستعمل عوضا عن مركب النيكوتين؛ لأنه أشد فعالية منه.

2- يؤثر مبيد T E P P تقريبا نفس أثر المشتقات الفلورية على الحشرات.

3 – يمتاز هذا المبيد بقدرته على التميه بسهولة، ويعطي مركبات منحلة، وهو بذلك يتحلل في الأوساط البيئية، وهذه ميزة ممتازة من وجهة نظر التلوث البيئي.

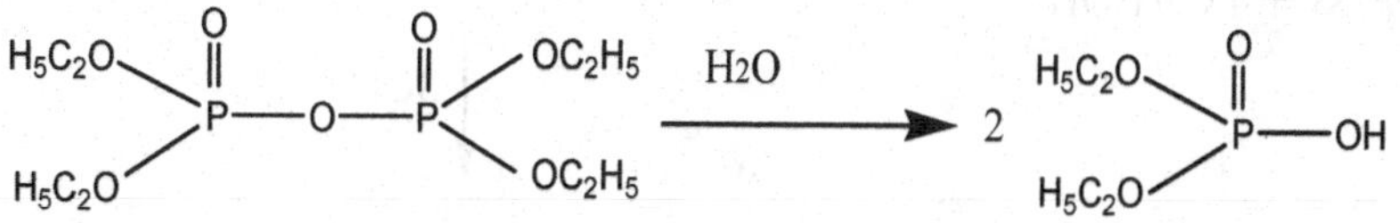

T. E. P. P.

2- شاردان (Sharadan) Di methyl amide phosphate

خصائصه:

1- شديد السمية للحيوانات الثديية والإنسان.

2- يمتص هذا المبيد في أنسجة النبات، ويقوم بفعله المبيدي بشكل غير مباشر على الحشرات التي تتغذى على أنسجة أو عصارة النباتات.

3- يبدي هذا المركب سمية نوعية لبعض الحشرات المعينة.

3- الباراثيون Parathion

مبيد فسفوري عضوي، استحضر في فترة الحرب العالمية الثانية، واستعمل، ولازال يستعمل، كمبيد للحشرات والآفات الزراعية، ويعتبر من السموم الخطرة على الإنسان في حالة استنشاق رذاذه، أو بلعه خطأ، أو امتصاصه عن طريق الجلد، إذا سقط على جزء من

الجسم، ويحدث التسمم من الباراثيون عند رشه على المزروعات، أو في معامل تحضيره وتعبئته.

خصائصه:

1- مبيد قوي للحشرات.

2- يمتص عن طريق الجلد مباشرة مسبباً أعراض التسمم؛ لأنه يذوب في المواد الدهنية.

3- يثبط فعل إنزيم (Choline esterase)، وبالتالي تصاب العضلات بالشلل والتوقف عن الحركة، وذلك عن طريق إعطاء ذرات فوسفور (تفسفر) للإنزيم ذاته، وتحوله إلى إنزيم عاطل غير قادر على إماهة إستيل كولين. ويحدث ذلك بالتبادل في التأثير القوي بين مركز الأسترة وبين المجموعة الفوسفاتية.

4- وكذلك له تأثير على الجهاز العصبي المركزي، فيحدث القلق وعدم الاستقرار.

5- يمكن تحضير الباراثيون وفق المخطط رقم (1) كالتالي:

$$P_2S_5 + 4\ C_2H_5OH \longrightarrow 2(C_2H_5O)_2\text{-}\overset{\overset{\displaystyle S}{\|}}{P}\text{-}SH + H_2S$$

$$\downarrow 3Cl_2$$

$$2(C_2H_5O)_2\text{-}\overset{\overset{\displaystyle S}{\|}}{P}\text{-}Cl + 2HCl + S_2Cl_2$$

$$(C_2H_5O)_2\text{-}\overset{\overset{\displaystyle S}{\|}}{P}\text{-}Cl + HO\!-\!\!\left\langle\bigcirc\right\rangle\!\!-\!NO_2 \xrightarrow[-HCl]{} (C_2H_5O)_2\text{-}\overset{\overset{\displaystyle S}{\|}}{P}\!-\!O\!-\!\!\left\langle\bigcirc\right\rangle\!\!-\!NO_2$$

مخطط رقم (1) : يوضح تحضير الباراثيون

- ويتحول الباراثيون في جسم الحشرة إلى باراكسون؛ حيث تقوم الأنسجة في الحشرات باستبدال الكبريت بالأكسجين، فيتشكل الباراكسون بعملية إنزيمية معقدة، والباراكسون الناتج عبارة عن مبيد حشري ممتاز.

- كما يتحول الباراثيون إلى مركبات أخرى في الحيوانات الثديية، تنشأ عن عمليات الإماهة والاختزال،

كما هو واضح من مخطط رقم (2).

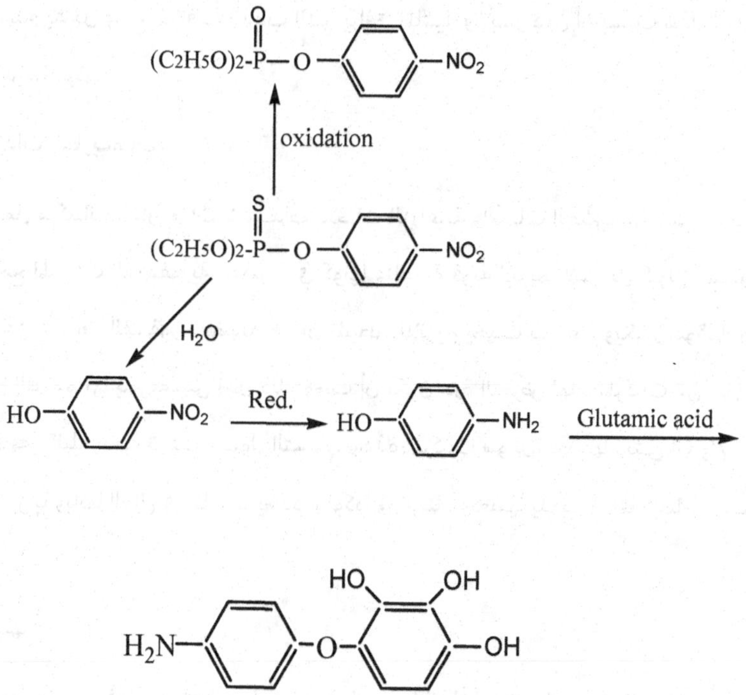

مخطط (2) : يوضح تحول الباراثيون داخل أنسجة الحشرات والثدييات

- مبيد فينكلورفوس   Fenchlorphos

- ينتج هذا المركب باستبدال مجموعة (NO_2) في الباراثيون بذرة كلور:

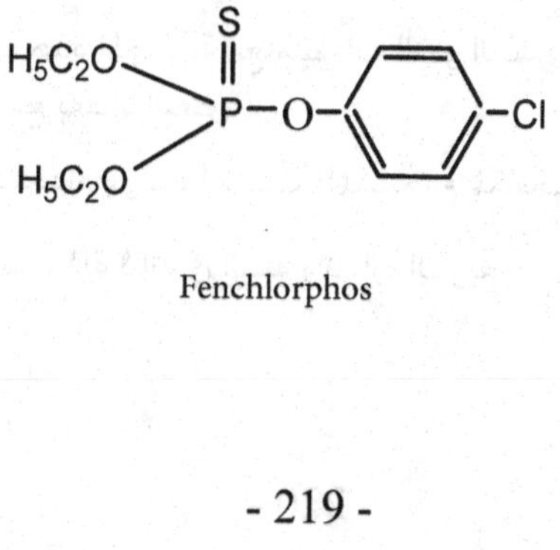

Fenchlorphos

خصائصه:

- لا يوجد له تأثير سلبي على الثدييات حتى الآن.

- يستخدم بشكل واسع لمكافحة الذباب الذي يرافق الماشية والأبقار دون أن يسبب هذا المبيد لهذه الحيوانات أعراضا مرضية.

4- مبيدات الكاربامات:

تستعمل مركبات الكاربامات كمبيدات للآفات الزراعية والآفات الحشرية، وتتشابه مركبات الكاربامات مع المبيدات الفوسفورية العضوية في كونها مناهضة قوية لإنزيم الأسيتايل كولين إستيريز، إلا أن اختلافها عن مبيدات الفسفور العضوية هو أن تثبيطها للإنزيم يحدث بسرعة، ويكون مؤقتا؛ ولذلك تظهر أعراض التسمم بها بسرعة. من أجل ذلك وجب أن تكون فترة التعرض لهذه المركبات من قبل عمال الرش والمكافحة- قليلة؛ بغية تجنب حصول التسمم. وهذه المركبات سوائل، بعضها زيتي القوام، كريهة الرائحة، وتتميز بذوبانها العالي في الماء، بما يحدد سلوكها في البيئة، وبعضها يذوب في الماء إضافة للمذيبات العضوية.

خصائصها :

1- معظمها ذات فعل جهازي؛ حيث تسري في العصارة النباتية، وتتحل بفعل الحرارة، ومع ذلك فهي شديدة السمية على الثدييات.

2- يمكن تنشيط فعل هذه المركبات عن طريق خلطها بالمنشطات الكيميائية غير السامة، مثل: البيرونيل بتوكسيد والسلفوكسيد وزيت السيساميد. وظاهرة التنشيط ليست مطلقة؛ حيث إن حدوثها يتوقف على نوع وطبيعة المبيد، فقد تحدث المنشطات تنشيطا لمركبات معينة، وتحدث تضادّا مع مركبات أخرى.

3- يمكن خلط مركبات هذه المجموعة مع منظمات النمو الحشري، مثل: الديملين وغيره، بينما لا يسمح بخلط أزواج المركبات مع بعضها البعض.

4- يوجد استثناء باستخدام مركب اللانيت (المستخدم لمكافحة دودة ورق القطن) في الخضر بالرغم من سميتها العالية؛ بسب قلة ثباته في البيئة وانهياره السريع.

5- أشهر مركبات هذه المجموعة استخداما هي: اللانيت، التيميك، القيوردان، النيودرين، واللارقين.

6- يمكن إنقاذ وإسعاف المصابين بهذا المبيد إسعافا أوليّا باستخدام مضادات التسمم، مثل: الأتروبين.

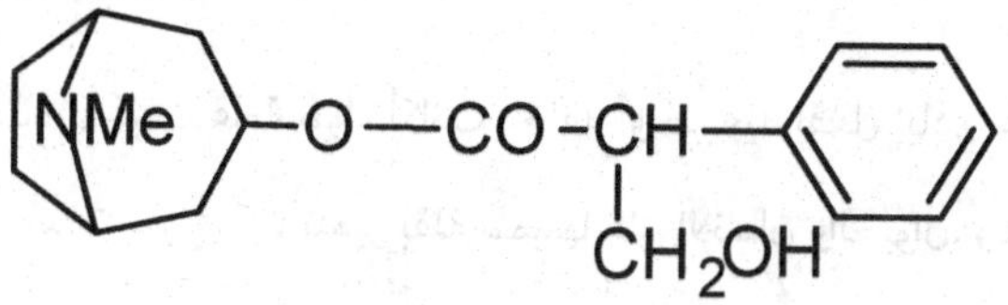

التركيب الكيميائي لمركب الأتروبين

وأشهر مثال لمركبات هذه المجموعة هو: مركب الكابتان (**Captan**).

الكابتان (Captan)

هو مركب عضوي والمجموعة الكيميائية الفعالة هي مجموعة إميد (**Imide**)، والمركب يعد من ضمن مركبات فيثالاإميد (**Phthalimide**) المهمة.

تركيبه الكيميائي :

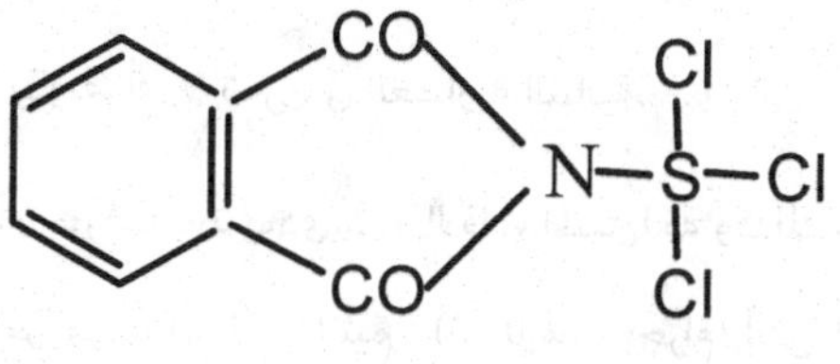

خصائصه :

1- مركب عضوي يستخدم ضد مرض التبقع.

2- يثبط الكابتان الأنزيمات المحتوية على الثايول، وقد تتفاعل أيضا مع مجاميع السلفادريل في خلايا الكائن الممرض.

3- يستخدم كمبيد للفطريات، ويقاوم أمراض أوراق النبات، وترش به البذور والفواكه لمنع التلف.

4- يتمتع بمفعول جيد حتى 24 ساعة، ولكن بعد تعرضه لأشعة الشمس، ولفترة قصيرة، فإنه يفقد مفعوله.

5- يستعمل في نهاية الموسم أيضا ضد أمراض حفظ الثمار، كما يستخدم لمعالجة الحالات الطارئة.

5- البيرثرينات المخلقة :

تتميز هذه المركبات عامة سواء أكانت مخلقة أو طبيعية بفعل إبادي عالٍ ضد الحشرات، ولهـا مقدرة متميزة في إحداث صرع، كما تتميز بقلة سميتها على الإنسان والحيوان، وهي عبـارة عـن إسـترات (RCOOR⁻)ناتجة من تفاعل شق حامضي وآخر كحولي.

- خصائصها :

1- قليلة الذوبان في الماء، مثل: المركبات الكلورونية العضوية.

2- ذات تأثير قاتل فعّال، بالإضافة إلى الفعل الصارع على الحشرات.

3- شديدة السمية على الأسماك.

4- تحدث هياجا لجلد الإنسان والحيوان، ولكن يمكن اعتبارها مركبات ذات أمـان نسبي بالمقارنة بالمجموعات الأخرى ، فهي، مثـلا، أقل سمية من الكاربامات بـ 4500 مـرة.

5- مركبات غـير جهازية، أي لا تسري في العصارية النباتية.

6- تحدد كفاءة أي مـركب بيرثريودي ضد الآفات المستهلكة وكذلك سميته على الثدييات، بالمقارنة بمركب البيرثرين المستخلص من نبات الكريزانثيم   (0.33 ميكروجرام/ أنثى ذباب منزلي).

7- العديد مـن مركبـات هـذه المجموعـة تحتـوي عـلى مجموعـة سيانو "CN" في تركيبهـا، وهـذه المجموعة معروفة بسميتها الشديدة على الإنسان، ولكنها سرعان ما تتحول داخـل الجسـم إلى ثيوسيانات باتحادها مع ذرة كبريت، ومن ثَمَّ، لا تحدث تأثيرات ضارة خطيرة

(سمية منخفضة) على الثدييات. ونواتج هذا التمثيل (التحول) تفرز خارج الجسم مع البـول والبراز والعرق.

8- يستخدم بعضا منها لمكافحة البعوض والآفات المنزلية، مثل: الإلليثرين والجوكيلات والبينامين فورت وغيرها، وتتميز هذه المركبات بتحمل الحرارة بدرجة كبيرة (مركبات ذات بخر عال).

6- مجموعات أخرى لم تعد تستخدم حاليا:

تم وقف العديد من المركبات التي كانت تستخدم على نطاق واسع في مكافحة الحشرات التي ظهر تأثيرها السام على الإنسان والحيوان والبيئة.

- من أمثلة هذه المركبات :

مركبات الزرنيخ والفلور والثيوسيانات والداي نيترو والكلوروبكرين وغـيرها كالتالي:

1 - المبيدات التي تحتوي على الزرنيخ:

مركبات الزرنيخ معروفة منذ القدم، ولها استعمالات عديدة، ومازالت تستعمل بعض مركباته ضد النمل والفطريات والأعشاب الضارة، وكذلك الفئران والجرذان، كما تستعمل في صناعة الأصباغ والخزفيات وغيرها. ويعتبر ثلاثي أكسيد الزرنيخ من أشهر هذه المبيدات، وكذلك أرزينات النحـاس (copper arsenate) المسماة بأخضر باريس وفوسفيد الزنك (Rat poison zinc phosphide) الذي يكون علـى هيئة مسحوق رصاصي اللون مائل للسواد، يكثر استعماله في المنازل كمبيد للفئران والجرذان.

ويحدث التسـمم عـن طريق تناول طعـام ملوث بالسـم، وهو بعـد تناولـه يتفاعـل مـع حمـض الهيدروكلوريك الموجود في المعدة، فيكون غاز الفوسفين، وهو غاز سام جدًا.

2 - المبيدات التي تحتوي مركباتها على السيانيد أو الثيوسيانات:

مركبات هذه المجموعة لها أثر سريع في القضاء علـى الحشرات، مثل: الـذباب، البعـوض، الصراصير، وغيرها، كما تستعمل أيضا في القضاء على القوارض كالفئران والجـرذان، ومـن الأمثلـة التي تحتـوي علـى مركبات الثيوسيانات: الليثان والثانيت. **والتأثير السمي لهذه**

المركبات يعود لمادة السيانيد التي تنطلق نتيجة تأثير بعض الإنزيمات الموجودة في الجسم، فتؤثر على عوامل التأكسد في خلايا الجسم، مما يسبب عدم قدرة الخلايا على الحصول على حاجتها من الأكسجين، وبالتالي يكون نقص الأكسجين للخلايا سببا في اختناق الخلية وموتها.

ب- المبيدات الفطرية   Fungicides :

تستعمل هذه المبيدات لوقاية النبات من الاصابة بالفطريات أو القضاء على الفطريات أو الحد من نشاطها، فيما إذا كان النبات مصابا بها، وهي مركبات معدنية أو عضوية أو لاعضوية التركيب، مثل: مركبات النحاس، والكبريت، والزئبق العضوي ... وغيرها . وتستعمل مركبات الداي نيتروفينول (di nitro phenol) بكثرة كمبيدات لأنواع من الحشرات والفطريات، وكذلك للقضاء على القراد الذي يصيب الماشية .

ويحدث التسمم بهذه المركبات عن طريق استنشاق بخارها أو رذاذها أو شربها بصورة عرضية أو امتصاصها عن طريق الجلد عندما يتلوث بها، وتعتبر هذه المبيدات من السموم التي تتراكم في الجسم، والتي تسبب زيادة في معدل الاستقلاب، وبذلك قد تحدث الوفاة. وعموما فإن المبيد الفطري هو مادة كيميائية تقتل الفطر دون أن تؤثر على النبات العائل.

ويمكن تقسيم المبيدات الفطرية إلى عدة تقسيمات طبقا لـ:

1- التركيب الكيميائي للمبيد.

2- طبيعة التأثير على الفطريات.

3- الاستخدامات الميدانية والصفات الطبيعية للمبيد.

ويمكن اعتبار التقسيم- طبقا للتركيب الكيميائي للمبيد- أهم هذه التقسيمات، وذلك لتنوع المبيدات الفطرية من حيث التركيب الكيميائي كالتالي:

1- المبيدات الفطرية العضوية والعضوية المعدنية.

2- المبيدات الفطرية غير العضوية (المعدنية) مثل:

أ. مركبات الكبريت.

ب- مركبات النحاس.

ج- مركبات الزئبق.

3- مبيدات فطرية جهازية:

أ- المبيــدات الفطرية العضوية والعضوية المعدنية:

وأهــم هذه المجموعة :

1- كلورانيل، وهو عبارة عن مشتق حامض ثاني ثيوكارباميك.

2- قربام، وهو مشتق ثاني ميثيل ثيوكارباميك في صورة مشتق الحديد.

3- الدايكلون.

4- الجليودين.

5- الكابتان.

ب- المبيــدات الفطرية غير العضوية :

يمكن القول: إن معظم المركبات غير العضوية التي تستخدم في مكافحة الفطريات - يتوقع أنها سوف تختفي من عالم المبيدات في القريب العاجل جدّا، بالرغم من كفائتها؛ وذلك نظرا لخطورتها على البيئة والإنسان على حدٍّ سواء، ومن هذه المبيدات الآتي:

أ- مـركبات الكبريت:

قد يكون الكبريت في صورة غير عضوية، مثل: مساحيق الكبريت، والكبريت القابل للبلل، والكبريت الغروي، والكبريت الجاف، أو في صورة عضوية، مثل: القريام، والزيرام، والثيرام، والزينيب، والمانيب، والنايام، والغيام.

- **خصائصه:**

1- يستعمل الكبريت ومركباته في مكافحة الحشرات ذات أجزاء الفم الثاقب الماص، مثل: العنكبوت الأحمر، وقمل الفراخ.

2- يستعمل في مكافحة كثير من الأمراض الفطرية على الخضراوات وأشجار الفاكهة، كالعفن الأسود، والبني، واللغمة، والندوة المبكرة، والبياض الدقيقي.

3- مركبات الكبريت تقبل الخلط مع العديد من المبيدات الأخرى الحشرية والفطرية وغيرها.

4- الكبريت غير سام على الحيوان إذا استعمل بالجرعات المنخفضة أقل من 30 جرام للماشية الواحدة- إلا أن الجرعات العالية أكثر من 350 جرام قد تؤدي للوفاة.

5- قد يحدث تأثيرات حادة أو مزمنة إذا استخدم بأسلوب خاطئ أوعند ارتفاع درجة الحرارة.

6- يعقب التسمم بالكبريت الإسهال الشديد ثم وفاة الحيوان.

7- عدم رش الكبريت وقت التزهير؛ لأن ذلك قد يؤدي إلى وقف أو تقليل عقد الثمار.

8- عدم وجوده بأي نسبة في المواد الغذائية؛ لأنه يؤدي إلى فسادها عند تعليبها؛ حيث يذوب غاز ثاني كبريتور الكربون في الرطوبة مكونا حمض الكبيرتيك، الذي يؤدي إلى تآكل صفيح العبوة.

9- أثبتت بعض الدراسات كفاءة مسحوق الكبريت خلطا مع الزيت النباتي ضد الذباب الأبيض والمن في الصوب الزراعية.

ب- مركبات النحاس:

بالرغم من ظهور العديد من المبيدات الفطرية العضوية إلا أن مركبات النحاس المعدنية مازالت تحتل الصدارة في الاستخدام الفعلي لفاعيليتها ورخص ثمنها.

- **خصائصها:**

1- تمتاز بكفاءة في مكافحة الفطريات خاصة المسببة لأمراض البياض الزغبي.

2- مركبات وقائية؛ حيث تمنع أو توقف إثبات جراثيم الفطر على النبات.

3- تتوقف درجة سميتها أو تأثيرها على الفطر على نسبة تحويلها من الصورة غير الذائبة إلى الصورة الذائبة.

أملاح النحاس:

1- أملاح النحاس البسيطة، مثل: أكسيد النحاس، وكبريتات النحاس القاعدية.

2- أمـلاح النحاس القاعديـة، مثـل: خـلات النحـاس القاعديـة، وأكسي- كلـورو النحـاس، وكربونـات النحاس القاعدية.

3- مركبات النحاس النشادرية.

4- مركبات النحاس المرتبطة (معقدات).

وتتجه الأبحاث إلى وجود مركب يحتوي على النحاس مع مترابط، له أصل صـفة الإبـادة الفطريـة، أو يكون الناتج له قابلية الذوبان في الزيوت.

ج- المبيدات الفطرية الزئبقية:

تعتبر المبيدات الفطرية الزئبقية من أخطر المبيدات، على البيئة بصفة عامة، وعلى الإنسان والحيـوان بصفة خاصة، ولذلك فإن حدود الأمان لهذه المركبات تسـاوي صـفرا. وتسـتعمل هـذه المبيـدات رشّـا عـلى المجموع الخضري، وقد استخدمت بكثرة في معاملات البذور والتربة، ومنها الآتي:

1- الكالوميل: (كلوريد الزئبقوز):

صيغته الكيميائية: (Hg_2Cl_2)

خصائصه:

1- قليل الذوبان في الماء.

2- تقتصر معاملته على البذور، مثل: الكرنب؛ لوقايتها من الديدان أو من الذبول.

3- كلوريد الزئبقوز لا يسمح بتواجد مخلفاته داخل النباتات المُعدة للاستهلاك المباشر.

2- الأكسيد الأصفر (أكسيد الزئبقيك):

صيغته الكيميائية: (HgO)

خصائصه :

1- عديم الذوبان في الماء.

2- يستخدم كدهان لعلاج أشجار الفاكهة ووقايتها من الطحالب.

3- أكسيد الزئبقوزلا يتسامى؛ نظرا لأنه ينكسر عند تسخينه.

$$2HgO \xrightarrow{\Delta} 2Hg + O_2$$

وعلى هذا، فإن الثبات الحراري للأكاسيد يقلل من $Hg \leftarrow cd \leftarrow zn$

3- السليماني (كلوريد الزئبقيك):

صيغته الكيميائية: $Hg\,Cl_2$

خصائصه:

1- يستخدم كدهان لبعض الأشجار.

2- يستخدم لتعقيم التربة، وخاصة المشاتل؛ للقضاء على فطريات الذبول والخناق التي تعيش في التربة.

3- يستعمل كمادة طاردة لديدان الجذور.

4- تحدث مركبات الزئبق تأثيرات ضارة شديدة على النبات؛ حيث يتدخل الزئبق في عمليات انقسام الخلايا النباتية، كما أنها تؤثر على حيوية البذور، ويتوقف ذلك على نسبة الرطوبة وطول فترة التخزين.

ج- المبيدات الفطرية الجهازية:

بالرغم من أن هذه المركبات شديدة السُّمِّيَّة إلا أنها متعددة الاستخدام، ولذلك توجد مبالغة شديدة في استخدام هذه المبيدات، فمثلا: تستخدم أحيانا أحد المبيدات الجهازية رشًا على الفراولة، ثم تقطف وتباع في الأسواق مباشرة، مما نشأ عن سوء استخدامها مشاكل كثيرة في البيئة. من مركبات هذه المجموعة:

1- مركبات البنوفيل:

من أكثر المركبات المعروفة هو البنوفيل، ويتحلل مائيًا بصورة سريعة في النبات.

تركيبه الكيميائي:

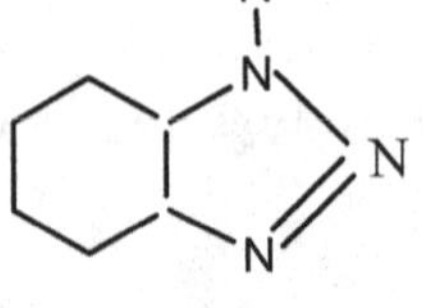

خصائصه:

1- تتميز هذه المركبات بذوبانها العالي في الماء لذلك فهي تتخلل الأنسجة النباتية.

2- هذه المركبات تتحرك إلى مناطق أخرى من البذور والجذور والأوراق، وتصل أيضا إلى الأنسجة الفطرية، وتتراكم داخلها.

3- تظهر سمية هذه المركبات عندما تصل تراكيزها إلى الحدود ذات الفعالية.

4- تعمل على تثبيط التخليق الحيوي في الخلايا الفطرية، وكذلك تثبيط تكوين الجدر الخلوية الفطرية، وتعيق وظيفة الأغشية الخلوية.

5- تثبيط عملية التنفس في الخلايا الفطرية وتخليق الأحماض النووية.

6- تعمل هذه المركبات على تثبيط وظيفة الأنوية في الخلايا الفطرية، كما تعمل بعض أنواعها على تثبيط تخليق الليبيدات.

7- وحيث إن الفطريات تتبع المملكة النباتية (وإن كانت كائنات حية دقيقة)، فمن ثم لا يستبعد حدوث تأثيرات ضارة وشديدة على النباتات الحقلية والبستانية والخضروات، بالرغم من التخصص الشديد في فعل المبيدات الجهازية.

8- وقد تضاف مباشرة إلى التربة لمكافحة الفطريات الضارة التي تسكنها، أو توضع على التقاوي لحمايتها من فطريات التربة، أو تستخدم رشًا على المجموع الخضري؛ بهدف حمايته من التبقعات أو من بعض الفطريات الجهازية وغيرهما أو تعامل على الثمار لحمايتها من الأعفان.

ويمكن أن نشير إلى بعض أسماء المجموعات الكيميائية العديدة، والتي يمكن أن تحدث تأثيرات كمبيدات فطرية جهازية، كما هو مبين في الجدول رقم (9) كالآتي:

جدول رقم (9) : يوضح بعض أسماء المجموعات الكيميائية، والتي لها تأثيرات كمبيدات فطرية جهازية:

الاسم العام	اسم المجموعة الكيميائية	م
(كورزات)	مجموعة الأسيتاميدات	1
(ريدوميل - أسيلون - فونجاد)	مجموعة الأسيل الأنين	2
(بريفيكور)	مجموعة البروثيوكارب	3
(بنليت - بافستين - تكتو)	مجموعة البنزيميدازول	4
(فيتافاكس - بلانتفاكس - سيكارول)	مجموعة كربوكساميد	5
(سوميسكلس)	مجموعة دايكروبوكساميد	6
(قبنجافلور)	مجموعة إيميدازول	7
(كليكسين - ميلنتاتوكس)	مجموعة مورفولين	8
(ويبسان - أفيوجان)	مجموعة المبيدات الفسفورية العضوية	9
(أليت)	مجموعة الفوسفيت	10
(سابرول - فنجينكس - تراي فورين)	مجموعة البيرازين	11
(مليجور - نمرود) .	مجموعة بيريميدين وبيريدين	12
(ثيوفانات - ثيوفانات ميثيل) .	مجموعة ثيوفاثات	13
أندار- بيثون - بيكور - فيجيل/بيلاتون	مجموعة تراى أزول	14
(ديموسان تيرازول - فوزيوان ...)	مركبات متنوعة لا تتبع المجموعات السابقة	15

ونود أن نشير هنا إلى أنه مازالت كثير من المبيدات الثابتة تستخدم في بعض البلدان الإفريقية والأسيوية ودول أمريكا اللاتينية والجنوبية، مثل: الزرنيخ والقصدير والزئبق والكبريت والزنك والكلورين، مع العلم بأن بعضا من هذه المركبات توجد كذلك في الأسمدة العضوية والمعدنية، وقد تستعمل هذه المركبات لأغراض أخرى مع مكافحة الآفات.

ج - مبيدات الحشائش (Herbicides):

الحشائش نباتات غير مرغوبة في وجودها؛ لأنها تنافس النباتات في الماء والهواء والغذاء. ولقد حقق الإنسان نجاحات جيدة في مكافحة الحشائش من خلال العمليات الزراعية؛

كالحرث والعزيق والغمر بالمياه .. إلخ. وحدث تطور هائل في الطرق الميكانيكية لمكافحة الحشائش بتطور الآلات وأساليب الميكنة، ثم بدأ ظهور المبيدات بغرض التغلب على الحشائش، ولكن هذه المركبات تسببت في مشاكل كثيرة؛ نتيجة لأخطاء التطبيق، وعدم القدرة على استيعاب مفهوم وفلسفة الفائدة في مقابل الضرر.

وتعرف الحشائش كما عرفتها جورجيا عام 1914م على أنها: "نباتات تنمو في موضع غير مرغوب تواجدها فيه "، وعرّفها بيترس عام 1935م بأنها: " النبات الذي تزيد أضراره عن منافعه، والذي يكون من عادته النمو، حيث لا يكون مطلوبا ". والحشائش ذات أنواع متعددة، منها ما ينمو في الأراضي الزراعية ومنها ما ينمو في المجاري المائية. ويكفي للتدليل على خطورة الحشائش أن نشير إلى أنها تسبب خسائر تمثل 34 % من مجموع الخسائر التي تسببها الآفات، علما بأن الحشائش قد تنمو في الأراضي غير المزروعة؛ كالمدن والمطارات وغيرهما.

1- خصائصها:

تؤدي الحشائش إلى:

1- خفض الإنتاج الزراعي.

2- خفض جودة المحاصيل.

3- خفض قيمة الأرض الزراعية.

4- زيادة انتشار الحشرات والأمراض النباتية.

5- زيادة تكاليف العمليات الزراعية.

6- حدوث حالات تسمم للإنسان والحيوان؛ لأن بعضها يكون سامًا.

7- نقص كمية الإنتاج الحيواني.

8- وكذلك دور الحشائش في صعوبة جمع المحصول، ومشكلة سد المجاري المائية، وزيادة الفاقد في كمية المياه ... إلخ.

2- بعض منافع الحشائش:

ليست كل الحشائش ضارة على طول الخط، بل إن بعضها ذات منافع كثيرة، فمثلا :

1- بعضها يستخدم كغذاء للإنسان، مثل: الملوخية، والسريس، والرجلة، وغيرها.

2- يستخدم البعض كعلف للماشية.

3- بعضها يعتبر مصدرا مهمّا جدّا كنباتات طبية ، مثل: مركبات الخلين (من بذور الخلة)، والإيفوربين (حشيشة اللبنية)، والأسكاريدول (من الزربيح)، وفيتامين ج (من الرجلة)، والأتروبين (من الداتورة).

4- هناك حشائش كثيرة تزيد من خصوبة التربة، مثل: الدحريج، والنقل، والحندقوق.

5- كما تعمل بعض الحشائش على صيانة وحفظ الأراضي من الانجراف، مثل: النجيل، والحلفا.

5- كما تعتبر بعض الحشائش مصدرا لبعض الصناعات الريفية، مثل: الحجنة، والغاب.

3- أنواع مبيدات الحشائش:

تم استخدام بعض المركبات الكيميائية قدرا للقضاء على الحشائش الضارة، وذلك عام 1896م ، في فرنسا، حيث لوحظ موت حشيشة السيتايهز بعد رش العنب بمزيج بوردو (نحاس + جير)، ثم تم اختبار مقدرة كبريتات النحاس، والتي تبين أن لها القدرة على قتل الحشائش عريضة الأوراق، ثم نجح استخدام العديد من المركبات، مثل: ملح الطعام، وكبريتات الحديد، وكبريتات النحاس، وزرنخيات الصوديوم، كمبيدات حشائش، وكانت جميع المركبات تستخدم في أراضي غير مزروعة، وفي عام 1932م تم اكتشاف مركب الداينيتروفينول في فرنسا كأول مبيد عضوي اختباري لمكافحة الحشائش. وفي عام 1942-1944م تم الكشف عن خصائص مركبات مشتقات حامض الفينوكسي. وبعد ذلك عرفت مبيدات الحشائش على أنها مركبات كيميائية معدنية أو عضوية تعمل على قتل أو منع تثبيط نمو الحشائش أو أعضاء تكاثرها.

قد يعتقد البعض، سواء أكانوا من المزارعين أو حتى من العلميين، أن مبيدات الحشائش مركبات مأمونة الجانب، أو ذات سمية نسبية مقبولة؛ لذلك لا تؤخذ الاحتياطيات الواجبة

عند التداول والنقل والتخزين، وهذا خطأ كبير، بل فادح؛ حيث إن العديد من مبيدات الحشائش ذات تركيبات كيميائية خاصة، تتسم بالسمية والتأثيرات البيئية الضارة، مثل: المواد الهرمونية، لذلك يجب أن تتعرض هذه المركبات لجميع خطوات ومراحل الاختبارات المعملية والحقلية؛ للتأكد من أمانها النسبي، قبل السماح بتسجيلها والتوصية باستخدامها في مكافحة الحشائش الضارة.

ومادمنا بصدد تناول أثر الكيميائيات على حالة الإنسان- فإن الاعتماد على الطرق الميكانيكية والزراعية والبيولوجية هي أفضل السبل، مع السماح باستخدام مبيدات الحشائش في أضيق نطاق، وتحت مظلة برامج المكافحة المستنيرة والمتكاملة؛ لأن لها تأثيرات سمية مع الزمن؛ بسبب تراكمها داخل جسم الإنسان، ويظهر الأثر على المدى البعيد.

والمبيدات الحشرية تتميز بالتنوع الكبير في تركيبها الكيميائي، ويمكن أن نشير إلى أقسام هذه المبيدات كالتالي:

1- مركبات معدنية :

هي مركبات غير عضوية، مثل: حامض الكبريتك، وكلوريد وكلورات ونترات وزرنيخات الصوديوم، وسياناميد الكالسيوم، ونترات وكبريتات الحديدوز.

2- مركبات عضوية غير نيتروجينية:

هي مركبات، مثل: مشتقات الكلور فينوكسي، وغيرها، ومشتقات أحماض الفينايل خليك، والبنزويك، مثل: الدايكامبا، والفيناك، ومشتقات الأحماض الهالوجينة الأليفاتية، مثل: الدلابون.

3- مركبات عضوية نيتروجينية :

هي مركبات، مثل: مركبات اليوريا، ومنها المونيورون، واللينيزون، والديورون، والفلوميترون، ومركبات الكاربامات، أو الثيوكاربامات، والأيتام والفيرفولات ... إلخ، والمشتقات النيتروجينية الحلقية غير المتجانسة، مثل: الترايازين، ومنها: السيمازين، والبروبازين، والأترازين، ومشتقات الفينول الاستبدالية، ومنها: (PCP و DNPP) ومشتقات التولويدين، مثل: التريفلان، والبلافافين (أسيتاميد- Acetamide)، والأناليدز (Analidies)، مثل: مركب الإستام.

4- مركبات عضوية معدنية:

هى عبارة عن مركبات عضوية تحتوي في تركيبها على بعض المعادن، وتسمى المركبات المعدنية العضوية، وتستخدم كمبيدات حشائش، مثل: .D.S.M.A، وبعض الزيوت البترولية. وتجدر الإشارة إلى وجود مبيدات حشائش غير اختيارية؛ حيث تقتل النباتات النامية، مثل: الجرامكسون، والدايكوات، وD.N.P.P ، وكم من كوارث حدثت من جراء الإفراط في استخدام المبيدات غير المتخيرة.

5- بعض المبيدات الجهازية:

يمكن إدراج بعض المبيدات الجهازية ضمن مبيدات الحشائش، مثل: الديورون، والدالابون، وغيرهما، وهي تستوجب الحذر الشديد وضرورة اتباع التوصيات عند التعامل مع هذه المبيدات. يوجد من هذه المبيدات أنواع شديدة الثبات في البيئة؛ حيث تستخدم في تعقيم التربة، وإذا لامست النباتات تحدث تسمما وجفافا وحرقا للأوراق. وهناك مبيدات عالية الثبات في التربة، مثل: مبيد الكوتوران، الذي يستخدم في مكافحة دودة القطن، ولكن هذا المبيد يؤثر سلبا على زراعة القمح، بمعنى: إذا تم زراعة القمح في أرض ملوثة بهذا المبيد، فإنه لا تنبت تقاوي القمح، أو يحدث لها الإنبات، ثم تموت؛ نتيجة لعدم قدرة الأوراق على القيام بعملية التمثيل الضوئي (فقد الكلوروفيل).

ويمكن الإشارة إلى أن بعضا من مبيدات الأعشاب لها القدرة على القضاء على نوع معين ومحدود من الأعشاب التي تصيب المزروعات، والبعض الآخر له القدرة على القضاء على جميع النباتات والأعشاب، وتستعمل الأخيرة عادة لتنظيف الشوارع والطرقات الزراعية من النباتات التي عليها، وكذلك لتنظيف خطوط سكك الحديد والمطارات وغير ذلك، ومن الأمثلة عليها: الباراكوات (Paraquat) والدياكوات D-Diaquat) . وهذه المركبات تذوب في الماء، ولها آثار ضارة، ولكن يعتبر الباراكوات أشد سمية من الدياكوات، فله أثر ضار على الجلد والعيون والأنف والفم، وكذلك على جهاز التنفس والقناة الهضمية، أما السائل المركز منه يحدث التهابات وتقرحات في الأنسجة الجلدية.

د- مبيدات القوارض (الفئران والجرذان) Rodenticides

تعد القوارض مشكلة حقيقية؛ لأنها أحد الأسباب الرئيسة في انتقال العدوى والأوبئة، مثل: الطاعون وغيره، فضلا عن خسارة وإفساد المحاصيل الزراعية.

وتعتبر مشكلة القوارض من أكبر التحديات التي تواجه تحسن وسائل معيشة الإنسان، حيث يمكن القول بأنه كلما زادت رفاهية الإنسان، زادت المخلفات الناتجة عن هذه الرفاهية، وبالتالي تفاقمت، وتزايدت حدة مشكلة القوارض.

ومركبات هذا النوع من المبيدات شديدة الخطورة، ومن السُّمِّيَّة بمكان؛ لأن لها القدرة على القضاء على القوارض والحيوانات الأليفة، وحتى على الإنسان، إنْ أُسيء التعامل معها، فعلى سبيل المثال قد استعملت بعض مركبات الزرنيخ والإستراكنين في هذا المجال منذ القدم، ونظرا لخطورتها على الإنسان والحيوانات قل استعمالها في الوقت الحاضر، ووجدت مبيدات أخرى للقوارض ذات تأثير مانع للتخثر، مثل: الوارفارين (wayfaring) ، علما بأنه أحد الأدوية المستعملة طبيًا؛ لأنه عند دخوله الجسم يعمل على تثبيط عملية تكون البروثرومبين المهمة في تخثر الدم.

وعلى عكس ماهو متوقع لقد لعبت المبيدات الكيميائية دورا مهمّا في انتشار القوارض؛ لأنها قضت على العديد من الأعداء الطبيعية التي كانت تعمل على التوازن الطبيعي لتعداد القوارض. ولذلك فإن اللجوء إلى التوسع في استخدام مبيدات القوراض الكيميائية كسلاح وحيد و فعّال دون استناد إلى برنامج للمكافحة على دراسات بيئية وسلوكية وحصر وتصنيف للقوارض- يكون غير مجدٍ. ويرجع ذلك إلى أن القوارض، وخاصة الفئران، تستطيع أن تغير وتعدل من سلوكها عندما تشعر بالأخطار، خاصة مع تعود تواجد السموم؛ لأن الفئران حيوانات ذكية وماكرة حباها اللـه- سبحانه وتعالى- بالعديد من مقومات الحياة؛ من مقدرة فائقة على التناسل والمعيشة في بيئات متعددة وظروف غير ملائمة، والمقدرة على تحمل نقص الغذاء.

أما بالنسبة لأنواع الفئران التي تمثل الآفات الرئيسة في الزراعة والمواد المخزونة والصحة العامة فثلاثة أنواع، وهي: الفأر النرويجي في المناطق المعتدلة، والفأر الأسود في المناطق الحارة، وفأر المنازل، والأخير أقلهم تأثيرا من الناحية الاقتصادية، ولكنه يسبب مضايقات للإنسان في أماكن معيشته. والفئران تعتبر حاملة للعديد من الأمراض الوبائية، مثل: الطاعون، وحمى الوادي المتصدع، وغيرهما، كما تحدث أضرارا شديدة لأثاث المباني والمنشآت الخشبية.

أ- مواصفات مبيدات القوارض:

وحيث إن معظم استخدام مبيدات القوارض يكون عن طريق الأطعمة؛ لـذلك فإنـه يجـب أن تكـون هذه المبيدات ذات **مواصفات معينة**، كالتالي:

1- يجب ألا تكون مرفوضة مـن الآفات المستهدفة.

2- وفي الوقت نفسه عدم احتياج الحيوان لجرعات متكررة.

3- كما أنهـا لا تظهر أعراضا مرضية؛ لأن ذلك يؤدي إلى عزوف بقية الفئران عنها.

4- مع مراعاة أن يجعل المبيد الفئران تندفع خارج مكان المعاملة لتموت بعيدا.

5- كذلك ألا تكون هذه المبيدات ذات سـمية عاليـة عـلى الثـدييات؛ لأنـه مـن المعلـوم أن غالبيـة السموم الفعالة ضد الحيـوانات الفقارية، مثل: الفئران- تكـون سـامة أيضـا علـى الإنسـان والحيـوان، مـع القليل جدّا من الاستثناءات، وبالرغم من ذلك، فإن الإنسان يسـتخدم مبيـدات القـوارض بأسـلوب خـاطئ ومبالغ فيه، قد يحدث له تسمما وأضرارا ونفس الشيء على الحيوانات الأليفة.

ب- تقسيم مبيدات القوارض:

يمكن تقسيم مبيدات القوارض من حيث السمية إلـى مجموعتين:

1- مركبات ذات سمية حـادة:

وفيها تستخدم جرعة واحدة، وهى سريعة المفعول وهـذه المبيـدات تتميـز بسرعـة إحـداثها للقتـل، ولكنها شديدة الخطورة، ولا تصلح إلا تحت ظروف معينة؛ لأنها قـد تصيب الإنسـان والحيوانـات الأليفـة بالتسمم وأمراض خطيرة.

2- مركبات ذات سمية مزمنة:

وفيها تستخدم جرعات متعددة وهـي بطيئـة المفعـول يقصـد بالمركبـات بطيئـة المفعـول بمانعـات التجلط، وهي تتسم بالفاعلية والآمان النسبي، ولكنها قليلة الاستخدام وباهظة التكـاليف، بـالنظر لتكلفـة العمالة التـي تقوم بتجهيز وتوزيع الأطعمة المحتوية عليها، ولكن ظهرت مشكلة اكتساب الفـئران لظـاهرة المقاومة لفعل هذه المواد.

ومن هنا يمكن القول بأن مبيد القوارض (الفئران) الجيد هو الذي يحقق ثلاثة متطلبات أساسية، تتعلق بالسمية، والقبول، وأمان الاستخدام.

ج- أنواع مبيدات القوارض:

تتنوع مبيدات القوارض كيميائيًا وبيولوجيًا:

1- مبيدات القوارض الكيميائية:

وأشهر مبيدات القوارض الكيميائية التي تستخدم قديما وحديثا هي كالتالي:

أ- قديما:

ظهرت في البداية مركبات الإستراكنين والزرنيخ الأبيض والفوسفور وبصل الحنظل والأخير يحتوي على سم طبيعي، هو الأسكليروسيد، ثم ظهرت بعد ذلك مبيدات كربونات الباريوم وفوسفيد الزنك وأكسيد الزرنيخوز. وقد استخدم مركب كبريتات الثاليوم مدة طويلة في مكافحة الفئران وبعض أنواع الطيور الضارة، وهو من المركبات شديدة السمية على الإنسان والثدييات الأخرى. ومن أوائل المركبات المصنعة كسموم للفئران مركب الأنتو (ألفا رنافيثيل ثيوريا)؛ حيث تصل الجرعة السامة له 6 – 8 مللجم/كجم من وزن الجسم للفئران، ومن العيوب الواضحة عزوف الفئران عن تناول مزيد من الأطعمة المحتوية عليه إذا تناولت جرعة غير كافية، ولقد أوقف هذا المركب تماما في العديد من دول العالم خاصة بريطانيا.

ب- حديثا:

مركبات حمض الفلوروأستيك، ولكن هذه المركبات خطيرة وشديدة السمية، ولا يوجد لها مضادات تسمم. كما تم استخدام البرسيم الحلو كمبيد للقوارض؛ لأنه يحتوي على المادة الفعالة داي كومارين، التي تتداخل مع وظيفة فيتامين K، وتقلل من تكوين مركب البروثرومبين، وهذا المركب غير فعال ضد الفئران، ولكن أحد مشتقاته الهيدروكسيلية شديدة الفاعلية، وهو المركب المعروف بالوارفارين، وهو أشهر مضاد للتجلط، والفئران شديدة الحساسية لهذا المركب، ولا تعزف عن تناوله، والجرعة القاتلة تمثل ملجم / كجم، ولمدة خمسة أيام. ويتوقف أمان هذه المركبات على أسلوب التطبيق، كما أن حالات التسمم تعالج بفيتامين K .

2- مبيدات القوارض البيولوجية :

نظرا لخطورة مبيدات القوارض الكيميائية وأثرها الخطير؛ فقد أجريت محاولات لمكافحة الفئران بطرق بديلة عن استخدام المبيدات الكيميائية، مثل: **استخدام الأمراض المعدية،** ولقد نجحت بكتريا السالمونيللا المجهزة على طعم اللحم في القضاء على كثيرٍ من الفئران، ولسوء الحظ، كونت الفئران سلالات مقاومة لفعل البكتريا، مما اضطر الباحثين إلى دراسة استخدام وسائل أخرى للتعقيم مثل استخدام مركبات كيميائية ذات تأثير بيولوجي(مسببا العقم)؛ حيث تم تكوين مستحضر من مخلوط على صورة مسحوق سيانيد الصوديوم وكربونات الماغنسيوم وكبريتات الماغنسيوم اللامائية، بحيث يوضع في جحور الفئران؛ حيث ينبعث من هذا المخلوط سيانيد الهيدوجين عند ملامسته رطوبة التربة. وكذلك يستخدم كريات فوسفيد الألومنيوم؛ حيث ينبعث منه فوسفيد الهيدروجين، وهو مفيد جدّا في مكافحة الفئران في حقول الأرز.

د- مقاومة القوارض للمبيدات:

القوارض بصفة عامة، والفئران بصفة خاصة، لها القدرة على إنتاج سلالات مقاومة لفعل المبيد، مثل: ما حدث لمقاومتها لفعل الوارفارين، مما اضطر إلى ظهور مشتق الكلور له، وهو ما أطلق عليه توماكلور، وله كل مميزات الوارفارين. وبعد ذلك ظهرت فئران فائقة المقدرة على تحمل الوارفرين ومشتقاته، ومن ثم ظهرت مشتقاته الكومارين والتي أثبتت فاعلية جيدة، مثل: الداي فيناكوم، كسم بطيء المفعول "تأثير مزمن"، ثم ظهر مركب برماديلون وهو مقبول جدّا من الفئران شديد المفعول، كمانع للتجلط، وتستطيع جرعة واحدة في طعام تركيز المادة الفعالة به 0.005 % - أن تقتل الفئران خلال يوم واحد فقط.

ويجب على الجميع اتباع أسلوب **"الوقاية خير من العلاج"**، أي أن النظافة في الحقول والمنشأت الريفية الجديدة وفي المنازل- هي أهم سلاح ضد تواجد الفئران، وذلك عن طريق التخلص من الأعشاب وبقايا النباتات، وكذلك التخلص من القمامة ومخلفات الحبوب وهدم جحور الفئران وإقامة المباني بمواصفات معينة وتغطية الأبواب والنوافذ بالسلك وعمل دكات خرسانية للأرضيات وعدم ترك فضلات حول المباني.

هـ- المبيـــدات النيماتودية Nematicides :

النيماتودا حيوانات دقيقة تحدث أضـرارا جسـيمة عـلى النباتـات؛ لأن بعضـا منهـا يهـاجم الجـذور، والبعض يتغذى على الأوراق، وبعضـها يأكـل السـيقان، والـبعض الآخـر يهـاجم الأبصـال. وتكمـن مشـكلة النيماتودا في أن لديها القدرة على أن تنتشر بسرعة فـي الأراضي الخفيفة، كما أنهـا تسـتطيع التغلـب عـلى العديد من الظروف المعاكسة، حيـث تتحوصـل، وتظـل كـذلك لسـنوات طويلـة حتـى تتحسـن الظـروف، ويتضح ذلك جليّا في معاناة من اتجـه لزراعـة الصـحراء والصـوب البلاسـتيكية مـن الإصـابات النيماتوديـة، لـدرجة أن زارعي الصوب يلجئون لتدخين التربة بغاز بروميد الميثيل (أحـد المبيـدات النيماتوديـة القويـة) عند الإنشاء حتى يقضوا على النيماتودا الضارة.

وتعتـبر المكافحة الكيميائية بالمبيدات النيماتودية من أسهل وأكثر الطرق فاعلية، خاصة الغازات، مع أنها أكثر هذه المبيدات ضررا على البيئة، وأشدها خطرا على الصحة. ويجـب أن يتحقـق في الغـاز الفعّـال- لكي يستخدم كمبيد ضد النيماتودا- **مواصفات معينة** هي:

1- أن يكون أثقل من الهواء.

2- أن يكون قابلا للتوزيع والانتشار في التربة.

3- أن يظل ثابتا لمدة كافية.

وأشهر أمثلة على ذلك: الداي كلوروبروبين والإيثلين داي بروميـد، **ولكـن هـذه الغـازات ضـارة جـدًا بالنباتات**؛ لذلك يجب أن تجرى عمليات التدخين قبل الزراعة بعدة أسابيع. وللتاريخ نـذكر أن أول عمليـة تدخين أجريت عـام 1871م بـاستخدام ثاني كبريتور الكربون في ألمانيا، كـما اسـتخدم الكلوروبكرين، وهـو غاز الدموع فـي بريطانيا عام 1919م، وفي أمريكا استخدم مخلوط من سيس وترانس للـداي كلـوروبروبين عـام 1943م ، وفي عـام 1956م تـم اكتشاف الفعل النيماتودي لمركب ميثيل ايزوثيوسيانات، كمدخن جيـد للتربة ضد الفطريات والحشرات والنيماتودا وبذور الحشـائش، ولكـن ثبـت ضرره الشـديد عـلى النباتـات؛ لذلك يجب إجراء المعاملة قبل وقت كافٍ من العلاج؛ حتى تكون هناك فرصة لانهيار المركب.

تتوقف كفاءة وفاعلية المبيدات النيماتودية في التربة على نوع التربة وظروفها ودرجة الحرارة، وعادة تكون المبيدات النيماتودية ذات تركيب كيميائي بسيط، فمثلا: غاز بروميد الميثيل، وهو أحد أشهر أنواع المبيدات النيماتودية- يستخدم عن طريق حقنه في التربة، ثم ينتشر الغاز (بروميد الميثيل) لتعقيم التربة؛ نظرا لتطايره العالي، خاصة في الصوب الزجاجية، كما يفيد في القضاء على النيماتودا في التقاوي والنباتات المصابة. وعملية تدخين التربة عالية التكاليف؛ حيث تتطلب حقن الغاز على عمق معين، لا يقل عن 30 سم.

كما يوجد هناك العديد من المبيدات الفوسفورية العضوية ذات تاثير فعّال على النيماتودا، مثل: الفورات، والباراثيون، والدايمثوات، ولكن معظم هذه المبيدات سريعة الانهيار في التربة، ولذلك تكون المبيدات الجهازية أكثر فائدة.

وهناك أيضًا العديد من مركبات الكاربامات ذات تأثير جيد على النيماتودا، مثل: الكاربوفيوران، والكاربوسلفان، والألديكارب، والأوكساميل، ذات صفات جهازية، ولكنها شديدة السمية على الإنسان والحيوان. ومن المؤسف أن الفلاح العربي (وخاصة المصري) يعتمد كثيرا على هذه المبيدات الجهازية الكارباماتية، بالرغم من سميتها وخطورتها البيئية؛ لأن لها القدرة على حماية الخضراوات، خاصة الفراولة ونبات الزينة وكذلك أشجار الفاكهة.

ومن الجدير بالذكر أن اليابانيين نجحوا في الحصول على مركبات، من أصل نباتي، شديدة الفعالية ضد النيماتودا، وهذا هو الاتجاه الحديث في مكافحة النيماتودا والحد من خطورتها، وهو استخدام أحد النباتات والأعشاب لحماية نباتات الصوب البلاستيكية من النيماتودا.

و- الهرمونات ومنظمات النمو النباتية:

Hormones and Plant Growth Regulators

منظمات النمو النباتية هي عبارة عن مركبات كيميائية عضوية غيرغذائية، لها قدرة تأثيرية على النمو النباتي، علما بأنها تستخدم بتركيزات ضئيلة، وتتضمن مواد تشجع أو تثبط النمو أو تحور العمليات الفسيولوجية في النبات. والمواد التي يمكنها تعديل أو تحوير العمليات الفسيولوجية يطلق عليها لفظ: منظم، بينما يطلق على المواد التي تشجع أو تثبط

النمو، وتنتج طبيعيًا لفظ: هـرمون، والمواد الهرمونية مركبات عالية التخصص، بمعنى أن هناك هرمونا للنمو، وآخر للإزهار، وثالث لنضج الثمرات، وغير ذلك، وتحدث تأثيراتها الفسيولوجية بتركيزات ضئيلة للغاية.

عموما، هذه المواد متعددة الاستخدامات في الزراعة، ومثال ذلك:

1- التأثير على نمو النباتات من خلال دورها في انقسام الخلايا واستطالتها والإسراع في النمو الخضري.

2- التأثير على كمية المحصول عن طريق زيادة العقد وحجم الثمار وعدم تساقط الثمار.

ولذلك فإن هذه المركبات تستخدم بإسراف شديد خاصة في مزارع الفاكهة والخضراوات، مما أدى، وبالتأكيد إلى حدوث تأثيرات بيئية ضارة، خاصة على صحة الإنسان، ومن الخطأ الاعتقاد بأن الهرمونات المخلقة، والمستخدمة في الزراعة- هي شبيهة لما هو موجود طبيعيًا في النباتات، وبالتالي تجاهل إمكانية حدوث أية أضرار جانبية، وهذا يتنافى مع الحقيقة والواقع.

تتمثل خطورة هذه المواد على النباتات في أن معظمها يحدث تنشيطا للنمو عندما يستخدم بتركيزات منخفضة، وهو نفسه يحدث تثبيطا للنمو إذا زاد التركيز عن حد معين، وهذه معادلة صعبة حالت، ومازالت تحول، دون التوسع في استخدام الهرمونات أو المنظمات النباتية. وبالرغم من أن هذه المواد ليست مأمونة بصفة مطلقة، ولها آثارها السيئة التي تظهر على المدى البعيد- إلَّا أن الزراع في العالم العربي، وخاصة مصر، يسرفون إسرافا غير واعٍ في استخدام الهرمونات النباتية.

والبحث العلمي في هذا المجال مفتوح بدرجة مذهلة؛ حيث إن احتمالات إيجاد هرمونات جديدة ذات تركيبات متميزة ومأمونة الجانب- يمكن الاستفادة منها ودخولها حيز التطبيق العملي- شيء مهمٌّ جدًا.

ومن أهم أنواع هذه المنظمات:

1- الأكسينات.

2- الكينات، مثل: الإيثلين.

ز- مركبات متنوعة:

توجد مركبات كيميائية عديدة ذات مجموعات وظيفية مختلفة، كما سبق أن أوضحنا، ذلك (جدول رقم 9)، وجميعها ذات تأثيرات بيئية ضارة جدًا، ويمكن الإشارة هنا إلى بعض الأمثلة كالتالي:

1- مبيدات القواقع:

مبيدات القواقع وخاصة قواقع البلهارسيا الموجودة في المياه العذبة، ذات تأثيرات ضارة على البيئة، وكذلك على صحة الإنسان والحيوان، ولذلك وجب على الحكومات استخدام البدائل غير الكيميائية؛ لمكافحة قواقع البلهارسيا، ولحسن الحظ، هناك العديد من النباتات التي تثبت دورها الفعال في القضاء على القواقع الدمسيسة، وكذلك أنواع عديدة من الحشائش البرية.

وهناك مبيدات مكافحة قواقع الحديقة، وهي مركبات كيميائية مصنعة، وهي خطرة جدًا، وتسبب أضرارا بالغة، وهناك أمل أن تستطيع الوسائل الزراعية والميكانيكية والحيوية وغيرها- أن تقلل من حجم المشكلة، تفاديا للتلوث البيئي والإضرار بصحة الإنسان.

2- الجاذبات الجنسية :

والجاذبات الجنسية تعرف أيضا بالفورمونات، وهي كيميائيات منخفضة السمية على درجة عالية نسبيًا من الأمان البيئي، وهي ناجحة جدًا في اكتشاف تعداد الآفات الحشرية، وتعمل على تقليل التعداد من خلال تشويش الذكور، بحيث لا تتقابل مع الإناث، ولا يحدث التزاوج، ومن ثم تضع بيضا غير مخصب، مما ينعكس على تعداد الأجيال التالية. أما عن تأثير هذه المركبات على البيئة- فهي مازالت تحتاج إلى دراسة جيدة لتأكيد أمان هذه المركبات.

خامسا: الآثار السلبية للمبيدات :

يعد الإفراطُ في استخدام المبيدات أحدَ الأسباب الرئيسة في ازدياد حالات التسمم التي يتعرض لها الإنسان، وكذلك الإصابات الخطيرة، بل بعض حالات الوفيات؛ حيث نعلم أن تأثير هذه المبيدات على الكائنات الحية أدى إلى ظهور مشاكل كبيرة في النظام البيئي بشكل عام، وتسببت في إحداث مخاطر على صحة الإنسان بشكل خاص فمثلا: قضت هذه المبيدات

على الأعداء الطبيعية للآفات الحشرية الضارة، وفي الوقت نفسه ظهور سلالات من الآفات مقاومة للمبيدات، كما أثرت تلك المبيدات على خصوبة التربة، وأدت إلى تلوث المياه والغذاء والهواء، كما أشرنا إلى ذلك عند الحديث عن تلوث البيئة بالمبيدات، وإننا هنا نتحدث عن الآثار السلبية للمبيدات على الزراعة وصحة الإنسان.

1- الآثار السلبية على الزراعة:

إن الاستخدام المتزايد والعشوائي للمبيدات الكيميائية في الزراعة تسبب في إحداث خلل في التوازن البيئي؛ لأنه أدى إلى اختفاء الأعداء الحيوية من مفترسات ومتطفلات على الحشرات الزراعية وغيرهما، فضلا عن ظهور سلالات من الآفات الحشرية مقاومة للمبيدات، مما يزيد من فداحة المشكلة البيئية، وخاصة على المدى الطويل، فمثلا من بين هذه الآفات التي سجلت مقاومة للمبيدات الحشرية حشرة من القلف الأسود، والتي تصيب أشجار اللوزيات، حيث تسببت في تلف الكثير منها. ومن مظاهر خلل التوازن البيئي أيضا ظهور حشرات المن والذبابة البيضاء بكثافة كبيرة جدّا، وهذه الحشرات تتسبب في نقل معظم الأمراض الفيروسية الخطيرة على محاصيل الخضر، مثل: مرض الاصفرار الفيروسي الذي يصيب القرعيات، وخاصة البطيخ والشمام والخيار، الأمر الذي أدى إلى اقتلاع الكثير من أشجار القرعيات، وليت الأمر عند هذا الحد، بل أدى إلى عزوف الكثير من المزارعين عن زراعة البطيخ والشمام وغيرهما.

ولذلك فإن الواقع يفرض على الباحثين بذل جهودا علمية كبيرة للقضاء أو الحد من انتشار تلك الظاهرة؛ لأنه من المتوقع -إذا استمر الأمر على هذا الحال- أن المزارعين، في نهاية الأمر، لن يستطيعوا مكافحة أو ايقاف انتشار أو منع تفشي الآفات الضارة، مهما استخدموا كميات كبيرة من المبيدات، ومهما ازداد عدد مرات الرش، وبالتالي، فإن النتيجة ستكون إنتاج محاصيل متدنية وضعيفة الإنتاجية، وخاصة تحت الظروف المناخية المتغيرة والمتقلبة. إن النظام البيئي الزراعي سيأخذ وقتا طويلا؛ ليعود إلى حالته الطبيعية لزراعة محاصيل مقاومة للآفات الحشرية ذات الإنتاجية العالية كما كانت عليه سابقا .

2- الآثار السلبية للمبيدات على صحة الإنسان:

إن مخاطر المبيدات على الإنسان والحيوان ترجع نتيجة التعرض لمتبقياتها أو مخلفاتها وخاصة المبيدات ذات الأثر التراكمي وكذلك التي تتميز بثباتها العالي في البيئة، وبالتالي فإن

أبرز مشاكل الصحة البيئية هي التعرض للمبيدات الكيميائية لأن هذا التعرض يؤدي إلى إحداث خلل في التوازن الهرموني في الجسم مما ينتج عنه حالات سرطانية مختلفه على حسب تأثيرها مثل سرطان الخصية والبروستاتا وسرطان الثدي بالإضافة إلى إحداث بعض التشوهات بالأجنة. وقد يكون هذا التعرض عن طريق تناول الإنسان غذاء معامل بالمبيد أو استنشاقه رذاذ المبيد أو تعرضه للمبيد أثناء تصنيعه أو نقله أو تداوله مما يسبب للإنسان أمراض خطيرة.

أثبتت بعض الدراسات أن الأثر المتبقي للمبيدات الهيدروكربونية يؤدي إلى ضمور الخصية وهذا بدوره يؤدي إلى ضعف الحالة الجنسية وقد يسبب في النهاية العقم، أما المبيدات الفسفورية العضوية تسبب أورام في الغدد الليمفاوية والطحال بالإضافة إلى المخاطر الوراثية الناتجة من التعرض لهذه المخلفات، وقد لايظهر هذا التأثير سريعا وإنما بعد فترة زمنية طويلة، ويعزى ذلك إلى أن المستخدمين لتلك المبيدات لاتوجد لديهم المعرفة السليمة لكيفية استخدام تلك السموم، هذا إلى جانب عدم توفر الأجهزة المناسبة والمستخدمة في توصيل تلك السموم إلى مواقع تواجد الحشرات الضارة وعدم المعرفة بالميعاد المناسب أثناء الاستخدام، بل أحيانا نجد أن استخدام هذه السموم تكون دون إشراف زراعي وإرشادي لإعطاء التوصيات، وهذه الإرشادات مهمة جدا ولازمة لتحديد الزمن الكافي ما بين استخدام المبيد ووقت الجني أو القطاف حيث تحسب تلك الفترة الزمنية على أساس حساب الزمن اللازم لانخفاض تركيز المبيد أو المادة الضارة إلى تركيز منخفض لا يعد خطرا ضارا بالصحة حتى تكون تلك الوقاية مضمونة وفعالة. فبالإضافة إلى ما سبق من الإشارة إلى بعض الآثار السلبية للمبيدات على الإنسان، فإنه يمكن إجمال أهم وأخطر المشاكل الصحية للإنسان الناجمة عن التعرض للمبيدات الكيميائية .

أهم المشكلات الصحية للإنسان الناجمة عن التعرض للمبيدات كالتالي:

1- تؤثر معظم المبيدات -خاصة العضوية- على الجهاز العصبي.

2- إن التعرض إلى DDT يؤدي إلى صداع وعجز ذهني وآلام المفاصل والعظام وإجهاد عضلي وتوتر عصبي بالغ.

3- إن الميثوكسي كلور DMDT له تأثير مباشر على الرحم وتأثير مثبط لبعض هرمونات الغدة النخامية، كما أن له القدرة على إتلاف الكُلَى.

4- مبيدات السيكلودايين مثل إندرين والكلوردان وهيبتاكلور والدابلدرين ذات آثار مرضية متأخرة وتتراوح بين فقد الذاكرة والأرق.

5- يسبب التعرض المستمر للمبيدات الفوسفورية العضوية حالات شلل متأخرة واضطرابا ذهنيًا وإحداث تلف عضوي مستديم للأنسجة العصبية، وقد يكون الشلل على صورة تشنجات ، كما تحدث هذه المبيدات ضمورا في عضلات الأطراف وتحدث عملية تحلل في الأعصاب مسببة تغييرا في ساق المخ والمخيخ.

6- أثبتت بعض الدراسات قدرة بعض المبيدات الحشرية على إحداث تلف كرموسومي أو التداخل في الانقسام الطبيعي للخلايا وتلف المادة الوراثية، وهذا يؤدي إلى انعكاسات وراثية خطيرة على الأجيال القادمة.

7- انتشار مرض سرطان الجلد بين العمال الذين يتعرضون لأدخنة الزرنيخ، حيث يعتبر الزرنيخ أوائل المبيدات التي ارتبطت بسرطانات الجلد الزرنيخية.

8- إن التعرض للمبيدات الكلورونية العضوية تسبب سرطان الدم وأنيميا النخاع واضطراب وظائف الدم والأنسجة.

9- تعمل بعض المبيدات على إتلاف الكبد وتقليل إمداداته من فيتامين B ، مما يؤدي إلى زيادة تركيز الأستروجين.

3- منظفات البيئة من المبيدات:

من المعلوم أن آلاف الأطنان من المبيدات يتم إنتاجها سنويا، وكثيرٌ منها عن طريق الأمطار يجد طريقه إلى التربة الزراعية والمياه الجوفية والترع والبحيرات والمستنقعات والبحار والمحيطات حتى لم يسلم منها القطب الجنوبي والشمالي، فوجدت في ثلوجه بقايا المبيدات. لقد تمكنت المبيدات من دخول السلسلة الغذائية، وأصبح لا يوجد كائن حي -سواء في أعلى قمة من جبال هيمالايا ولا أعمق بقعة من المحيط- إلا وقد احتوى جسمه على بقايا من المبيدات، وخاصة مبيد الـD.D.T.

لقد وجد أن بعض المبيدات -التي لا يمكنها البقاء كما هي على سطح النبات لمدة لا تزيد عن 21 يوما- قادرةٌ على أن تبقى في التربة 40 عاما رغم وجود ملايين من منظفات البيئة.

وتختلف المبيدات في تركيبها الكيميائي وفي قدرة منظفات البيئة على تخليص البيئة منها، فهناك بعض المبيدات تتحول في النهاية إلى مصادرها الأساسية من كربون وأكسجين وهيدروجين ونيتروجين أو كبريت أو فوسفور وبعضها يتحول إلى مركبات أشد سمية أو أقل سمية وبعضها يتحول إلى مركبات سطحية أو مشتقات أو نظائر لنفس المبيد، ويمكن ذكر أهم الطرق الأساسية التي نستطيع بها تنظيف البيئة من المبيدات أو على الأقل الحد من انتشارها كالتالي:

أولا : تنظيف البيئة من بقايا المبيدات بالطرق غير الحيوية:

1- التحطيم عن طريق معادن الطين:

تلعب المعادن الموجودة في التربة دورا مهمّا في تحطيم بعض المبيدات؛ نظرا لأن التربة تحتوي على سيليكون أو حديد أو منجنيز أو كوبلت في تركيبها، وتعمل هذه المعادن كعامل مساعد في أكسدة أو اختزال المبيد، وتبعا لذلك تتغير خصائص المبيد، وعلى ذلك فإنه يمكن التخلص من بقايا أنواع معينة من المبيدات بدفنها في أنواع مخصصة من التربة بعد دراسة الموضوع دراسة علمية بحثية مستفيضة.

2- التحطيم عن طريق المواد العضوية:

تعمل بعض المواد العضوية -مثل الكربوهيدرات وبعض الأحماض- كعامل مختزل للمبيدات الكلورونية وبعض المبيدات الفطرية، بالإضافة إلى مركبات الحديدوز، وهي عامل مختزل جيد تقوم بإختزال المبيد ويتم أكسدتها إلى مركبات حديديك، وبالتالي تكون سببا في تحطيم أو تغيير خواص بقايا المبيدات.

3- الماء وقيمة الرقم الهيدروجيني:

يعتبر الماء وقيمة الرقم الهيدروجيني وسيطا مهمّا جدا في تفاعلات تحطيم المبيدات، حيث وجد أن بعض المبيدات تكون غير ثابتة عند قيم معينة للرقم الهيدروجيني (pH) في وسط مائي؛ لأنه يحدث لها تحلل. فعلى سبيل المثال مبيد الديكارب يكون ثابتا في التربة الجافة عن التربة الرطبة ووجود رطوبة بنسبة 50% هو الحد الأدنى للتأثير على الديكارب.

4- أشعة الشمس:

تلعب أشعة الشمس وطاقة الأشعة فوق البنفسجية دورا مهـمّا في تحطيم بقايا المبيـدات خصوصا تلك التي على سطح النبات فمثلا لا يتبقى شيء عـلى سـطح النبـات مـن بقايـا مبيـد DDT بعـد 21 يـوم بالرغم من أنه قد يتواجد في التربة لمدة 40 عاما.

ثانيا : طرق الحماية والمكافحة:

قد يظن البعض أن مكافحة الآفات تعنـي القضـاء التـام عـلى الآفـات ولكـن ذلـك غـير صـحيح، إنما المقصود بمكافحة الآفات هو الحد من انتشارها وتقليل ضررها إلى مستوى أقل من الحد الإقتصادي للضـرر باستخدام كل الأساليب المتاحة والمناسبة لمكافحة الآفة بطريقة بيئية سـليمة بمعنـى أنهـا لا تلحـق الضـرر (تؤثر سلبا) بأي من مكونات النظام البيئي. والمقصود هنا بالحد الاقتصادي للضرر أنه الحد الذي ينتج عنه أضرار اقتصادية تزيد عن تكاليف المكافحة. وينصح ببدء المكافحة الكيميائية عندما تصل الكثافة العدديـة للآفة الحشرية إلى الحد الحرج الاقتصادي، وهو الحد الذي تتساوى عنده تكاليف المكافحة الكيميائية مـع العائد الاقتصادي للضرر، بحيث يتسـع الوقـت للمكافحـة قبـل وصـول تعـداد الآفـة إلى الحـد الاقتصـادي للضرر.

وحتى نحمي أنفسنا وبيئتنا من مخاطر سموم تلك المبيدات، وجب علينا استعراض الوسـائل البديلـة والأساليب المختلفة لمكافحة الآفات الضارة كما يلي:

1- المقاومة الكيميائية الصحيحة:

بـالرغم مـن قـدرة المبيـدات الكيميائيـة عـلى إبـادة الآفـات بأنواعهـا المختلفـة إلا أنـه يترتـب عـلى استخدامها تلوث بيئي خطير، ولذلك فإنه عند استخدام هذه المبيدات في مكافحة الآفات يجـب أن تكـون بعد دراسة مستفيضة، وتجارب بحثية عديدة، وبعنايـة فائقـة، وبالكميـات المناسـبة، والتركيـز الملائـم، وفي الوقت المناسب ضد آفة محددة؛ لكي نقلل من الاستخدام المفرط والعشوائي لهـا، وبالتـالي نحـد مـن الآثـار السلبية لهذه المركبات.

2- المقاومة البيولوجية الطبيعية:

تعد المقاومة البيولوجية الطبيعية أحد الوسائل الجيدة والبديلة عن اسـتخدام المبيـدات الكيميائيـة. والمقاومة البيولوجية الطبيعية تعتمد على استخدام كائنات حية لها القدرة على

الفتك بالآفة مثل استعمال الحشرات المتطفلة والمفترسة واستعمال الفطريات والجراثيم والفيروسات واستخدام حيوانات آكلة للحشرات (مثل بعض أنواع الطيور والأسماك). كما قد تستخدم المصائد الفرمونية (جاذبات الجنس ومكافحة الحشرات الضارة) في صورة مصائد مخلوطة مع مادة سامة أو مادة معقمة للذكور، وللجاذبات الجنسية قدرة غريبة على جذب ذكور الحشرات من مسافة تصل إلى عدة كيلو مترات.

ويمكن القول بأن المكافحة الحيوية باستخدام المفترسات والمتطفلات من أنجح طرق المكافحة وخصوصا ضد الكائنات الحية (الأعداء الحيوية) ذات القدرة العالية على احتمال المبيدات الكيميائية الحشرية، ولكن هذه الطريقة تحتاج إلى وقت ومثابرة في تربية هذه المفترسات والمتطفلات بأعداد كبيرة وبفعالية، ويمكن أن يتم ذلك عن طريق التربية والانتخاب.

3- منع تكاثر الآفة الحشرية عن طريق التعقيم بالإشعاع:

تعد هذه الطريقة من أفضل طرق المقاومة لأنها آمنة بيئيا، وقد تم استخدام هذه الطريقة بنجاح في القضاء على ذبابة الدودة البريمية في أمريكا، حيث تم تربية الحشرات بأعداد هائلة وعقمت الذكور بأشعة جاما، وتم إطلاقها لتنافس الذكور الموجودة في الطبيعة في عملية التزاوج، وترتب على تزاوج الذكور العقيمة بالإناث عدم إنتاج النسل وبالتالي القضاء على الآفة أو الحد منها. وكما حدث ذلك أيضا في سوريا عند تعقيم ذكور فراشة درنات البطاطا بأشعة جاما، وقد أدى ذلك إلى إنتاج ذكور معقمة جزئيا، وتستخدم هذه التقنية أيضا في مصر وبعض الدول العربية الأخرى. وبناء على ذلك فإنه يمكن اعتبار تقنية الذكور العقيمة كإحدى الطرق البديلة والجيدة لمكافحة الآفات ويعزى ذلك إلى الأسباب التالية:

1- ضعف في القدرة على التزاوج.

2- عجز في إنتاج أكياس منوية على غرار الذكور الطبيعية.

3- عجز في نقل الأكياس المنوية أو أنها تحتوي على أعداد قليلة منها.

4- أشكال وراثية خاصة في بنية الصبغيات.

5- حدوث تشوهات في الحيوانات المنوية وبذلك تصبح عاجزة عن إخصاب البيوضات. هذه الطريقة تتسبب في إنتاج أطوار حشرية مشوهة مثل الطور الحشري الكامل الذي له بعض صفات طور العذراء أو الحورية باستخدام هرمون الشباب، كذلك استخدام مانعات الانسلاخ في بعض الحشرات مثل مركب الديملين.

4- استخدام مانعات التغذية:

تعتمد هذه الطريقة على منع تغذية الحشرات على النباتات بإستخدام مانعات التغذية ولكن يجب تغطية النبات كله بهذه الكيماويات حتى لا تتغذى الحشرات على الأجزاء غير المعاملة. وبالرغم من التقدم العلمي إلا أنه لا توجد مانعات تغذية جهازية (تسري في عصارة النبات) لتلافي هذا العيب مع الأخذ في الاعتبار أن تكون مانعات التغذية غير ضارة بالمفترسات والمتطفلات والملقحات.

5- استخدام الموجات فوق الصوتية:

يتم في هذه الطريقة طرد الحشرات بعيدا عن النبات باستخدام تقنية الأجهزة فوق الصوتية أو بعض المواد الطاردة غير الملوثة للبيئة.

6- المكافحة الميكروبية:

تعتمد المكافحة الميكروبية على استعمال الفيروسات والفطريات والبروتوزا والنيماتودا كمسببات لأمراض الحشرات، ولكن هذه الطريقة قد تصبح سلاحا ذا حدين، ولذلك فإنه من الضروري دراسة الظروف البيئية وتأثيرها على نشاط وفاعلية الكائنات الميكروبية الأخرى.

7- المكافحة العضوية:

تعتبر المكافحة العضوية من أحسن وأفضل وأنجح طرق المكافحة لأنها تعتمد على استخدام المواد النباتية ذات التأثير الإبادي للآفات في المكافحة بدلا من المبيدات الكيميائية. وقد اكتسبت المكافحة العضوية أهمية بالغة خلال السنوات الماضية لأنها لا تخلف آثارا ضارة بالحيوان أو التربة أو البيئة. ولذلك فإنه يجب على الجهات البحثية المختصة دراسة هذه النباتات والتوصية بزراعتها بكميات كبيرة للاستفادة منها مستقبلا في مجال وقاية النبات.

8- الدور الإعلامي:

الدور الإعلامي لايقل أهمية عن الطرق سالفة الذكر بل ذا أهمية قصوى لأن له تأثير قوى وفعال على ثقافة وفكر الإنسان، فضلا عن توعية المزارع وهو المعني بالدرجة الأولى لأنه المستخدم الأول والرئيسي لهذه المبيدات، ولذلك فإنه يجب أن تتبنى الهيئات الإعلامية (مرئية- مسموعة- مقروئة) حملات توعية واسعة لبيان وتحديد مخاطر المبيدات على صحة الإنسان والحيوان، بالإضافة إلى عقد الندوات والمؤتمرات العلمية أو ورش العمل لمناقشة نتائج الأبحاث العلمية المحلية والدولية وترجمة تلك النتائج بصورة مبسطة يفهمها المواطن العادي وخاصة المزارع.

مما سبق يتضح لنا أنه لا يمكن الاستغناء بشكل تام أو بصورة نهائية عن المبيدات الكيميائية لاعتماد المزارعين والفنيين وحتى ربات البيوت في مقاومتهم للآفات عليها اعتمادا كاملا ، ولكن من الممكن تقليل استخدام هذه المبيدات الكيميائية مع استخدام احدى الطرق السابقة المناسبة كبديل جزئي حتي نصل إلى مرحلة يمكن فيها الاستغناء عن هذه المبيدات.

4- الاحتياطات العامة للوقاية من خطر التسمم بالمبيدات:

نستطيع إجمال الاحتياطات العامة للوقاية من خطر التسمم بهذه المبيدات أو التخفيف والحد من آثارها السلبية في تلوث البيئة في الآتي:

1- عمل ندوات توعية بمخاطر المبيدات لكافة العاملين في مجال المبيدات الكيميائية في الزراعة (وخاصة المزارعين) وأجهزة حماية البيئة بحيث تكون بصفة دورية ومنتظمة لمتابعة الجديد في عالم المبيدات وتبيين مخاطرها وتوضيح الطريقة المثلى في التعامل مع المبيدات لأن عامل توعية المزارع لتلك السموم وتثقيفة يعد من الأمور الضرورية لحماية البيئة من التلوث.

2- يجب أن يكون للجهات الإرشادية الزراعية والأجهزة الفنية المختصة لوقاية المزروعات في وزارة الزراعة ومراكز البحوث الزراعية - دور إيجابي في تحديد الإصابة واختيار المبيد المناسب وتحديد عدد مرات الرش والزمن الفاصل بين كل رشة وأخرى، وكذلك معرفة الاحتياطات اللازم اتخاذها أثناء استخدام وتداول المبيد الموصى به، فإن ذلك يؤدي إلى الحد من الاستخدام المفرط من قبل المزارع للمبيدات.

3- الحد أو التقليل من استخدام المبيدات التي تبين ضررها ومنع استخدام المبيدات التي ثبت أن لها آثارا سمية على الإنسان والكائن الحي ولها آثار ضارة بالهواء والماء والتربة الزراعية وإيجاد بديل عنها.

4- إصدار منشورات بالمبيدات الخطرة والمحظورة والتي تم منع استخدامها على مستوى العالم وتوزيع هذه المنشورات بصفة دورية ومنتظمة على الجهات المعنية بذلك.

5- ارتداء الملابس الواقية بشكل ضروري أثناء القيام بأعمال المكافحة، ثم عدم ارتدائها مرة ثانية إلا بعد غسلها جيدا.

6- تجنب ملامسة المبيدات للجلد مع تجنب استنشاق الأبخرة أو الغبار المتطاير تماما من المبيد عن طريق ارتداء الملابس الواقية وتجنب الرش ضد اتجاه الرياح.

7- يجب تخزين المبيدات في أماكن بعيدة عن المأكولات وعن متناول أيدي الأطفال وعن المناطق السكنية .

8- عدم جني المحصول المرشوش بالمبيد قبل انقضاء الفترة الكافية لاختفاء أثر المبيد.

9- اتباع طرق الزراعة الصحيحة مثل استخدام الدورة الزراعية مع استعمال الأساليب العلمية الحديثة في طرق الزراعة لتنشيط المقاومة الطبيعية.

10- وضع إستراتيجية عامة للتقليل من استخدام المبيدات مثل اتباع برامج المكافحة المتكاملة، والتي تعتمد على طرق المقاومة الطبيعية أو البيولوجية بالدرجة الأولى مثل استخدام الأعداء الطبيعيين من الحشرات والحيوانات وتعقيم الذكور.

11- التحكم في تداول المبيدات عن طريق إصدار قوانين منظمة لتصنيع واستخدام المبيدات وتطبيق الحجر الزراعي والحجر الصحي على الأشياء المستوردة.

12- استخدام الطرق البيئية المثلى في التخلص بالطريقة الآمنة من الأوعية الفارغة ومتبقيات المبيدات، ويجب العمل وفق مقترحات وتعليمات منظمة الأغذية والزراعة التابعة للأمم المتحدة لحل مثل تلك المشكلة كالتالي:

أ- إذا تم التخلص من متبقيات المبيدات أو المبيدات الفاسدة أو حتى عبوات المبيدات عن طريق دفنها في التربة فيجب أن تكون الحفر المستخدمة في عمليات الدفن بعمق لا يقل عن نصف المتر، وأن تكون بعيدة عن مصادر المياه.

ب- عدم السماح بدفن المبيدات القديمة أو الفاسدة وتم الاستغناء عنها في الأراضي الزراعية أو بالقرب من الأنهار ومصادر المياه المستعملة للري أو للشرب، وأن تكون بعيدة عن اتجاه حركة السيول والأمطار تلافيا لحدوث كارثة بيئية كبيرة حيث أصبحت من أهم المشاكل البيئة في الوقت الحاضر للعديد من الدول.

ج- تغسل العبوات من الداخل بعد تصفيتها من أية متبقيات ومن الخارج بالماء المضاف إليه أحد المنظفات الصناعية ثم تجمع هذه المتبقيات في وعاء واحد ويتم التخلص من ماء الغسيل في حفرة بالشروط السابقة.

د- أما إذا تم التخلص عن طريق الحرق فإنه يجب عدم التعرض للدخان والأبخرة المتصاعدة من إحراق أي عبوات خاصة بالمبيدات أو أي أشياء أخرى جرى بها التعامل مع المبيدات (مكانس أو نشارة خشب ... الخ).

13- يجب اتباع تعليمات الوقاية المدونة على العبوات.

14- تضافر الرقابة الجادة على استيراد المبيدات بمختلف أنواعها بين جهات الإختصاص والجهات المعنية على أن تكون هناك جهة مختصة ومسئولة عن تحديد مواصفات المبيدات وفقا للمعايير الدولية لسلامة البيئة، وتكون هي المعنية بإعطاء الموافقة الرسمية باستيراد المبيدات.

15- ضرورة وجود مختبرات حديثة ذات تقنيات عالية لتحليل المبيدات الزراعية، سواءٌ أكانت مستوردة أو مصنعة محليا، وذلك لمعرفة كفاءتها ومطابقتها للمواصفات القياسية المرغوبة ومعرفة أثرها السام على البيئة كما يجب تواجد مثل هذه المختبرات في مناطق عديدة.

16- عدم استخدام المبيدات الجهازية لمكافحة آفات الخضار والنباتات العشبية التي تؤكل نيئة نظرا لبقائها فترة طويلة بين عصارة الأوراق وصعوبة التخلص منها إلا بعد انتهاء فعالية المبيد، كما يجب تقليل عدد مرات الرش المستخدمة في المكافحة كوسيلة للحد من مخاطر التلوث.

17- اتباع طريقة الرش الجزئي للمساحة المطلوب رشها فإن ذلك يساعد على خفض التلوث بالمبيدات، وذلك برش صف الأشجار شديدة الإصابة وترك صف أو عدة صفوف بدون رش وانتقاء بعض الأشجار على مسافات محددة ورشها، وذلك ضمانا لبقاء العدد الاحتياطي من الأعداء الحيوية على الأجزاء غير المرشوشة.

18- استخدام المكافحة الميكروبية وذلك بإنتاج مستحضرات في عدة أشكال مساحيق قابلة للذوبان.

19- استخدام المواد الجاذبة والطاردة حيث يمكن استخدامها في صورة مصائد خاصة بذلك، وهذه الطريقة تكون مفيدة في دراسة التاريخ الموسمي للحشرة، وفي عملية التنبؤ وتقدير الحد الحرج للإصابة المستخدمة في تطبيقات المكافحة المتكاملة.

20- الاهتمام بإجراء الأبحاث والدراسات العلمية لاختبار الطرق والمبيدات المناسبة والتي تكون أقل ضررا على الصحة والبيئة.

وأخيرا ...... فإن إتباع هذه الاحتياطات ما هي إلا إرشادات للتقليل من خطر التسمم والآثار الناجمة عن الاستخدام السيئ والمفرط للمبيدات الكيميائية والتي قد تتسبب في إنشاء جيلٍ من الأمراض والعاهات.

والحمد الله الذي بنعمته تتم الصالحات فهو وحده الذي وفقنا إلى إتمام هذا العمل، وماتوفيقي إلا با الله، و الله من وراء القصد، وهو يهدي السبيل، وآخر دعوانا أن الحمد الله رب العالمين.

أ.د.م / الشحات حسن عبد اللطيف ناشي

* * *

المراجــــع

1- أ.د. زيدان هندي عبد الحميد، أ.د. محمد إبراهيم عبد المجيد، أ.د. محمد فوزي الشعراوي، "**الملوثات الكيميائية والبيئية**، الدار العربية للنشر والتوزيع، 1996م.

2- أ.د. عادل رفقي عوض، " **إدارة التلوث الصناعي**"، دار الشروق عمان، الطبعة الأولى / 1996م.

3- د. عاطف عليان، د. عوض الجصادي، د.فتحي شاكر الأشهب، " **كيمياء وفيزياء الملوثات البيئية** "، منشورات جامعة قار يونس بنغازي، 1993م.

4- د. شفيق محمد يونس، " **تلوث البيئة** "، دار الفرقان، 1998م.

5- د. محمد عبده عويدات، " **التلوث وحماية البيئة** "، الرياض، الطبعة الثالثة، 1998م.

6- علي زين العابدين عبد السلام، محمد عبد المرضي عرفات، "**تلوث البيئة ثمن للمدنية**"، المكتبة الأكاديمية- القاهرة - مصر، الطبعة الأولى، 1992 م.

7- أ.د. أحمد مدحت إسلام، " **التلوث الكيميائي وكيمياء التلوث** ، دار الفكر العربي مصر، الطبعة الأولى، 2001 م.

8- عبد الله إبراهيم محمـد، " **مقدمـة في علـم السـموم والتلوث البيئـي** "، جامعـة قـار يونس، بنغازي، الطبعة الأولى 1994م، وطبعة دار الكتاب الوطنية، 1999م.

9- أ.د. أحمد عبد الوهاب عبد الجواد، "**منظفات البيئة**"، الدار العربية للنشر والتوزيع، 1995م.

10- أحمد مدحت إسلام، " **التلوث مشكلة العصر** "، مجلة عالم المعرفة، المجلس الوطني للثقافة والفنون والآداب، الكويت، 1990م.

11- د. عصمت موجد الشعلان وآخرون، " **التلوث البيئي**"، منشورات جامعة عمر المختار، 1996م.

12- أ.د. أحمد عبد الوهاب عبد الجواد، " **التربية البيئية** "، سلسلة دائرة المعارف البيئة، الطبعة الأولى، 1995 م.

13- أ.د. أحمد عبد الوهاب عبد الجواد، " **تلوث المياه العذبة** "، الدار العربية للنشر والتوزيع، الطبعة الأولى، 2001م.

14- فؤاد صالح، مصطفى أبو قرين، " **تلوث البيئة أسبابه، أخطاره، مكافحته** "، دار الكتب الوطنية، إصدارات الهيئة القومية للبحث العلمي، بنغازي، الطبعة الأولى، 1992م.

15- د. محمد السيد أرناءوط، عبد الحكم عبد اللطيف الصعيدي، " **الإنسان وتلوث البيئة** "، الدار المصرية اللبنانية - القاهرة - مصر، الطبعة الثانية، 1996م.

16- إبراهيم على الجندي، " **الأمن الصناعي وحماية البيئة من التلوث** "، دار الكتب العلمية القاهرة، 1998م.

17- عامر مجيد أغا، منير عاروض، " **علم البيئة** "، مديرية الكتب والمطبوعات الجامعية، إصدارات جامعة حلب، كلية الزراعة الثانية، 1996م.

18- د. محمد السيد أرناءوط، " **التلوث البيئي وأثره على صحة الإنسان** "، دار أوراق شرقية، الطبعة الأولى، 1997م.

19- مثنى عبدالرزاق، " **التلوث البيئي** "، دار وائل للنشر والطباعة، عمان - الأردن، الطبعة الأولى، 2000م.

20- الصدى محمد وآخرون، " **أخطار التلوث البيئي** "، منشورات الجامعة المفتوحة، 1998م.

21- أ.د. زيدان هندي عبد الحميد، " **مخاطر المبيدات على الصحة العامة والبيئة بين التقويم والإدارة** "، كانزا جروب للنشر والتوزيع، الطبعة الأولى، 2002 م.

22- عصمت عاشور وآخرون،" **التلوث والتوازن البيئي** "، نهضة مصر للطباعة والنشر والتوزيع- القاهرة ، 1999 م.

23- أ.د. زيدان هندي عبد الحميد، أ.د. محمد إبراهيم عبد المجيد، " **الاتجاهات الحديثة في المبيدات ومكافحة الحشرات** "، الجزء الأول.

24- أحمد عبدالمنعم عسكر، محمد حافظ حتحوت، " **الغذاء بين المرض وتلوث البيئة**"، الدار العربية للنشر والتوزيع، الطبعة الأولى، 1998م.

25- د. لطيف حميد علي، د. عماد عبد القادر الدبومي، " **نشأة النفط**" .

26- د. لطيف حميد على، " **الثلوث الصناعي** "، المكتبة الوطنية ببغداد، 1978م.

27- عبد الحميد غزي، " **التلوث البيئي الهم الكبير لسكان الأرض**"، مجلة الثقافة، المملكة العربية السعودية، 1993 م.

28- عبد الحميد غزي، " **الأمطار الحمضية** "، مجلة المنتدى، دبي، العدد 149 ديسمبر، 1995م.

29- عدنان جواد وآخرون، " **البيئة و تلوثها بالأمطار الحامضية** "، منشورات الجامعة، 1998م.

30- د. عبد المنعم بليغ، " **الأسمدة والتسميد** "، جامعة الإسكندرية - منشأة المعارف، الإسكندرية، 1998م .

31- د. هاوز يتولر، ترجمة أ. د أنور البطيخي، أ.د. سيد خطاري، " **علم التربة مبادئ وتطبيقات** "، دار النشر مؤسسة الرسالة، الطبعة الأولى، 1999 م.

32- د. خليل محمود طبيل، " **أساسيات خصوبة التربة والتسميد** "، جامعة عمر المختار - منشورات جامعة الفاتح، 1989 م.

33- د. سعد الله نجم، " **الأسمدة وخصوبة التربة**"، جامعة الموصل- العراق-1987م.

34- محمد الرزاق مناع، " **الكائنات البحرية منافعها أضرارها** "، تعريب وتحقيق، منشورات الشركة العامة للنشر والتوزيع والإعلان، الطبعة الأولى، 1975م.

35- سعد فرج عبد السميع، " **الأسلحة النووية وتأثيرها**"، الطبعة الأولى، 1988م.

36- د. عصام محمد عبد الماجد أحمد، " **الهندسة البيئية** "، جامعة السلطان قابوس، كلية الهندسة، 1995م.

37- Eugene R. Weiner, *"Applications of Environmental Chemistry"*; A Practical Guide for Environmental Professionals, 1st Edition, CRC Press LLC, Florida, USA, 2000.

38- Charles R. Fitts, *"Groundwater Science"*; 1ˢᵗ Edition, Academic Press, London, UK, 2002.

بعض المجلات والدوريات العلمية:

39- **المطر الحمضي**، مجلة العلوم الامريكية، الكويت، المجلد السادس، العدد الثامن، 1989م.

40- مجلة العام الإفريقي للبيئة (أفريقيا)، العدد 19، 1991 م، ليبيا.

41- مجلة عالم الذرة الأعداد رقم (51 - 54 - 56 - 58 - 61 - 63)- ليبيا.

42- مجلة البيئة - العدد الثالث /2001م ، والعدد السادس عشر والسابع عشر/2003 م- ليبيا.

43- مجلة المشعل – العدد 163، 165 / 2007م- ليبيا.

44- مجلة الشروق - العدد الرابع- السنة الرابعة- ليبيا.

45- أعداد مختلفة من مجلة البيئة وأعداد مختلفة من مجلة المشعل- ليبيا .

46- UNESCO, "Fishes of the north eastern Atlantic and the mediterranean" UNESCO, *fish. N.* vol. 2, 317-1007, (1978).

47- Gannon, R.W.; Osmond, D.L. Humenik, F.J. and Gale, J.A.; "Agricultural water quality" *Water Resource Bull.* vol. 32, 437- 450, (1996).

48- Vasselinovitch S., et al., "Neoplastic Response of mouse tissues During Perinatal Age Periods and Its Significant in Chemical Carcinogenesis", *Perinatal Carcinogenesis, National cancer Institute Monograph*, vol. 51, (1979).

49- American Cancer Society, *Cancer Facts and Figures*, Oakland,CA, (1996).

50- Ries L.,Cancer Rates and Risks, *National Institute of Health Publication*, No.96-691, (1996).

51- Gold E., et al., "Risk Factors for Brain Tumors in Children", *American Journal of Epidemiology*, vol. 109(3): 309-319, (1979).

52- Lowengart R., et. al., "Childhood Leukemia and Parent's Occupational and Home Exposures", *Journal of the National Cancer Institute*, 79:39, (1987); vol. 79, No.1, pp.39-45, (1995).

53-   Hoar S., et al., "Agricultural Herbicide Use and Risk of Lymphoma and Soft- Tissue Sarcoma "*Journal of the American Medical Association*, vol. 259(9): 1141-1147, (1986).

54-   Nishoka M., et al., "Measuring Transport of Lawn-Applied Herbicide Acids from Turf to Home: Correlation of Dislodgeable 2.4 -D Turf Residues with Carpet Dust and Carpet Surface Residues ", *Environmental Science Technology*, vol. 30: 3313-3320, (1996).

55-   Reeves J., "Household Insecticide-Associated Blood Dyscrasias in Children", (letter), *American Journal of Pediatric Hematology / Oncology*, vol. 4: 438-439, (1982).

*   *   *

فهرس الموضوعات

* * *